Uni-Taschenbücher 1629

W0061379

Eine Arbeitsgemeinschaft der Verlage

Wilhelm Fink Verlag München
Gustav Fischer Verlag Jena und Stuttgart
Francke Verlag Tübingen
Paul Haupt Verlag Bern und Stuttgart
Hüthig Verlagsgemeinschaft
Decker & Müller GmbH Heidelberg
Leske Verlag + Budrich GmbH Opladen
J. C. B. Mohr (Paul Siebeck) Tübingen
Quelle & Meyer Heidelberg · Wiesbaden
Ernst Reinhardt Verlag München und Basel
F. K. Schattauer Verlag Stuttgart · New York
Ferdinand Schöningh Verlag Paderborn · München · Wien · Zürich
Eugen Ulmer Verlag Stuttgart
Vandenhoeck & Ruprecht in Göttingen und Zürich

Hubert Zapf

Kurze Geschichte der anglo-amerikanischen Literaturtheorie

Wilhelm Fink Verlag · München

Die Deutsche Bibliothek – CIP-Einheitsaufnahme

Zapf, Hubert:
Kurze Geschichte der anglo-amerikanischen Literaturtheorie /
Hubert Zapf. – München: Fink, 1991
  (UTB für Wissenschaft: Uni-Taschenbücher; 1629: Uni-
  Taschenbücher)
  ISBN 3-7705-2707-0
NE: UTB für Wissenschaft / Uni-Taschenbücher

© 1991 Wilhelm Fink Verlag GmbH & Co. KG
Ohmstraße 5, 8000 München 40

Printed in Germany
Einbandgestaltung: Alfred Krugmann, Freiberg am Neckar
Herstellung: Ferdinand Schöningh GmbH, Paderborn

ISBN 3-7705-2707-0

INHALT

Vorwort 7

 1. Vorbemerkung zur Konzeption und Zielsetzung 9
 2. Theorie und Literatur 15
 3. Platon 22
 4. Aristoteles 30
 5. Horaz 41
 6. Vom Mittelalter zur Renaissance 49
 7. Sir Philip Sidney 55
 8. John Dryden 65
 9. Alexander Pope 72
10. Samuel Johnson 81
11. Romantik 91
12. William Wordsworth 97
13. Samuel Taylor Coleridge 104
14. Percy Bysshe Shelley 110
15. John Keats 116
16. Matthew Arnold 121
17. Formalismus 128
18. T. E. Hulme und T. S. Eliot 137
19. New Criticism 147
20. Strukturalismus 155
21. Hermeneutik und Kulturkritik 166
22. Rezeptionstheorie 180
23. Poststrukturalismus und Dekonstruktion 189
24. Dekonstruktion in Amerika 205
25. Feministische Literaturtheorie 220
26. New Historicism 230

Bibliographie 241

Index 261

VORWORT

Der hier vorgelegte Überblick über die Geschichte der anglo-amerikanischen Literaturtheorie wurde konzipiert, nachdem ich in Gesprächen mit Studenten ein deutliches Interesse an Fragestellungen zeitgenössischer Literaturtheorie, gleichzeitig aber einen offen eingestandenen Mangel an entsprechendem Vorwissen und ein damit verbundenes Zurückschrecken vor den vermeintlich unzugänglichen Begriffslabyrinthen der Theorie feststellte. Das vorliegende Buch ist als Antwort auf diese Rezeptionslage vieler Studenten der Anglistik/ Amerikanistik – und möglicherweise über diese Fächer hinaus – zu verstehen. Es ist ein Versuch, die Kluft zwischen spontaner Neugier und theoretischer Reflexionsanstrengung überbrücken zu helfen, und zwar möglichst auf eine Weise, daß die Motivationskraft der ersteren und das Komplexitätsbewußtsein der letzteren sich nicht gegenseitig aufheben, sondern produktiv ergänzen. Ziel ist es von daher, die anglo-amerikanische Literaturtheorie anhand einer Reihe ihrer wichtigsten Vertreter und Positionen von ihren Anfängen bis zur Gegenwart in einer möglichst prägnanten und lesbaren Form einführend darzustellen. In einem solchen Überblick sind starke, teilweise gewagte Reduktionen in der Auswahl und im Differenzierungsgrad der dargelegten Konzeptionen unumgänglich. Dennoch hoffe ich, daß diese Reduktionen überwiegend von einer nichttrivialen Art sind und daß sie durch die Herausarbeitung charakteristischer Nervenpunkte und Problemstellungen kompensiert werden, die in der Geschichte der anglo-amerikanischen Literaturtheorie eine prägende Rolle gespielt haben und vor deren Hintergrund auch die aktuelle Theoriediskussion in den USA und Großbritannien erst angemessen verstehbar ist.

Herzlich danken möchte ich Michaela Fuchs (Bamberg), Heike Mensch und Christina Veenhues (Freiburg) sowie Jörg Diekneite und vor allem Dina Huber (Paderborn) für ihre Hilfe bei der Erstellung des Manuskripts. Meiner Frau Jacoba und meinen Kindern Jakob, Eleonore und Ruth-Maria möchte ich dieses Buch widmen.

Hubert Zapf   Februar 1991

1. VORBEMERKUNGEN ZUR KONZEPTION UND ZIELSETZUNG

Die Entwicklung der Literaturwissenschaft in der englischsprachigen Welt in den letzten Jahren war, in den Worten von Hillis Miller, gekennzeichnet durch einen „Triumph der Theorie".[1] Die lange Tradition eines *practical criticism*, die seit Matthew Arnold die akademische Beschäftigung mit Literatur dominiert und kontinentale Formen eines *philosophical criticism* auf Distanz gehalten hatte, wurde abgelöst durch eine vorher nicht dagewesene Offenheit für kontinentale Denkströmungen, deren Einfluß seit den 1970er Jahren die Landschaft der anglo-amerikanischen Literaturkritik nachhaltig verändert hat.[2] Die Situation ist charakterisiert durch eine Aura aufregender Innovation und eines radikalen Bruchs mit allen vorhergehenden, ‚konventionellen' Formen der Kritik und des Denkens. Neue Ideen und Terminologien treten auf den Plan, die, obwohl sie oft von klar identifizierbaren philosophisch-kulturtheoretischen Quellen abgeleitet sind, den Anschein erwecken, als hätten sie ein für alle Mal alle früheren Traditionen hinter sich gelassen und wären – ähnlich wie Fitzgeralds *Great Gatsby*, „[who] sprang from the Platonic conception of himself" – einem Akt originärer Selbstschöpfung entsprungen.[3] Der explosive Anstieg des Interesses an Literaturtheorie hat zweifellos dazu beigetragen, die intellektuelle Intensität der Fachdiskussionen zu verstärken und sie gleichzeitig enger mit Fragen von allgemeinerer kultureller und anthropologischer Tragweite zu koppeln. Aber sie hat auch exzentrische und teilweise bizarre Formen theoretischer Speku-

---

[1] J. Hillis Miller, „Presidential Address 1986. The Triumph of Theory, the Resistance to Reading, and the Question of the Material Base", *PMLA* 102. 3 (1987): 281-291.

[2] Zum transatlantischen Prozeß gegenseitiger Beeinflussung und Rezeption vgl. z. B. Günter H. Lenz, „The Politics of Traveling Theory: Revisions of Deconstruction, Postmodernism, and Neo-Marxism in Recent American Literary Criticism", in *Perceptions and Misperceptions: The United States and Germany. Studies in Intercultural Understanding*, Hrsg. Lothar Bredella und Dietmar Haack (Tübingen, 1988) 209-239.

[3] F. Scott Fitzgerald, *The Great Gatsby* (1926, Harmondsworth: Penguin, 1950) 105.

lation hervorgebracht, die die Verheißung avantgardistischen Er-
kenntnisfortschritts mit der verwirrenden Erfahrung von terminologi-
scher Unzugänglichkeit und einschüchternder Abstraktion verbinden. Die Primärwelt der literarischen Texte und ihrer Rezeption
durch den Leser droht hinter jener „secondary city" zu verschwinden,
in der nach George Steiner der zeitgenössische Intellektuelle wohnt.
Eine Sphäre selbstgenügsamer Kommentare und Metasprachen bildet sich heraus, die, anstatt neue Wege zur Begegnung mit Kunst und
Literatur zu eröffnen, unsere ästhetische Erfahrung zunehmend ent-
wirklicht, da sie „[is] opposite to the ideals of immediacy, of personal
engagement and answerability."[4]

Was ist die angemessene Antwort auf eine solche Situation? Ich
meine, sie muß gegenwärtig auf zweifache Weise gegeben werden.
Auf der einen Seite ist eine Strategie, die der Herausforderung der
neuen Theorien für lange geltende Ansichten und eingespielte akademische Praktiken zu entgehen versucht, indem sie sie ignoriert oder
ghettoisiert, zum Scheitern verurteilt. Der erstaunliche Erfolg dieser
Theorien in den Literaturdepartments der Vereinigten Staaten und
neuerdings auch in Großbritannien muß schlicht als Faktum anerkannt werden. In der Tat läßt sich sagen, daß ohne ein zumindest an-
satzweises Verständnis in dieser Richtung die Mehrheit der gegenwärtig in englischsprachigen Buch- und Zeitschriftenpublikationen
erscheinenden Interpretationen literarischer Texte praktisch unlesbar bliebe. Dies gilt neben den ausdrücklich avantgardistischen und
postmodernen Zeitschriften wie *Critical Inquiry, New Literary History, Boundary 2, Diacritics, Glyph,* oder *Textual Practice* auch für solche etablierten Periodika wie *PMLA, American Literature, College
English, Modern Drama* u.a. Und es wäre sicher eine fatale Situation
für Studenten, geschweige denn für Dozenten der englischen und
amerikanischen Literatur, von den aktuellen Entwicklungstendenzen
ihres eigenen Faches abgeschnitten zu sein. Es kann daher keinen
Zweifel geben, daß es für all diejenigen, die wissenschaftlich mit der
literarischen Kultur der USA und Großbritanniens befaßt sind, eine
praktische Notwendigkeit darstellt, sich zumindest mit einigen der
einflußreicheren dieser Theorien bekanntzumachen.

Auf der anderen Seite bedeutet dies jedoch nicht eine Empfehlung
zur unkritischen Übernahme aktueller Denkmoden, sondern vielmehr zur sorgfältigen und kritischen Auseinandersetzung mit ihnen.

---

[4] Zitiert aus Nicolas Tredell et al., „George Steiner's *Real Presences*: Three
    Perspectives", *Poetry Nation Review* 16. 3 (1989): 20-25, 23.

Der Umstand, daß bestimmte Theorien gegenwärtig erfolgreicher sind als andere, macht sie per se weder mehr noch weniger ‚wahr'. Immerhin deutet er auf Affinitäten zwischen diesen Theorien und einem allgemeineren intellektuellen Klima unserer Zeit. Die Tendenz im Stil eines Teils zeitgenössischer theoretischer Literatur, ihren innovativen Anspruch durch den inflationären Gebrauch neuer Terminologien zu beglaubigen, mag ein Symptom dieses Klimas sein. Aber sie ist keineswegs ein notwendiges Symptom von Theoriebildung generell. Die unvermeindlichen Schwierigkeiten jeder theoretischen Argumentation sollten nicht unnötig durch die Akrobatik stilistischer Selbstinszenierung vergrößert werden. Vielmehr sollte man sich an dieser Stelle des hermeneutischen Grundsatzes entsinnen, daß Literaturtheorie wie jede andere Form der Textualisierung von Kultur und Geschichte in intersubjektiver Erfahrung gründet, ja daß sie letztlich selbst eine Form der *Interpretation von Erfahrung* ist, wie vermittelt auch immer diese ‚Erfahrung' sein mag.

Daraus folgt, daß Literaturtheorie so verständlich und in ihren Prämissen so transparent wie möglich sein sollte. Sie ist nicht etwas gleichsam von Natur aus Esoterisches, das hoffnungslos vom Leben, von der Gesellschaft und vom eigenen Selbst entfernt ist. Vielmehr greift sie Probleme und Ideen auf, die fundamentale Fragen der kulturellen Existenz und Selbstinterpretation des Menschen berühren. Sie kann in gewisser Weise als eine alternative Form der Philosophie gesehen werden, nicht eine logische Systemphilosophie, sondern eine Philosophie der vielfältigen und komplexen Formen symbolischen Handelns, in denen die Menschen sich selbst im Medium der Sprache artikulieren und interpretieren, in denen sie in fiktionaler Transformation existentielle Probleme vergegenständlichen und anderen kommunizierbar machen. Die seit ihren Anfängen in der Antike wiederkehrenden Grundfragen der Literaturtheorie sind Fragen wie: Was ist die ‚Wahrheit' literarischer Texte? Was ist ihre spezifische Erkenntnisweise? Was macht sie, als Produkte künstlerischer Imagination, ‚ästhetisch', d.h. ‚schön'? Was ist ihre Beziehung zur Psyche des Individuums, und zur Kultur und Gesellschaft als ganzer? Was ist ihre Wirkung auf ihr Publikum?

Mir scheint, daß solche oder ähnliche Fragen unter der Oberfläche spektakulärer Innovation auch weiterhin einen Großteil gegenwärtiger Literaturkritik beschäftigen. Um die gegenwärtigen Problemstellungen besser verstehen und einordnen zu können, scheint es daher im derzeitigen Stadium der Diskussion nützlich, sie in eine historische Perspektive zu rücken und mit ihren Vorläufermodellen in der Ge-

schichte der anglo-amerikanischen Kritik zu konfrontieren. Um diese
wiederum in ihren Intentionen nachvollziehbar zu machen, muß konsequenterweise bis zu den ersten Modellen kritischer Theorie zurück-
gegangen werden, wie sie in der klassischen Antike formuliert wurden. Denn diese bildeten den entscheidenden Orientierungsrahmen
für alle nachfolgenden Literaturtheorien, ohne die folglich auch die
Geschichte der anglo-amerikanischen Literaturtheorie nicht angemessen darstellbar ist. Die Berücksichtigung der historischen Komponente sollte indessen nicht als einer jener notorischen Versuche
mißverstanden werden, alles, was den frivolen Anspruch des Neuen
erhebt, auf die ebenso desillusionierte wie beruhigende Annahme zu
reduzieren, daß es nichts wirklich Neues geben könne, da alles von
Belang bereits früher getan oder gesagt worden sei. Sie trägt vielmehr
der logischen Tatsache Rechnung, daß das ‚Neue‘ jeweils nur aus
seiner Beziehung und Differenz zum ‚Alten‘, zu dem, was ihm vor-
ausging, bestimmbar ist. Es ist daher meine Hoffnung, daß das Auf-
einanderbeziehen der historischen und der zeitgenössischen Achse
der anglo-amerikanischen Literaturtheorie zu einer gegenseitigen Erhellung beider beitragen möge.

Tatsächlich wird die Einbeziehung der historischen Vorläufer postmoderner Theorien durch eines ihrer eigenen zentralen Konzepte ge-
stützt, das Konzept der *Intertextualität*. Denn paradoxerweise sind die
postmodernen Ansprüche der Neuheit und radikalen Wende des
Denkens eng verknüpft mit einer Haltung, die die Vorstellung von
Originalität und authentischer Innovation gerade von Grund auf in-
fragestellt. Die Idee der Intertextualität impliziert nämlich, daß alle
unsere Denkformen und Schreibstile unvermeidlich von den kulturellen Konventionen geprägt sind, denen sie entstammen, und durch das
historisch gewachsene Medium und die Zeichenstrukturen, die sie be-
nötigen, um sich zu artikulieren.[5] Für die Literaturgeschichte bedeutet dies, daß neue Werke niemals in einem kreativen Vakuum entstehen, sondern aus den literarischen Erfahrungen und dem ästhetischen
Vorverständnis ihrer Autoren. Diese müssen sich eines internalisier-
ten Repertoires von Formen, Stilen und Gattungen bedienen, um
überhaupt ein als ‚literarisch‘ geltendes Werk produzieren zu können. Literaturgeschichte ist eine Abfolge von Texten, die in kom-
plexer Weise aufeinander reagieren und miteinander konkurrieren. Sie
ist der Niederschlag eines evolutionären Konflikts um die Lösung äs-

---

[5] Vgl. hierzu z. B. *Intertextualität. Formen, Funktionen, anglistische Fallstudien*, Hrsg. Ulrich Broich und Manfred Pfister (Tübingen, 1985).

thetischer Probleme, in dem die Lösungen früherer Schriftsteller in dem Maß, in dem sie ästhetisch erfolgreich sind, unhintergehbare und gleichzeitig unwiederholbare Modelle für spätere Schriftsteller darstellen.

In ähnlicher Weise kann die Geschichte der Literaturtheorie als evolutionärer Konflikt um die Lösung theoretischer Probleme gesehen werden, als ein intertextueller Prozeß, der durch eine ständige Dialektik von Tradition und Innovation, von Kontinuität und Diskontinuität bestimmt ist. Wie bei der Literaturgeschichte ist dies nicht ein unproblematischer, im Prinzip harmonischer Dialog zwischen „Tradition und individuellem Talent", wie T. S. Eliot es in seinem berühmten Essay aus einer modernistischen Sicht darstellte.[6] Vielmehr handelt es sich auch hier um ein konfliktives Feld der Interaktion und des konkurrierenden Wettstreits zwischen den verschiedenen Theorien und den Autoren, die sie entwerfen. Um an dieser Debatte teilnehmen zu können, müssen die Verfasser von Literaturtheorien – ebenso wie die von Primärwerken der Literatur – notwendigerweise auf die Konventionen, die Konzepte und die Sprache des literaturkritischen Diskurses zurückgreifen, wie sie von früheren Autoren entwickelt wurden, auch wenn dies die polemische oder parasitäre Form der Negation, der Subvertierung oder vollständigen Revision dieser Diskurskonventionen annimmt.

Dies sind einige der Prämissen und Überlegungen, die dem folgenden Überblick zugrundeliegen. Das heißt selbstverständlich nicht, daß das Buch den Anspruch erhebt, den komplizierten theoretischen und epistemologischen Fragestellungen gerecht zu werden, die derzeit mit beträchtlichem Aufwand und unter lebhaften intellektuellen Profilierungskämpfen auf beiden Seiten des Atlantiks diskutiert werden. Es ist stattdessen, wie schon einleitend gesagt, beabsichtigt als einführender historischer Abriß einiger der literaturtheoretischen Grundpositionen, die in der englischsprachigen Welt von besonderem Einfluß gewesen sind. Es ist somit nicht in erster Linie für Spezialisten geschrieben, sondern für Leser ohne eingehende Vorkenntnisse, aber mit einem hinreichendem Maß an Interesse an theoretischen Fragen der Literatur. Vor allem ist es dazu gedacht, solche Fragen und die verschiedenartigen Antworten, die darauf gegeben wurden, zugänglicher zu machen und in ihren Implikationen für das Verständ-

---

[6] T. S. Eliot, „Tradition and the Individual Talent", in *Critical Theory since Plato*, ed. Hazard Adams (New York etc., 1971): 784-787. Vgl. hierzu unten, Kap. 18.

nis von Literatur und damit letztlich auch für eine reflektiertere Praxis
der Textinterpretation herauszustellen.

Das Buch beginnt im Sinn des Gesagten mit einer Skizzierung der
klassischen Positionen von Platon, Aristoteles und Horaz, die die späteren Theorien präfigurierten, aber bereits in sich erst aus ihrer Reaktion aufeinander verständlich sind. Dann wird die Entwicklung der
englischen Literaturtheorie von der Renaissance über den Klassizismus bis zur Romantik nachgezeichnet, die sich sehr stark unter dem
Einfluß und als allmähliche Absetzung von jenen antiken Positionen
vollzog. Als Marksteine dieser Entwicklung werden die Dichtungs-
auffassungen von Philip Sidney, John Dryden, Alexander Pope, Samuel Johnson, William Wordsworth, S. T. Coleridge, Percy Bysshe
Shelley und John Keats umrissen. Mit der endgültigen Emanzipation
von der fraglosen Autorität der klassischen Antike in der Romantik
wird die moderne Phase der Literaturtheorie eingeleitet. Diese wird
in ihren ersten Ansätzen bei Matthew Arnold, ihren Ausprägungen
bei T. E. Hulme und T. S . Eliot, sowie in ihren systematisierten Fas-
sungen im Formalismus und im New Criticism dargelegt. Schließlich
werden einige der führenden Theorien charakterisiert, die sich seit
den Zeiten, in denen der New Criticism das unumstritten vorherrschende Paradigma war, um dessen legitime Nachfolge streiten –
Strukturalismus, Hermeneutik, Rezeptionstheorie, Poststrukturalismus, Dekonstruktion, feministische Literaturtheorie und New Historicism.

Wo immer es mir sinnvoll erschien, habe ich historische Betrach-
tungsweisen der Literatur auf heute interessierende literarische und
kulturelle Fragestellungen bezogen. Die Dialektik zwischen ‚Rekonstruktion‘ und ‚Integration‘, zwischen objektivierendem Verstehens-
akt und subjektiver Sinnaneignung, die Hans-Georg Gadamer als
fundamentale Struktur aller Interpretation herausgestellt hat[7] (und
die folgende Überblicksdarstellung ist letztlich nichts anderes als eine
Folge von Interpretationen), sollte nicht künstlich unterdrückt und
unter einer illusionären Rhetorik der Objektivität verborgen werden.

Schließlich sei die Hoffnung geäußert, daß dieses kleine Buch trotz
seiner konzeptionell gezogenen Grenzen zumindest einen gewissen
Eindruck von der potentiellen Intensität und Lebendigkeit theoretischer Reflexion vermitteln möge und daß es dadurch seine Leser dazu
anregt, sich aktiv an ihr zu beteiligen.

---

[7]   Vgl. Hans-Georg Gadamer, *Wahrheit und Methode. Grundzüge einer philo-
    sophischen Hermeneutik* (Tübingen, 19723), v. a. 157ff.

2. THEORIE UND LITERATUR

Bevor wir zu unserem eigentlichen Thema kommen, sollten wir versuchen zu klären, was wir meinen, wenn wir den Begriff ‚Literaturtheorie' oder *Theorie der Literatur* verwenden, wie der Titel eines lange Zeit höchst einflußreichen Buchs von René Wellek und Austin Warren heißt.[1] Nach dem Lexikon bedeutet das Wort ‚Theorie' (1) ein „System wissenschaftlich begründeter Aussagen zur Erklärung bestimmter Tatsachen oder Erscheinungen und der ihnen zugrundeliegenden Gesetzlichkeiten"; und (2) „Die Lehre über die allgemeinen Begriffe, Gesetze, Prinzipien eines bestimmten Bereichs der Wissenschaft, Kunst, Technik".[2]

Dies klingt nun in der Tat so abstrakt, wie man es von etwas, das mit dem Wort ‚Theorie' zusammenhängt, erwartet. Doch wenn wir die ursprüngliche, etymologische Bedeutung des Wortes betrachten, so stellen wir fest, daß es nichts bloß Abstraktes bezeichnet. Es bedeutet ‚Betrachtung' und, noch spezifischer, das ‚Zuschauen' bei etwas, das mit besonderer Bedeutung ausgestattet ist und aus interessierter Distanz verfolgt wird. *Theoria* ist zusammengesetzt aus den beiden griechischen Wörtern *theoros* (= Zuschauer) und *horan* (= sehen). Der Akt der theoretischen Reflexion in seinem ursprünglichen Verstand ist so vergleichbar dem Akt des Zuschauens in einem Theater oder bei einem besonderen kulturellen Ereignis. Hans-Georg Gadamer weist auf die genauere Bedeutung von *theoros* als Teilnehmer an einer Festgesandtschaft hin.

> Teilnehmer an einer Festgesandtschaft haben keine andere Qualifikation und Funktion als dabei zu sein [...] und auch in unseren Augen ist die Fähigkeit, sich theoretisch verhalten zu können dadurch definiert, daß man über einer Sache seine eigenen Zwecke vergessen kann.[3]

---

[1] René Wellek und Austin Warren, *Theory of Literature* (London, 1949). – Dies ist übrigens das in vielerlei Hinsicht noch durchaus nützliche Standardbeispiel dessen, was als modernistisch-pragmatischer Zugang zur Literaturtheorie bezeichnet werden kann. Dieser war insbesondere für die Position des New Criticism charakteristisch, der in den angelsächsischen Ländern bis in die sechziger Jahre den Umgang mit Literatur hauptsächlich bestimmte.

[2] *Duden. Das große Wörterbuch der deutschen Sprache* (Mannheim etc., 1981): 2587.

[3] Hans-Georg Gadamer, *Wahrheit und Methode*: 118.

Man ist also in theoretischer Einstellung nicht unmittelbar verwickelt
in die Ereignisse und Phänomene, die man beobachtet. Aber man ist
zugleich nahe genug, um sie in wichtigen Charakteristika zu erfassen.
Theorie ist so ein Akt der Betrachtung von Geschichte als einer Art
'Drama des Geistes', und ein Versuch, die verschiedenen Akteure
und Interaktionsmuster herauszustellen, die sich auf dieser ‚Bühne‘
der Geschichte unserem geistigen Auge präsentieren. Theorie in diesem Sinn ist daher *nicht* grundsätzlich unterschieden von der Erfahrung der Literatur selbst. Sie impliziert nur eine andere Haltung gegenüber ihren Gegenständen, und eine andere Art, die Fragen nach
Sinn, Wahrheit und Wirklichkeit zu interpretieren, die sich dem Menschen unabweisbar stellen und von denen auch die Strukturen literarischer Texte durchdrungen sind.

Nimmt man die abstrakte und die konkrete Begriffsbedeutung zusammen, so wäre eine Theorie der Literatur der Versuch, unter Bezugnahme auf repräsentative Beispiele literarischer Werke zusammenhängende Thesen zu formulieren über das, was Literatur ‚ist‘,
wie sie ‚funktioniert‘, was ihre Beziehung zu unserer individuellen
Psyche und zur Gesellschaft insgesamt ausmacht usw. Gleichzeitig
aber darf man von keiner Literaturtheorie erwarten, daß sie zu irgendwelchen endgültigen, definitiven Antworten kommen oder sich
zu einem geschlossenen System zusammenfügen kann. Vielmehr
kann sie, in der Logik ihres etymologischen Begriffs bleibend, einzig
verschiedene *Perspektiven* formulieren und vergleichen, aus denen
das ‚Schauspiel‘ der Literatur betrachtet werden kann, ohne daß damit dessen vielfältige Dimensionen jemals ausgeschöpft werden
könnten.

Eine Frage, die seit den Anfängen der Literaturtheorie besonders
eindringlich gestellt wurde, ist die Frage nach der ‚Wahrheit‘ von Literatur, oder, um es auf andere Weise zu sagen, die Frage nach dem
Verhältnis von *Fiktion und Wirklichkeit*. Offensichtlich beziehen sich
die Aussagen eines literarischen Textes nicht in der gleichen Weise
auf die reale ‚objektive‘ Welt wie z.B. die Formulierung eines physi-
kalischen Gesetzes, und ebensowenig sind literarische Aussagen jemals so präzise in ihrer Bedeutung definiert wie etwa eine mathemati-
sche Formel. Literarische Texte sind ganz evident etwas anderes als
die objektiven Aussagesysteme der Naturwissenschaften (obwohl
auch diese ihre relativierenden Bedingungen besitzen).[4] Und es gibt

---

[4] Vgl. z.B. Werner Heisenberg, *Physik und Philosophie* (Berlin, 1959).

ebenfalls innerhalb des Bereichs der Humanwissenschaften selber beträchtliche Unterschiede beispielsweise zwischen Literatur und Historiographie. Während literarische Texte auf Fiktionen basieren, gründen historiographische Texte auf Tatsachen; während die ersteren mögliche Welten erforschen, beschreiben die letzteren Ereignisse in der realen Welt; sind erstere mit der subjektiven Imagination befaßt, so sind letztere bezogen auf objektive, positiv dokumentierte Begebenheiten.

So überzeugend dies auch scheinen mag, so ist es doch interessant festzustellen, daß in den letzten Jahren diese klare Entgegensetzung von Literatur und Historiographie ernsthaft in Frage gestellt worden ist. Dies gilt nicht nur in dem Sinn, daß Literatur zunehmend als ‚historisches Phänomen‘ aufgezeigt wurde, das in einer sehr komplexen und aufschlußreichen Weise den Zeitgeist und das kulturelle Selbstverständnis seiner Epoche ausdrückt und deswegen auf einer Ebene eine Form historischen Wissens darstellt. Es gilt auch in dem Sinn, daß die Historiographie ihrerseits sich bewußt geworden ist, in welch hohem Maß sie mit impliziten Fiktionen operiert, d.h. mit Metaphern, Bildern, Ideologemen und nicht zuletzt den ‚Geschichten‘, von denen der Meta-Begriff Geschichte sich allererst herleitet. Diese imaginativen und narrativen Elemente und d.h. die Strategien einer „aestheticizing textualization of history", wie sie Frank Lentricchia nennt, tragen in einem keineswegs nur äußerlichen Sinn zur Präsentation und Interpretation der sogenannten ‚Tatsachen‘ in der Geschichtsschreibung bei.[5]

Eine ähnliche Veränderung des eigenen Selbstverständnisses hat sich auf einem anderen Gebiet der Geisteswissenschaften vollzogen, das herkömmlicher Weise meist scharf von der Literatur getrennt gesehen wurde: dem Gebiet der Philosophie selbst. Philosophie wurde

---

[5] Frank Lentricchia, „Reading History with Burke", in *Representing Kenneth Burke*, eds. Hayden White and Margarete Brose, *Selected Papers from the English Institute*, New Series 6 (Baltimore & London, 1982): 119-149, 124. – Die Wechselbeziehung von fiktionalen und nichtfiktionalen Faktoren in der Textualisierung von Geschichte wird auf differenzierte Weise diskutiert in dem Band *Geschichte – Ereignis und Erzählung. Poetik und Hermeneutik* 5, Hrsg. Reinhard Koselleck und Wolf Dieter Stempel (München, 1973). – Eine poststrukturalistische Sicht fiktionalisierender Elemente in der Historiographie wurde vor allem von Hayden White entwickelt: *Metahistory: The Historical Imagination in 19th Century Europe* (Baltimore, 1973).

traditionell gesehen als eine Form des Wissens und der Sprachverwendung, die durch systematisches Denken, logische Argumentation
und somit durch einen verallgemeinerbaren Wahrheitsanspruch charakterisiert ist. Aus einer solchen Sicht wurde sie üblicherweise der
poetischen, nichtsystematischen, konkretisierenden Sprache und
dem Fiktionscharakter von Literatur kontrastiv gegenübergestellt.
Wiederum spricht selbstverständlich vieles für die Richtigkeit einer
solchen Unterscheidung. Und doch wurde in letzter Zeit wie im Fall
der Geschichtsschreibung die absolute Gültigkeit dieser Opposition
massiv in Zweifel gezogen. Auf der einen Seite wurde ein neuer Wert
in der Literatur gesehen als einem Erkenntnismedium eigener Art.
Literatur wird interessant als Medium einer ‚Wahrheit‘, die sich paradoxerweise gerade auf ihre Fiktionalität gründet, auf den Umstand,
daß sie als einzige von allen Diskursformen sich explizit der fiktiven
Dimension all unseres Wissens *bewußt* ist. Literatur ist diejenige
Form von Textualität, die keine Illusionen über irgendeine alleingül-
tige oder absolute Wahrheit zuläßt. In den mehrdimensionalen Bedeutungswelten, die sie entwirft, vermag sie Einsichten in die komplexen Phänomene menschlicher Existenz und gesellschaftlicher Beziehungen zu eröffnen, die anderen Formen des Diskurses, einschließlich des Diskurses der Philosophie selbst, nicht in derselben
Weise zugänglich sind.

Auf der anderen Seite wurde noch deutlicher als früher herausgearbeitet, daß auch die Philosophie nicht ohne den Gebrauch von Metaphern, Bildern und Vergleichen, d.h. von ‚poetischer‘ Sprache und
von fiktionalen Redeformen in einem weiteren Sinne auskommt. Ein
Philosoph, der bereits im 19. Jahrhundert radikal diese Idee verfolg-
te, war Friedrich Nietzsche, der in dieser Hinsicht einen kaum zu
überschätzenden Einfluß auf die zeitgenössische Philosophie ausgeübt hat. Ein weiterer Name, der in diesem Zusammenhang relevant
ist, ist Hans Vaihinger mit seiner *Philosophie des Als-Ob*, die zu Beginn dieses Jahrhunderts geschrieben wurde.[6] Und auf dem Gebiet
der zeitgenössischen amerikanischen Philosophie ist es vor allem Richard Rorty gewesen, der im Anschluß an Positionen des amerikanischen Pragmatismus nachdrücklich die unaustilgbare literarisch-fikti-
onale Komponente allen philosophischen Schreibens herausgearbei-

---

[6] Hans Vaihinger, *Die Philosophie des Als-Ob. System der theoretischen, praktischen und religiösen Fiktionen der Menschheit aufgrund eines idealistischen
Positivismus* (Berlin, 1911).

tet hat.[7] Darüber hinaus sind sich auch andere Fächer innerhalb der Kulturwissenschaften wie etwa Psychologie, Soziologie, Anthropologie oder politische Wissenschaft zunehmend einer ähnlichen semiotischen Gebrochenheit ihrer vermeintlich transparenten Realitätsbezüge bewußt geworden.[8]

Damit soll nicht behauptet werden, daß es keine bedeutenden Unterschiede zwischen den verschiedenen Formen menschlichen Wissens und kulturellen Diskurses gibt. Aber es ist wichtig zu sehen, daß die Grenzen zwischen ihnen nicht fest sind, sondern fließend; daß sie nicht vorgängige archetypische Wesensunterschiede markieren, sondern funktional und pragmatisch differenzierte *Versionen* einer geistigen Annäherung an die komplexen Zusammenhänge menschlicher Existenz; und daß die Frage der Rolle der Literatur innerhalb dieser unterschiedlichen Wissensformen nicht eine isolierte akademische Problemstellung ist, sondern eine Frage von potentiell weitreichender Konsequenz für unser Verständnis unserer selbst und unseres Standorts in der heutigen Welt. Man kann geradezu sagen, daß Literatur eine Form des Denkens und Kommunizierens darstellt, die von *spezifischer* Bedeutung in unserer Zeit ist, da sie ihrer Natur nach pluralistisch und ‚transdisziplinär' ausgerichtet ist und daher in ihren experimentellen Existenzerkundungen sowohl die trivialisierenden Darstellungstendenzen der Medien als auch die überspezialisierten Sichtweisen der Fachwissenschaften zu überschreiten vermag.[9] Lite-

---

[7] Vgl. Richard Rorty, *Philosophy and the Mirror of Nature* (Oxford, 1980). Rorty hat neben poststrukturalen Ansätzen auch etwa in William James einen Vorläufer, der einen performativen Wahrheitsbegriff vertritt: Wahrheit entsteht erst im Bezug auf Handeln; ‚wahr' ist, was wir durch unsere Denk- und Lebensakte für wahr erklären. (Vgl. v. a. *Pragmatism: A New Name for Some Old Ways of Thinking* [1907] und *The Meaning of Truth* [1909]).

[8] So beruht ein beträchtlicher Teil psychoanalytischer Theorie, wie z. B. die Begriffe von Es und Überich, die Freud zur Beschreibung der Dynamik psychischer Vorgänge benutzt, auf einer metaphorischen Grundlage, und auch hinter Konzepten wie Ödipus-Komplex, Verdrängung, Verschiebung u.a. verbergen sich keine objektivierbaren Gegebenheiten, sondern je subjektiv erfahrene ‚Geschichten'. Ebenso sind in der Soziologie Begriffe wie Basis und Überbau, aber auch Schicht, Subkultur usw. metaphorische Ausdrücke.

[9] Karl-Ludwig Pfeiffer spricht von einem „Transzendieren ins Diesseits", durch das die Literatur eine Art denk- und psycho-ökologischer Erkundungsfunktion innerhalb einer Gesamtkultur erfüllt: „Dimensionen der Literatur: ein spekulativer Versuch", in *Materialität der Kommunikation*, Hrsg. Hans Ulrich Gumbrecht und Karl-Ludwig Pfeiffer (Frankfurt, 1988).

ratur maximiert das semantische und kommunikative Potential der
Sprache und dekonstruiert dadurch alle absoluten Wahrheitsansprüche und geschlossenen Denksysteme. Sie deckt die Ungesicherheit
scheinbarer kultureller Sicherheiten auf und perspektiviert Ideen und
Ideologien im Licht ihrer zugrundeliegenden Motive und ihrer praktischen Konsequenzen.

Aus solcher Dekonstruktion entfaltet Literatur ihre eigene, kon-
struktive Aktivität. Sie folgt einem metaphorischen Grundimpuls der
Sprache, der Ähnlichkeiten in scheinbar völlig unähnlichen Phänomenen entdeckt und Analogien zwischen Bereichen herstellt, die
durch kulturelle Gewohnheit und Konvention getrennt sind. Auf diese Weise verfremdet Literatur das Vertraute und bezieht ständig das,
was bekannt zu sein scheint, auf das, was daran unbekannt ist. Sie erforscht die Art und Weise, in der die bestimmenden Kräfte von Kultur und Erfahrung in vielfältiger Weise interagieren, und sie *zeigt* diese Interaktion in ihren fiktionalen Modellen. Literatur kann von hier
aus als pluralistisch-kybernetische Form des Wissens betrachtet werden, in der alle Elemente, die ins Spiel gebracht werden, in ihrer
Wechselreaktion gezeigt und nicht, wie in anderen Diskursformen,
isoliert betrachtet werden. Ihre besondere Stärke liegt in dem Umstand begründet, daß sie *verschiedene Erfahrungs- und Bedeutungs-
ebenen gleichzeitig* ins Spiel zu bringen vermag und somit alle eindi-
mensionalen Formen der Realitätsverarbeitung sprengt. Doch sie tut
dies nicht in der Art direkter, determinierter Aussagen, sondern in
ständiger Interaktion mit dem Leser, der seinerseits zur aktiven Teil-
nahme an der Bedeutungskonstitution des Textes aufgerufen ist. In
ihrer spezifischen Art der Kommunikation emanzipiert die Literatur
den Leser von der potentiellen Dogmatik der Sprache und des Textes.
Sie setzt einen kreativen Prozeß des Verstehens und Selbst-Verste-
hens in Gang, der zu einer ständigen Erneuerung und Konkretisie-
rung unserer Begriffe von Kultur, Kommunikation und menschlicher
Selbstverwirklichung führen kann.

Nun mag dies reichlich optimistisch klingen in Anbetracht des viel-
beschworenen Niedergangs der Literatur und der Lesekultur in unserem medienbeherrschten Zeitalter, und angesichts der Skepsis über
ihren Wert und ihre gesellschaftliche Funktion, die nicht nur in der
Kritik, sondern in vielen der Texte selbst zum Ausdruck kommt. Der
Tod des Autors, das Ende des Romans, die Erschöpfung literarischer
Formen usw. sind wiederkehrende Floskeln, die eine solche Dauer-
krise der Literatur zu bezeugen scheinen. Wenn sich indessen nach den
Worten von John Barth, einem der profiliertesten Vertreter des post-

modernen Romans in Amerika, die „literature of exhaustion", die er in den sechziger Jahren diagnostizierte, ihrerseits als Ausgangspunkt einer neuen „literature of replenishment" erwies[10], dann mag die wissenschaftliche Beschäftigung mit Literatur gleichermaßen berechtigt sein, ein größeres Zutrauen in das kulturelle und kognitive Potential ihres Gegenstandes zu setzen.

Es wurde oben bereits gesagt, daß einer der auffälligsten Begleiterscheinungen des poststrukturalen Denkens in den Humanwissenschaften darin besteht, daß die Literatur ausdrücklich zu einem bevorzugten Diskurs- und Erkenntnisparadigma für *andere* Disziplinen der Kulturwissenschaften wie Geschichte, Philosophie, Soziologie, Theologie oder Anthropologie avancierte. Nun darf sicher der Umstand, daß andere Fächer sich verstärkt der Literatur als einer Quelle intellektueller Selbsterneuerung zuwenden, nicht diejenigen, die professionell mit dem Studium von Texten zu tun haben, in Selbstzufriedenheit versetzen oder zu falschen Idealisierungen ihres Gegenstandes verführen. Die spezifische Stärke der Literatur als einer Form offenen, mehrdimensionalen Denkens und als komplexen kulturellen Metadiskurses wird erkauft mit einer ebenso spezifischen *Schwäche* im Hinblick auf gesellschaftliches Handeln. Die kulturelle Funktion der Literatur hängt untrennbar zusammen mit jener ‚Entpragmatisierung', die sie unmittelbaren Handlungszwängen enthebt und diese erst in fiktional verfremdeter Weise vergegenständlichen läßt.[11] Literatur setzt also nicht nur ideologischen Denksystemen, sondern jeder direkten Umsetzung in persönliche oder politische Aktion eine ihr inhärente, durch die Ästhetisierung sprachlicher Weltbezüge bedingte *Widerständigkeit* entgegen. Doch wenn solchermaßen keine illusionären Annahmen über die weltverändernde Rolle der Texte kultiviert werden sollten, so wäre es andererseits ironisch, wenn diejenigen, die hauptsächlich mit Literatur befaßt sind, es versäumten, die enorme Herausforderung, aber auch die vielversprechenden Perspektiven wahrzunehmen, die die neue Hinwendung zur Literatur in den Humanwissenschaften eröffnet.

---

[10] John Barth, „The Literature of Exhaustion" und „The Literature of Replenishment: Postmodern Fiction", *The Friday Book: Essays and Other Nonfiction* (New York, 1984): 64-76 und 194-206.
[11] Zur Idee der ‚Entpragmatisierung' literarischer Texte als deren spezifischer Kommunikationsbedingung vgl. Wolfgang Iser, *Der Akt des Lesens. Theorie ästhetischer Wirkung* (München, 1976).

3. PLATON

Nach diesen allgemeinen Vorüberlegungen wollen wir uns nun einer der archetypischen Figuren der philosophischen Tradition, Platon, zuwenden. Um ihn scheint kein Weg herumzuführen, wenn man irgendeine Frage von philosophischer Bedeutung behandeln will. Auch seine Ansichten zur Literatur sind, teils in trivialisierter, teils in anspruchsvoller Form, von eminenter Wirkung gewesen. In der Tat können alle Konzeptionen der Literatur, die auf eine im weiteren Sinn moralische oder didaktische Perspektive hinauslaufen, d.h. die primär an Fragen ihres *Inhalts* orientiert sind, in der Nachfolge Platons gesehen werden.[1]

Dies gilt in einem positiven wie in einem negativen Sinn. Wir haben es mit einer positiven Form 'platonischer' Literaturkritik zu tun, wo immer Literatur als Medium aufgefaßt wird, das universell bekannte Wahrheiten und Werte illustriert, das unsere Gefühle, Ideen und unsere Menschlichkeit insgesamt veredelt und so den Leser zu einem besseren Leben erzieht. Eine negative Form einer von Platon inspirierten Literaturkritik wird beispielsweise bei den Puritanern in England deutlich. Diese waren gegen fiktionale Literatur und speziell gegen das Theater eingestellt aufgrund von deren unmoralischen und vom Wesentlichen ablenkenden Wirkungen, da sie an die Sinne und damit an die potentielle Quelle des Bösen gerichtet waren und nicht an den Geist als die potentielle Quelle religiöser Wahrheit. Der moralische Inhalt dominierte eindeutig über die ästhetische Form, und Literatur wurde darauf reduziert, die höhere Erkenntnis der Religion in ihrer Bildersprache zugänglicher zu machen. Der Umstand, daß eini-

---

[1] Zur Einführung in Platons Philosophie und Ideen zur Literatur vgl. z. B. Manfred Fuhrmann, *Einführung in die antike Dichtungstheorie* (Darmstadt, 1973); J. Dalfen, *Polis und Poiesis. Die Auseinandersetzung mit der Dichtung bei Platon und seinen Zeitgenossen* (München, 1974); J. W. H. Atkins, *Literary Criticism in Antiquity*, 2 vols. (Cambridge, 1934), bes. vol. 1, chapt. 3: „The Attack on Poetry: Plato"; Werner Jaeger, *Paideia: The Ideals of Greek Culture*, 3 vols. (New York, 1939-44), bes. vol. 2: 208-230, 358-370; W. K. Wimsatt und Cleanth Brooks, *Classical Criticism. A Short History (London, 1957, 19702)*, bes. 3-20, 57-76; G. M. A. Grube, *The Greek and Roman Critics* (Toronto, 1968), bes. 46-65; G. F. Else, *Plato and Aristotle on Poetry* (Chapel Hill, 1986).

ge der größten englischen Dichter des 17. Jahrhunderts wie John Bunyan oder John Milton Puritaner waren, widerspricht dieser Feststel-
lung nicht. Stattdessen wirft er die interessante Frage auf, wie diese
Dichter notwendigerweise in einem dauernden Konflikt mit sich
selbst standen, und wie sie poetische Strategien entwickelten, um die
letztlich *antiliterarische* Dogmatik des puritanischen Fundamentalismus zu umgehen und ihre eigene Form fiktionalen Selbstausdrucks zu
finden.

Doch solche Einstellungen gehören nicht nur der Vergangenheit
an. Sie zeigen sich in eher harmloser Form etwa in jener ,common
sense'-Auffassung praktisch orientierter Gegenwartsmenschen, die
Vorurteile gegen fiktionale Literatur haben, weil sie nur ,Lügen' anstelle von Tatsachen erzählt, weil sie phantastische Welten erfindet
anstatt uns über die reale Welt zu informieren, und weil sie demzufolge ein bloßes Spiel ist, das nicht wirklich ernstgenommen werden
kann und nicht zuviel von der Zeit eines erwachsenen, rational denkenden Menschen beanspruchen darf. Aber eine im weitesten Sinn
platonische Sicht der Literatur kann auch, wenngleich in verzerrter
Form, hinter der Zensurpraxis totalitärer Regime gesehen werden,
die den offenen Diskurs der Literatur als Unterminierung ihrer ideologischen Wahrheitsansprüche betrachten, als eine Quelle des anarchischen Liberalismus und deswegen als eine Bedrohung für die Ordnung der Gesellschaft, die sie, oft auf gewaltsame Weise, errichtet
haben. Vernon Hall formuliert dies folgendermaßen:

> Everyone who believes he has found the TRUTH will fall into Plato's
> position toward art. If one's sole concern is building the Platonic Republic,
> the Soviet State, or the City of God, literature must be done away with or
> put in chains.[2]

Als Beispiel bietet sich die Doktrin des sozialistischen Realismus an,
die bis vor einigen Jahren die offizielle ästhetische Ideologie in den
Ländern des damaligen Ostblocks war. Der sozialistische Realismus
erhob den Anspruch, eine ,objektive Wirklichkeit' zu reflektieren,
während von ihm tatsächlich erwartet wurde, die Krise und den Niedergang des Kapitalismus und den unaufhaltsamen Aufstieg der Ar-
beiterklasse darzustellen, der in der Schaffung des sozialistischen
Staates kulminierte. Da dieser inhaltlich definierte Stil zur einzig legi-
timen Kunstform erklärt wurde, wurden die bedeutenderen literarischen und künstlerischen Talente dieser Länder entweder verfolgt

---

[2] Vernon Hall, *Short History of Literary Criticism* (New York, 19631).

und wurden Dissidenten oder, wenn es ihnen möglich war, gingen sie in die Emigration. Ein anderer Fall, der diese inhärente Opposition zwischen offizieller Doktrin einer totalitären Staatsmacht und der ‚subversiven' Rolle der Literatur in unserer heutigen Zeit auf besonders drastische Weise zeigt, ist die Haltung des islamischen Fundamentalismus zu Salman Rushdies *Satanic Verses*, einem Roman über die Entwurzelung der Menschen in der modernen Massengesellschaft, in dessen ironisch verfremdendem Spiel mit der Geschichte u.a. auch Mohammed auftritt, und auf den jener Fundamentalismus bekanntlich mit intellektuellem und physischem Terror reagierte.

Platons Ansichten haben selbstverständlich nichts mit solchem Terror zu tun. Und doch kann man sagen, daß einige Punkte seiner Theorie die dogmatische Haltung totalitärer Ideologien gegenüber der Literatur in gewisser Weise bereits vorwegnehmen. Wie es für Platon charakteristisch ist, legt er seine Ideen hierzu nicht im Sinn eines systematischen Arguments dar, sondern in der Form von Dialogen zwischen Sokrates und seinen verschiedenen Partnern. Die erste wichtige Diskussion von Literatur überhaupt findet in dem Dialog *Ion* statt, andere in verschiedenen Büchern des *Staats* und der *Gesetze*.[3] In diesen Dialogen ist Sokrates eindeutig der überlegene Partner, der an seinem Gegenüber sein Konzept der Anamnese praktiziert, d.h. die Annahme, daß der andere in einer tieferen Schicht seines Geistes bereits die Wahrheit kennt, die ans Licht gebracht werden soll. Und es bedarf nur einer unbeirrbaren Anstrengung des Denkens und der Erinnerung, um dieses Wissen von einer Wahrheit wiederzuentdekken, mit dem die Menschen bereits geboren werden. Die platonische Konzeption der Welt ist eine idealistische, was bedeutet, daß sie eine präexistente Welt von Ideen annimmt, die einen höheren Anspruch auf Wirklichkeit besitzt als die Welt der empirischen Phänomene, auf die wir in unserer bloßen Sinneswahrnehmung beschränkt sind. Die

---

[3] Relevant sind hier neben dem *Ion* vor allem die Bücher II, III und X aus dem *Staat*, und die Bücher II und VII aus den *Gesetzen*. Die Texte Platons und anderer antiker Theoretiker sind für Anglistikstudenten gut zugänglich in *Literary Criticism. Plato to Dryden*, ed. Allan H. Gilbert (Detroit, 1940, 1962[2]); *Criticism: The Major Texts*, ed. Walter J. Bate (New York, 1948); *The Great Critics. An Anthology of Literary Criticism*, eds. J. H. Smith und E. W. Parks (New York, 1951); *Critical Theory since Plato*, ed. Hazard Adams (New York etc., 1971). Auf letztere werde ich mich in diesem Band hauptsächlich stützen (Abk.: *Critical Theory*). In deutscher Übersetzung ist Platon zugänglich z. B.. in *Platon. Sämtliche Dialoge*, 7 Bde., Hrsg. Otto Apelt (Nachdruck Hamburg: Felix Meiner, 1988).

Geburt eines Menschen und sein Hineinwachsen in diese Welt der Erscheinungen geht einher mit einem fortschreitenden Vergessen des Wissens von der idealen Welt, aus der wir kommen. Und es ist die Aufgabe des Philosophen, in diesem Fall personifiziert von Sokrates, diesen Prozeß umzukehren und uns aufs Neue der Sphäre der Ideen und der Wahrheit bewußt zu machen, von der wir uns im Prozeß der Anpassung an die oberflächlichen Bedürfnisse unserer Alltagsexistenz entfernt haben. Wie aber sind die Ideen dem philosophischen Denken zugänglich? Sie sind es durch die Begriffe, die das Denken als zeitlose Wesenheiten aus der Vielfalt der sinnlich gegebenen Erscheinungen abstrahiert. Die Begriffe des Denkens kann es nur geben, weil sie den präexistenten Ideen entsprechen. Philosophisches Denken als konsequentes begriffliches Denken eröffnet so einen Weg zurück zur unmittelbaren Erkenntnis und Teilhabe an der wahren Wirklichkeit der Ideen, die durch den Täuschungszusammenhang der sinnlichen Welt verstellt wird. Von daher besteht die Dialogtechnik von Sokrates in einer ironischen Befragung und zielbewußten Irritation seiner Gesprächspartner mit der Absicht, sie in Widersprüche zu verwickeln und sie so gleichsam für sich selbst die wahren Antworten finden zu lassen im Gegensatz zu den falschen Antworten, die sie in ihrer ersten, unreflektierten Reaktion auf die Fragen von Sokrates gaben.

Es ist nun entscheidend, den Zusammenhang zu sehen zwischen diesem philosophischen Begriff der *Wirklichkeit* und dem Begriff der *Literatur,* den Platon auf seiner Basis entwickelt. Tatsächlich werden wir in all den nachfolgenden Kapiteln eine solche enge Wechselbeziehung zwischen einem gegebenen Wirklichkeitskonzept und einer korrespondierenden Sicht der Literatur feststellen. Da Platon die höchste Stufe der Wahrheit in einer Sphäre vorgängiger Ideen ansetzt, muß folgerichtig alle Aktivität des Geistes und der menschlichen Kultur auf das Ziel gerichtet sein, dieser Sphäre transzendentaler Wahrheit näherzukommen. Mit anderen Worten, sie sollte in all ihren Manifestationsformen eine rational kontrollierte, moralisch verantwortliche Form der Aktivität sein. Platons Ideen zur Erziehung, zur Politik und zum idealen Staat sind sämtlich von dieser axiomatischen Grundannahme durchdrungen.[4] Die Objekte, die wir durch unsere Sinne wahrnehmen, sind nur schattenhafte Abbilder der Ideen. Und

---

[4] Eine kritische Sicht der politischen Implikationen dieser totalisierenden, alle Lebens- und Gesellschaftsbereiche durchplanenden Haltung der platonischen Philosophie gibt Karl R. Popper, *The Open Society and Its Enemies. Vol. I: Plato* (London, 1945).

während unsere Vernunftkräfte uns zur Wiederbesinnung auf jene
wahre Welt der Erkenntnis zu bringen vermögen, tendieren unsere
Sinne und die irrationalen Kräfte unserer Emotionen dazu, uns ständig weiter von ihnen, und damit von unserer eigentlichen menschlichen Bestimmung, wegzuführen.

Aus all dem folgt, daß Literatur, die Geschichten erfindet und in
diesen nur die äußere Welt der Erscheinungen nachahmt, nur ein Abbild des Abbilds darstellt. Sie ist doppelt unwirklich, da sie in zweifa-
cher Abstufung von jener wahren Wirklichkeit entfernt ist, nach der
der Philosoph strebt. Dichtung und Literatur führen uns daher nach
Platons Ansicht nicht zur Wahrheit, sondern gerade weg von ihr. Sie
sind ein Spiel mit Erfindungen und das heißt mit Lügen, die, statt die
Klarheit unseres Weltverstehens zu steigern, unser Bild der Welt ver-
dunkeln und unseren Geist noch stärker verwirren. Hinzu kommt,
daß Dichtung im Akt ihrer Schöpfung vorrationale Mächte ins Spiel
bringt, die im unbeherrschten Ausleben fiktiver Handlungsszenarien
einen an Wahnsinn grenzenden Zustand halluzinatorischer Geistes-
entrückung erzeugen und so in kulturelle Regression und moralische
Verantwortungslosigkeit führen.

In hochgradig ambivalenter Weise spricht Platon im *Ion*-Dialog
von der „göttlichen" Inspiration der Dichter, von der Art, in der sie
„Dolmetscher der Götter" werden, von denen sie „besessen" sind.[5]
Aber die Götter, von denen hier die Rede ist, sind nicht die Götter
der Vernunft, sondern die Götter der alten mythologischen Zeiten,
die uns in ihre primitive Welt der Gefühle und der ekstatischen Prära-
tionalität zurückzulocken drohen:

> Und ebenso auch die guten lyrischen Dichter: ganz ähnlich wie die von
> korybantischer Begeisterung Fortgerissenen ihre wilden Tänze nicht bei
> klarer Besinnung vollführen, so schaffen auch die lyrischen Dichter ihre
> schönen Lieder nicht bei klarer Besinnung, sondern wenn sie sich einmal
> der Macht der Harmonie und des Rhythmus überlassen haben, dann
> geraten sie in eine Art bacchischer Schwärmerei und Verzückung.[6]

Und wenn Platon von der Seite der Inspiration zur Seite der Rezeption kommt, zu den Wirkungen, die die Dichtung beim Vortragenden
(dem Rhapsoden, wie Ion einer ist) und seinem Publikum hervorruft,
so läuft seine Beschreibung der „Verzückung", des Verlusts der „Besinnung" u.a. auf die Symptome des Wahnsinns hinaus, wie immer

---

[5] *Ion*, in *Platon. Sämtliche Dialoge*, Bd. III: 105-130, 114. Vgl. auch *Critical Theory*: 12-19, 15.

[6] *Ion*: 112-13; *Critical Theory*: 15f.

„göttlich" der Wahnsinn auch erscheinen mag, von dem die Menschen unter dem Einfluß der Poesie erfaßt sind. Platon stellt sich die ästhetische Kommunikation im Bild einer Kette magnetischer Ringe vor, von denen der erste der Dichter, der mittlere der Rhapsode, der dritte der Zuhörer ist (mit möglichen weiteren Zwischengliedern wie im Theater u.a.). Beim Vortrag des Werks entsteht ein magisches Kraftfeld, das unkontrollierbare emotionale Energien entfesselt und über die Reaktionskette weitergibt.

Von hier ist es nur noch ein logischer Schritt, daß Platon (obwohl er große Dichtung, zumal die Werke Homers, durchaus bewunderte) die Dichter aus seinem idealen Staat verbannen oder sie zumindest unter strenge *Zensur* im Hinblick auf den Inhalt ihrer Werke stellen lassen muß. Denn der ideale Staat muß auf die Vernunft allein gegründet werden und muß daher, statt falsche Kompromisse zu schließen, die archaisch-magische Vorrationalität der Welt der Dichtung aus seinem System ‚exkommunizieren', da sonst die Herrschaft der Vernunft und die moralische Stabilität der sozialen Ordnung gefährdet wären:

> Demnach wird es die erste Aufgabe sein, eine Zensur für die Verfasser fiktionaler Literatur einzuführen, und man lasse die Zensoren jede fiktionale Erzählung akzeptieren, die gut ist, und jede zurückweisen, die schlecht ist.[7]

Platon schließt Dichtung nicht völlig aus seiner Republik aus, und zwar im Interesse der Erziehung der ‚Wächter', der intellektuellen Elite, die die Spitze die hierarchischen Pyramide seiner idealen Gesellschaft bilden sollen – Philosophen und andere Bürger von hoher Bildung und moralischer Statur. Diesen Wächtern soll es erlaubt sein, Gedichte zu lesen, aber nur bestimmte Arten von Gedichten, nämlich solche, die Themen von öffentlicher Relevanz und Schicklichkeit behandeln. Ihre künstlerische Qualität ist dabei zweitrangig gegenüber dem, was wir heute die ideologische Zuverlässigkeit ihres Inhalts nennen würden. Der athenische Fremde in den *Gesetzen*, der hier die Stimme Platons ist, schlägt vor, daß ein Gesetz erlassen werden solle,

---

[7] ‘Gut' und ‚schlecht' sind hier moralisch gemeint. Vgl. *Republic, Critical Theory*: 19f.: „Then the first thing will be to establish a censorship of the writers of fiction, and let the censors receive any tale of fiction which is good, and reject the bad [...]".

daß der Dichter in seinen Dichtungen sich keinerlei Abweichungen erlaubt von dem, was im Staate als gesetzlich, als recht, als schön und gut in Geltung steht und daß er die Erzeugnisse seiner Dichtkunst keinem Privatmann eher mitteilen darf, als bis sie den eigens dafür bestellten Richtern und Gesetzeswächtern vorgelegt worden sind und deren Billigung gefunden haben.[8]

Dies kommt nun zweifellos der Stimme eines moralischen Dogmatismus recht nahe, der seine verheerenden Konsequenzen durch die Kulturgeschichte hindurch bis in unser Jahrhundert herein gezeigt hat. Und wie wir sehen werden, war es zu einem nicht unbeträchtlichen Teil die Literaturkritik selbst, die immer wieder solche dogmatischen Positionen durch die Jahrhunderte festzuschreiben half. Literaturkritik in der – bewußten oder unbewußten – Nachfolge Platons nahm oft selbst implizit diese Funktion der ‚Zensur‘ an, der Neutralisierung und Domestizierung der kritischen oder anarchisch-unbotmäßigen Komponente der Literatur, um sie auf diese Weise akzeptabel zu machen für die herrschenden Geschmacks- und Wertestandards einer Gesellschaft.

Der erste Ansatz zu einer Theorie der Literatur in der Geschichte des abendländischen Denkens läßt somit bereits in aller Deutlichkeit ein zweifaches *Spannungsverhältnis* hervortreten: (1) ein Spannungsverhältnis zwischen Dichtung und Philosophie, zwischen Literatur und Kritik, welches wir in verschiedenen Varianten in der späteren Entwicklung der Literaturtheorie wiederkehren sehen werden; und (2) ein offensichtlich unvermeidliches und letztlich nicht auflösbares Spannungsverhältnis zwischen der Literatur und der jeweils etablierten politisch-sozialen Ordnung. Doch die epistemologischen Pole von Wahrheit und Falschheit, und die moralischen Pole von Verantwortlichkeit und Verantwortungslosigkeit, die Platon so klar zwischen der rationalen Ordnung der Philosophie und des Staates auf der einen Seite und den ‚anarchischen‘ Kräften der Dichtung auf der anderen verteilte, erscheinen aus heutiger Perspektive durchaus anders und ebenbürtiger gewichtet. Ja in bestimmter Hinsicht hat sich jene Opposition geradezu umgekehrt, insofern ein großer Teil moderner Literatur, trotz ihrer, wie es manchmal scheinen mag, extravaganten Experimente und provokativen Phantasiekonstruktionen, unmißverständlich ihre Stimme im Sinn der moralischen Selbstbehauptung des Individuums erhebt und existentielle Defizite zur Sprache bringt, die

---

[8] *Gesetze*, in *Platon. Sämtliche Dialoge*, Bd. VII, Buch 7: 283; *Critical Theory*: 45.

nicht zuletzt durch eine durchrationalisierte Gesellschaft und durch die anthropologisch indifferenten Abstraktionswelten der zeitgenössischen Wissenschaft und Technologie entstanden sind, von denen die philosophischen Reflexionen der Vergangenheit überholt wurden.

4. ARISTOTELES

Aristoteles (384-322) war ein Schüler Platons in Athen, der in seinen jüngeren Jahren stark von seinem Lehrer und dessen Idealismus beeinflußt war. Später hingegen entwickelte er eine fast entgegengesetzte Art der Philosophie, so daß etwa Coleridge behaupten konnte, es gäbe nur zwei mögliche Grundpositionen in der Philosophie, nämlich eine platonische und eine aristotelische Philosophie. Ich kann den Unterschied zwischen diesen beiden philosophischen Ansätzen nur in einer sehr allgemeinen Form andeuten, und zwar in dem Maß, das notwendig ist, um ihre unterschiedlichen Implikationen für den jeweiligen Literaturbegriff zu demonstrieren.[1]

Platon betrachtete die höchste Stufe der Realität als eine unabhängige Sphäre autonomer Ideen jenseits der Sphäre konkreter menschlicher Existenz, d.h. jenseits der Welt der Erfahrung und der Sinne. Für Aristoteles war diese Annahme unakzeptabel, da wir uns abstrakte und universale Ideen nicht ohne deren Verkörperung in den konkreten Formen sinnlicher Realität vorstellen können, wie wir sie wahrnehmen und erfahren. Es gibt für Aristoteles kein unabhängiges Reich von Ideen, keine präexistente Welt von Substanzen, von denen die Welt der Erscheinungen nur eine niemals authentische Kopie darstellt. Die Wirklichkeit ist für ihn ein Prozeß der Interaktion zwischen Ideen und Erfahrungen, eine dialektische Wechselbeziehung zwischen der Welt, wie wir sie mit unseren Sinnen wahrnehmen und der

---

[1] Kommentare zu Aristoteles, zu seiner Philosophie und Poetik sind so zahlreich, daß hier nur einige wenige, neuere genannt seien, die Literaturstudenten den Einstieg ermöglichen: *Aristotle's Poetics and English Literature: A Collection of Critical Essays*, ed. Elder Olson (Chicago, 1965); Leon Golden and O. B. Hardison, *Aristotle's Poetics. A Translation and Commentary for Students of Literature* (Englewood Cliffs, 1968); B. A. Kyrkos, *Die Dichtung als Wissensproblem bei Aristoteles* (Athen, 1972); Ada B. Neschke, *Die ,Poetik' des Aristoteles. Textstruktur und Textdeutung, I: Interpretationen* (Frankfurt, 1980); Stephen Halliwell, *Aristotle's Poetics* (Chapel Hill, 1986); Hans Wagner, *Ästhetik der Tragödie von Aristoteles bis Schiller* (Würzburg, 1987); Viviana Cessi, *Erkennen und Handeln in der Theorie des Tragischen bei Aristoteles* (Frankfurt, 1987).

Welt der geistigen Anschauung. Ideen sind nicht von Anfang an in unserem Denken als unveränderliche Archetypen aus einer früheren Existenz, sondern als Ergebnis und gleichzeitig als formende Kraft eines teleologisch konzipierten Wechselprozesses zwischen Erfahrung und Reflexion. Vereinfachend könnte man sagen, daß Platons Philosophie eine Philosophie universaler Formen ist, die die empirische Realität aus allgemeinen Begriffen deduziert, während die Philosophie Aristoteles' eine Philosophie individueller Substanzen ist, die allgemeine Begriffe aus der empirischen Realität induziert. William K. Wimsatt und Cleanth Brooks formulieren dies folgendermassen:

> Whereas Plato [...] was mathematical, transcendental, and rigorously abstract, Aristotle [...] was biological, natural, empirical, and concrete. [...] the *ousia* or essence, the *eidos* or form, which, as we have seen, was the object of knowledge at the top of Plato's line – but which was apparently transcendental and separate [...] – is brought down by Aristotle into the things themselves as the dynamic principle of their being which continues through change in a certain direction.[2]

Individuelle Phänomene haben somit für Aristoteles selbst einen bestimmenden Anteil an der ‚Substanz' der Wirklichkeit, und unsere Sinneswahrnehmungen sind nicht bloße Trugbilder für den Verstand, sondern vielmehr die notwendige Grundlage für alle Verallgemeinerungen der Philosophie.

Dieser erkenntnistheoretische Unterschied hat nun offenkundige Konsequenzen für den jeweiligen Begriff von Literatur. Denn in der Position des Aristoteles, die er hauptsächlich in seiner *Poetik* darlegte, ist Literatur ein Medium, das mit den imaginativen Mitteln der Sprache die Welt sinnlicher Wahrnehmungen und menschlicher Handlungen nachahmt.[3] Sie ist nicht die substanzlose Kopie einer abgehobenen archetypischen Wahrheit, sondern erforscht jene konkrete Sphäre individueller Phänomene und ihrer ständig sich wandelnden Wechselbeziehungen, über die die Entdeckung allgemeiner Wahrheiten erst möglich wird. Wenn für Platon Natur und Wirklich-

---

[2] Wimsatt and Brooks, *Classical Criticism*, „Aristotle's Answer: Poetry as Structure", hier 22-23.

[3] Aristotle, *Poetics, Critical Theory*: 48-66; deutsche Ausgabe, auf die ich mich hier beziehe: Aristoteles, *Vom Himmel. Von der Seele. Von der Dichtkunst*, eingeleitet und neu übertragen von Olof Gigon (Zürich & München: Artemis, 1950, 1982²).

keit etwas Unveränderliches und gewissermaßen bereits vom Anfang
Vollendetes sind, so sind sie für Aristoteles Teil eines fortschreitenden Veränderungsprozesses, der wesentlich unvollendet ist und der
der kulturellen Aktivitäten der Menschheit bedarf, um seiner Vollendung näherzukommen. Dichtung und Literatur sind in diesem Zusammenhang deutlich aufgewertet, da sie in ihren idealisierten Fikti-
onswelten die Grenzen der bestehenden Realität überschreiten und
so symbolisch die Vollendung dessen antizipieren, was in der Natur
noch unvollendet geblieben ist. Wenn Platon fiktionale Literatur wegen ihrer Abweichung von rational beobachtbaren Wahrheiten tadel-
te, so sieht Aristoteles gerade in dieser Abweichung von einem solchen metaphysischen Positivismus ihre spezifische Fähigkeit, Wahrheiten zu *entdecken*. Denn indem sie mögliche Realitäten entwirft
und deren Existenz innerhalb der Gesetze der Wahrscheinlichkeit si-
muliert, treibt fiktionale Literatur die Suche nach einer progressiven
Vervollkommnung der menschlichen Kultur voran.

Aristoteles konzentriert sich auf dieses fiktionale Element der Dichtung und untersucht es als eigenständige und eigenwertige Form der Erkenntnis, die die begriffliche Erkenntnisweise der Philosophie kom-
plementiert. Tatsächlich ist Literatur, und dies ist einer der interessan-
testen Punkte in der *Poetik*, gerade aufgrund ihrer Fiktionalität eine
Form der Wahrheitsvermittlung, die etwa der Geschichtsschreibung
überlegen ist. Denn letztere ist auf das Nachbuchstabieren einer vergangenen Welt und auf die Sphäre der Tatsachenwelt, des Partikularen
beschränkt, während die erstere mögliche Welten entwirft und damit
eine Verbindung von Besonderem und Allgemeinem ermöglicht:

> Es ergibt sich auch aus dem Gesagten, daß es nicht die Aufgabe des Dich-
> ters ist, zu berichten, was geschehen ist, sondern vielmehr, was geschehen
> könnte und was möglich wäre nach Angemessenheit oder Notwendigkeit.
> Denn der Geschichtsschreiber und der Dichter unterscheiden sich nicht da-
> durch, daß der eine Verse schreibt und der andere nicht (denn man könnte
> ja die Geschichte Herodots in Verse setzen und doch bliebe es gleich gut
> Geschichte, mit oder ohne Verse); sie unterscheiden sich vielmehr darin,
> daß der eine erzählt, was geschehen ist, der andere, was geschehen könnte.
> Darum ist die Dichtung auch philosophischer und bedeutender als die Ge-
> schichtsschreibung. Denn die Dichtung redet eher vom Allgemeinen, die
> Geschichtsschreibung vom Besonderen.[4]

Aristoteles weist der Literatur somit einen wichtigen Stellenwert im
Ensemble der kulturellen Aktivitäten des Menschen zu. Sie bringt vor

---

[4] *Dichtkunst*: 403.

allem das dynamische Element der Wirklichkeit zum Ausdruck und trägt gewissermaßen zur geistigen Ökologie und zur allgemeinen kulturellen Fortentwicklung einer Gesellschaft wesentlich bei.

Aber wie ist nun dieses fiktionale Element, auf das Aristoteles' Literaturbegriff so explizit aufgebaut ist, genauer definiert? In einer ersten Annäherung kann man sagen, daß es als sprachliche Transformation grundlegender anthropologischer Instinkte aufgefaßt wird. Aristoteles versucht nicht, die prärationalen Ursprünge der Dichtung zu unterdrücken, sondern sie in seine ästhetische Theorie einzubeziehen. Die erste dieser anthropologischen Antriebskräfte ist die der Nachahmung oder *Mimesis*, die bei Aristoteles ihre pejorative Bedeutung verliert und das künstlerische Korrelat eines biologischen Nachahmungstriebs ist, der von Kindheit an eine kreative Quelle menschlichen Lernens und ästhetischen Vergnügens darstellt:

> Allgemein scheinen zwei Ursachen die Dichtung hervorgebracht zu haben, beide in der Natur begründet. Denn erstens ist das Nachahmen den Menschen von Kindheit an angeboren (und darin unterscheidet sich der Mensch von den anderen Lebewesen, daß er am meisten zur Nachahmung befähigt ist und das Lernen sich bei ihm am Anfang durch Nachahmung vollzieht) und zweitens freuen sich alle Menschen an den Nachahmungen.[5]

Der zweite anthropologische Antrieb, der an der Dichtung beteiligt ist, ist der Instinkt für „Harmonie und Rhythmus", d.h. der Sinn für die räumliche und zeitliche Proportion und für die lebendigen Bewegungslinien menschlichen Selbstausdrucks, die in den Techniken der hohen Dichtung in sprachlicher Form vergegenwärtigt werden. Literatur ist also nicht das sklavische Abbild einer äußeren Welt, sondern ist als Nachahmung einer möglichen Welt, die sie selbst erst als solche hervorbringt, vielmehr gleichzeitig etwas *Gemachtes*, etwas neu Geschaffenes, dem vom Autor eine unverwechselbare Form verliehen wird. Das sprachliche Kunstwerk beruht auf einem Akt der Nachahmung *(Mimesis)*, der durch Techniken der Fiktionalisierung und Formalisierung *(Poiesis)* sein Material in eine eigenständige Struktur und ästhetische Erfahrung *(Aisthesis)* verwandelt. Und diese Struktur muß als solche berücksichtigt werden, nicht in einer bloß abgeleiteten Beziehung zu einem vermeintlich vorgegebenen Inhalt, sondern im Bewußtsein der wechselseitigen Durchdringung und Interdependenz von ‚Inhalt' und ‚Form'.

---

[5] *Dichtkunst*: 394.

Dieser Schritt von einem rein inhaltsbezogenen zu einem die Form einbeziehenden Denkansatz über die Literatur ist ein wichtiger innovativer Zug von Aristoteles' Theorie. Platon hatte alle Fragen der literarischen Form völlig vernachlässigt und seine Kriterien für ‚gute‘ oder ‚schlechte‘ Literatur aus den allgemeinen Prämissen seiner Philosophie deduziert. Aristoteles entwickelte stattdessen seine Kriterien induktiv aus dem empirischen Feld der literarischen Texte, Stile und Gattungen, wie es sich ihm zu seiner Zeit darstellte. Er betrachtete Literatur als kulturelles Phänomen, das nicht in Ableitung von etwas anderem, sondern in seinen eigenen Gesetzmäßigkeiten untersucht werden mußte. Und aus dieser Einstellung heraus legt Aristoteles die ersten differenzierten Unterscheidungen und Klassifizierungen von Gattungen (des Epischen, Lyrischen, Dramatischen; der Tragödie und Komödie) in der Geschichte der Literaturkritik vor.[6] Aber er wendet dieses Prinzip auch auf das einzelne Kunstwerk an, dem er eine innere Ordnung seiner Komposition zuspricht, die als integriertes Ganzes betrachtet werden muß und nicht als bloße Bündelung referentieller Bedeutungen. Damit nimmt Aristoteles nichts weniger als die Idee der *organischen Einheit* des sprachlichen Kunstwerks vorweg, die dessen immanente Betrachtung als eines eigenständig geformten Sinnganzen – ohne die unmittelbare Interferenz ideologischer Prämissen – möglich macht. So sagt er von der epischen wie von der tragischen Dichtungsgattung,

> daß sie sich auf eine einzige, geschlossene und vollständige Handlung beziehen soll mit einem Anfang, Mitte und Abschluß, damit das geschlossene Ganze wie ein organisches Wesen die entsprechende Freude hervorbringt.[7]

Wieder kann der Kontrast zu Platon die weitreichenden Implikationen deutlich machen. Denn wenn Platon beispielsweise seine Mißbilligung jener fiktionalen Texte begründet, die die Götter in unmoralischen Handlungsverstrickungen zeigen (was er beispielsweise mit den Werken Homers tut), oder die schlechte Handlungsweisen von Menschen nachahmen und so wiederum deren Nachahmung durch ihre Leser provozieren, so isoliert er bestimmte Passagen aus den Werken

---

[6] Davon sind allerdings nur Teile erhalten, die insbesondere Epos und Tragödie behandeln. – Ich gehe hier im übrigen nicht auf die Argumentationsschritte und formalen Differenzierungen der *Poetik* im einzelnen ein, sondern auf ihre literaturtheoretischen Implikationen.

[7] *Dichtkunst*: 425-26.

und behandelt sie so, als wären sie aus dem Kontext herauslösbare, direkte Aussagen über die Wirklichkeit. Aristoteles argumentiert hingegen, daß alle, also auch ‚unmoralische' Elemente in fiktionalen Texten nicht isoliert betrachtet und als unmittelbare Realitätsaussagen genommen werden dürfen. Vielmehr haben sie ihren besonderen Platz und ihre Funktion innerhalb der Gesamtkomposition des Werks und der ästhetischen Erfahrung, die es kommuniziert. Darüber hinaus widerspräche es gerade dem Gebot der Wahrhaftigkeit, die Darstellung ‚schlechter' Taten in der Literatur zu vermeiden, da dies in falschen Idealisierungen und in der Erniedrigung poetischer Kunst zur bloßen Illustration philosophischer Konzepte resultieren würde.

Gegen solche reduktivistischen Ansichten besteht Aristoteles auf den eigenständigen Möglichkeiten der Literatur. Und wenn wir die Tatsache in Betracht ziehen, daß er die *Tragödie* zum Zentrum und hierarchischen Gipfelpunkt seiner Literaturtheorie macht, so wird uns klar, daß er hier zwar nur implizit, aber doch mit aller Konsequenz ein Phänomen konfrontiert, das eine Herausforderung für jeden monopolistischen Wahrheitsanspruch von Vernunft und Philosophie darstellt.[8] Denn die Tragödie ist jene literarische Gattung, die radikal die Grenzen menschlicher (Selbst-)Erkenntnis dramatisiert und alle Versuche einer vollständigen intellektuellen und praktischen Kontrolle der Wirklichkeit durch den Menschen dementiert. Die Konflikte und Widersprüche des Alltagslebens werden in den Szenarien tragischer Handlungen in fiktionaler Vergrößerung vorgeführt und an ihre extremen Grenzen geführt. Das Publikum wird mit

---

[8] Daß die Tragödie von Aristoteles in seiner *Poetik* nicht nur als eine literarische Gattung unter anderen betrachtet wird, sondern als Gattung, die auf exemplarische Weise allgemeine Charakteristika der Literatur illustriert, wird auch von Neschke, *op. cit.*, betont: „die Tragödie [wird] nicht vom Aspekt einer Gattungspoetik, sondern vom Wesen der Dichtkunst her untersucht." (124) – Zu dieser allgemeineren kulturellen und erkenntnistheoretischen Dimension von ‚Tragödie als Literatur' und zu ihrer Beziehung zu anderen Disziplinen der Kulturwissenschaften vgl. z.B. Siegfried Melchinger, *Die Welt als Tragödie*, 2 Bde. (München, 1979, 1980); Walter Kaufmann, *Tragödie und Philosophie* (Tübingen, 1980). – Eine Tragiktheorie aus pragmatisch-interaktioneller Perspektive wird vorgelegt von Rolf Breuer, *Tragische Handlungsstrukturen. Eine Theorie der Tragödie* (München, 1988). – Zu einem aktualisierten Begriff des Tragischen im Kontext einer ‚untragischen' Moderne vgl. Karl-Ludwig Pfeiffer, „The tragic: On the relation between literary experience and philosophical concepts", *Zeitschrift für Literaturwissenschaft und Linguistik* 77 (1990): 24-35.

Grenzerfahrungen kulturellen Lebens konfrontiert, die auf der
Bühne in der hochgesteigerten Form einer moralischen oder existentiellen Krise in Szene gesetzt werden. Zweifellos trifft es zu, daß
die Tragödie eine Gattung ist, die die *Verletzung* kultureller Normen
in den Mittelpunkt stellt und sich um Schrecken, Schuld, Angst und
Gewalt zentriert. Doch sie thematisiert diese destruktiven Kräfte
nicht aus dem Interesse eines Oberflächenrealismus oder einer klaren Verteilung von Gut und Böse, sondern hebt an ihnen die Elemente der Unvermeidlichkeit, der Paradoxie und moralischen Unentscheidbarkeit heraus. Sie bringt jene Faktoren unseres Lebens ins
Spiel, die sich unserem Verstehen entziehen, die auf unbewußte oder
jedenfalls unerklärliche Weise unseren Plänen zuwiderlaufen – Faktoren, die in der Tragödie in der mythologischen Gestalt des ‚Schick-
sals‘ erscheinen.[9] Diese dialektische und untrennbare Wechselbeziehung zwischen bewußten und unbewußten Kräften, zwischen persönlicher Freiheit und einem unpersönlichem Schicksal ist in die
spezifischen Handlungsmuster, den ‚Mythos‘ oder kausalen *plot*
der Ereignisse eingeschrieben, der nach Aristoteles den am meisten
charakteristischen und einheitsstiftenden Teil einer Tragödie ausmacht.

> Ursprung und gewissermaßen die Seele der Tragödie ist also der Mythos.
> Das zweite sind [...] die Charaktere.[10]

Wichtig an Aristoteles‘ poetischem Handlungsbegriff ist dabei zunächst, daß er eine ernsthafte und abgeschlossene Handlung postuliert, die von einer über das menschliche Normalmaß hinausgehenden
Bedeutung und Größe ist.[11] Charakteristische Teile der Handlung,
mit „denen die Tragödie vorzugsweise die Seelen ergreift"[12], sind die
sogenannte *Peripetie* oder Situationsumkehrung, der Handlungsum-
schlag vom Geplanten zum Ungeplanten, vom ‚Glück‘ zum ‚Un-
glück‘; und die *Anagnorisis* oder der Erkenntnismoment, in dem die
frühere Blindheit des Protagonisten enthüllt wird, d.h. die Determi-
nierung seiner scheinbar ‚freien‘ und unabhängigen Gedanken und

---

[9] Zu Definitionen von Tragik und Tragödie vgl. z. B. Otto Mann, *Poetik der*
    Tragödie (Bern, 1958); *Tragik und Tragödie*, Hrsg. Volkmar Sander (Darm-
    stadt, 1971); Wagner, *Ästhetik der Tragödie von Aristoteles bis Schiller*.
[10] *Dichtkunst*: 400.
[11] *Dichtkunst*: 398 f.
[12] *Dichtkunst*: 400.

Entscheidungen durch Umstände, die für ihn zu der Zeit nicht transparent waren.

Die Zentralität der Handlung in Aristoteles' Konzept der Tragödie hat zwei Implikationen, eine psychologische und eine epistemologische Implikation. Die psychologische Implikation ist, daß die Handlungsmuster von Tragödien als Externalisierung und Vergrößerungsspiegel unbewußter Kräfte und emotionaler Spannungen in der Psyche des *Publikums* erscheinen. Die Träume, Ängste und ungelösten Konflikte in der Psyche des Zuschauers werden auf der Bühne symbolisch vergegenwärtigt. Obwohl die Alltagsprobleme des Durchschnittsmenschen zu einer Intensität und Proportion gesteigert sind, die nur in sozialen und existentiellen Extremsituationen auftritt, bleiben sie doch für den Zuschauer (wieder-)erkennbar. Und im Akt der Identifikation mit dieser vergrößerten und intensivierten Version seines Alltagslebens kann der Zuschauer von seinen ungelösten emotionalen Spannungen gereinigt werden und die innere Balance seiner Persönlichkeit wiedergewinnen. Dies ist es, was Aristoteles *Katharsis* nennt. Er verortet jene ,magische' Macht fiktionaler Literatur, die Platon als so gefährlich und potentiell subversiv ansah, in der Psychologie literarischer Rezeption. Aristoteles sagt ebenfalls, daß dramatische Fiktion potentiell destruktive Kräfte dem Zuschauer vor Augen führt. Aber dies ist nicht etwas Beklagenswertes, sondern ist im Gegenteil wesentlich für das kollektive Wohlbefinden einer Kultur, da jene Kräfte auf diese Weise abreagiert und gewissermaßen exorziert werden. Sie kommen in ihrem ganzen anarchischen und chaosstiftenden Potential ins Spiel, werden aber gleichzeitig sublimiert, indem sie an die zentralen idealisierenden Fiktionen, d.h. die an höchster Stelle rangierenden Idealbilder und Wertgeltungen ihrer Gesellschaft gekoppelt werden. Literatur in diesem Sinn ist eine Art von kollektiver Psychotherapie. Und speziell der Akt der Aufführung eines Stückes auf der Bühne ist eine therapeutische Handlung gegenüber dem Publikum, die typische Konflikt- und Krisenpunkte des kulturellen Lebens symbolisch ausagiert und dadurch temporär von ihrem Problemdruck entlastet.

Die epistemologische Implikation von Aristoteles' Konzept der Tragödie und der Vorherrschaft der Handlung im oben beschriebenen Sinne ist, daß die Literatur ein Medium ist, das zeigt, daß es Konflikte und Probleme gibt, die aus einer rationalen Perspektive letztlich nicht lösbar sind. Dies ist offensichtlich ein Skandalon für eine Vernunftphilosophie in der Art der platonischen Philosophie, die annimmt, daß *alle* Probleme potentiell auf rationale Weise gelöst wer-

den können. Natürlich war letztlich auch Aristoteles ein Vertreter
einer solchen Vernunftphilosophie; doch impliziert seine Diskussion
und Aufwertung der Literatur und des Tragischen in gewisser Weise
eine Infragestellung des Alleinvertretungsanspruchs der rationalen
Vernunft. Nach Olof Gigon hat es Aristoteles' *Poetik*, im Gegensatz
zu seinen anderen Schriften, „nicht mit der transparenten Ordnung
der Dinge, sondern mit der niemals ganz transparent zu machenden
Vieldeutigkeit der menschlichen Taten und Schicksale und ihrer Darstellung im Drama und im Epos zu tun. Da konkretisiert sich die Erfahrung, daß kein Mensch ganz schuldig, keiner ganz unschuldig
ist."[13]

Die paradoxe Wendung ‚schuldlose Schuld‘, die immer wieder auf
tragische Handlungen angewendet worden ist und durch ihre oft ge-
dankenlose Wiederholung Generationen von Literaturstudenten irritiert hat, enthält doch, in ihrer Verweigerung logisch-moralischer
Eindeutigkeit, eine wesentliche Qualität der Tragödie selbst. Denn
aus der Sicht eines *common sense*-Denkens ist man entweder schuldig
oder nicht schuldig an einer Handlung. Und vor Gericht wird hier-
über eine Entscheidung getroffen, nachdem die Untersuchungen an
einem Fall abgeschlossen sind, und ein Urteil über die Schuld oder
Nichtschuld des Betroffenen wird gefällt. Aber in der Sicht der Tragödie sind solche eindeutigen Urteile unmöglich. Gegenwärtige Handlungen erscheinen hier als Resultat einer ganzen Kette vorausgehen-
der Handlungen, die näher betrachtet wiederum weiter zurückgehen
bis in frühere Generationen, d.h. in Zeiten vor der Geburt des Helden und damit vor jeder Art von persönlicher Verantwortlichkeit.
Und selbstverständlich kann man nicht in irgendeinem rationalen Sinne schuldig sein an den Verbrechen seiner Vorfahren. Aber dennoch
sind schwere Verletzungen menschlicher Werte und Beziehungen oft
als ein Erbe der Vergangenheit präsent, das hinter dem Rücken der
Menschen ihre Versuche, ein sinnvolles Leben zu führen, entstellt.
Wir wissen dies in einem kollektiven Sinn von der abgründigen Ambivalenz, ein Deutscher im späten 20. Jahrhundert zu sein. Obwohl der
Nationalsozialismus und die weltgeschichtlichen Katastrophen, die er
bewirkt hat, in eine Vergangenheit vor der Geburt der meisten heute
lebenden Deutschen gehört, haben wir doch das unausweichliche Gefühl, in der Nachfolge dieses unheilvollen Erbes zu stehen. Denn auf
einer Ebene interpretieren wir alle unsere Handlungen im Licht dieser kollektiven menschlichen Verirrung einer Kultur und ihrer fort-

---

[13] "Vorbemerkung" zur 2. Aufl. der Ausgabe der *Dichtkunst* (1982): 7-8.

dauernden Nachwirkungen auf die zeitgenössische Geschichte und darüber hinaus sogar auf unser individuelles Selbstverständnis. Und in gewissem Sinne ist dies eine Art von ‚schuldloser Schuld', die das Bewußtsein einer ganzen Generation von Intellektuellen im heutigen Deutschland in unaufhebbarer Weise mitprägt hat.

Das Verständnis von Schicksal, wie es sich in den griechischen Tragödien manifestiert, enthält etwas von diesem sinistren Aspekt moralischer Unzurechenbarkeit und rückblickender Unentscheidbarkeit in aller Geschichte, wie er etwa in den endlosen Verkettungen von Gewalt im Atriden-Mythos zum Ausdruck kommt. In einem subjektiveren Sinn ist die Blindheit des Ödipus, mit der er sich selbst für die ‚schuldlose Schuld' seiner Handlungen bestraft (zu deren Opfer er unwissend, aber ‚sehenden Auges' geworden ist), eine Metapher für die konstitutionellen Grenzen unseres Wissens über uns selbst, also jenes *gnoti seauton*, das der Leitgedanke der griechischen Philosophie war. Die Blindheit des Ödipus ist eine erkenntnistheoretische Herausforderung für jede Form eines ungebrochen optimistischen Rationalismus. Denn so lange Ödipus denkt, er könne (alles) sehen, ist er für die Wahrheit blind. Und so ist seine Selbstblendung am Ende eine symbolische Geste für das Publikum, daß es gleichermaßen in einer unaufhebbaren Weise blind ist. Und es ist genau diese Konzentration der Literatur auf die Schattenseiten unseres Wachbewußtseins, und auf die Blindstellen unserer Vernunfterkenntnis und moralischen Ordnungssysteme, die Platon so irritierte und die er aus den fiktionalen Texten getilgt haben wollte, die in seiner idealen Republik zugelassen sein sollten.

[...] Noch werden wir unseren jungen Männern erlauben, die Worte des Aischylos zu hören, daß „Gott Schuld unter den Menschen sät, wenn er ein Geschlecht vollständig zu zerstören wünscht."[14]

Aristoteles formuliert die Herausforderung für den überlegenen Wahrheitsanspruch der Philosophie nicht explizit, den die tragische Literatur bedeutet. Es kann kein Zweifel bestehen, daß er als Begründer der Logik und des analytisch-klassifizierenden Denkens in erster Linie der Rationalist ist, als der er in der abendländischen Geistesgeschichte überwiegend gesehen wurde. Auch innerhalb der Literaturgeschichte gab er mit seiner zergliedernden, die Inhalts- und Formmerkmale der Texte in ihre Details hinein systematisierenden Argumentationsweise eine Denkrichtung vor, die zum Mißverständ-

---

[14] Vgl. *Critical Theory*: 21.

nis der Literatur als bloßer Umsetzung eines ästhetisch-moralischen Regelwerks beitrug. Doch zeigt der Umstand, daß Aristoteles die tragische Literatur in den Mittelpunkt seiner *Poetik* stellt und sie als eigenständige Form kulturellen Wissens ernstnimmt, ein implizites Bewußtsein jener Differenz und Spannung zwischen Literatur und Philosophie, zwischen Kunst und begrifflichem Denken, die jeden Alleinvertretungsanspruch einer wie auch immer konzipierten Vernunftphilosophie für die menschliche ‚Wahrheit' von Grund auf in Frage stellt.

5. HORAZ

Neben den griechischen Gründervätern Platon und Aristoteles war eine dritte wichtige Gestalt der Literaturtheorie in der Antike der römische Schriftsteller Quintus Horatius Flaccus, uns bekannt als Horaz (65-8 v. Chr.). Obwohl seine Ideen nicht so eigenständig waren wie die seiner griechischen Vorgänger, wurden sie doch mindestens ebenso bedeutend für die weitere Geschichte der Literaturtheorie. Tatsächlich war Horaz von etwa 1500-1800 die weitaus einflußreichste Autorität für die gesamte europäische Literaturkritik.[1]

Horaz ist der prototypische klassizistische Kritiker, dessen Position als der ambivalente Versuch erscheint, Platons kritische mit Aristoteles' affirmativer Sicht der Literatur zu verbinden. Seine Ideen haben in der Betonung des Dekorums, in der Vorbildrolle der Klassiker und in der Sicht der Dichtung als einer Form ‚unterhaltsamen Lehrens' die Literaturauffassung der Renaissance mitbestimmt. Und sie haben insbesondere die Konzeptionen des Neoklassizismus in Italien und Frankreich, aber auch in England mit Autoren wie John Dryden oder Alexander Pope vorgeprägt. In seiner *Ars Poetica* (*Die Kunst der Dichtung*), die in der Form einer Versepistel geschrieben ist, betont Horaz, daß der spontane Willensakt des talentierten schriftstellernden Individuums bei weitem nicht ausreicht, um ihn zum großen Künstler zu machen. Für dieses Ziel ist es stattdessen notwendig, sich die Kenntnis der Stile, Techniken und literarischen Formen anzueignen, die die Literaturgeschichte hervorgebracht hat und das neue Werk in bewußter Anknüpfung an diese zuvor herausdifferenzierten Gestaltungsmöglichkeiten zu verfassen. Anders als Platon, der die Li-

---

[1] Kommentare zu Horaz generell sind Eduard Fraenckel, *Horace* (Oxford, 1957); *Wege zu Horaz*, Hrsg. Hans Oppermann (Darmstadt, 1980); Bernhard Kytzler, *Horaz. Eine Einführung* (München, 1985). Zur Dichtungstheorie vgl. die entsprechenden Kapitel bei Atkins, *Literary Criticism in Antiquity*, und Grube, *The Greek and Roman Critics*, sowie C. O. Brink, *Horace on Poetry II: The Ars Poetica* (Cambridge, 1971). Horaz' Einfluß auf die spätere Literaturkritik wird behandelt u.a. in P. F. Saintonge et al., *Horace: Three Phases of His Influence* (Baltimore, 1963); seine Wirkung auf die englische Restaurationszeit und den Klassizismus ist dokumentiert in Bernfried Nugel, *New English Horace. Die Übersetzungen der ‚Ars Poetica' in der Restaurationszeit* (Frankfurt, 1971).

teratur auf ihre Abbildfunktion und damit auf eine nachgeordnete
Beziehung zu Natur und Realwelt reduzierte, besteht Horaz auf ihrer
Qualität als eines *Kunstwerks*, d.h. als einer Form kultureller Aktivität, die eine hochentwickelte Beherrschung ihres Mediums erfordert.
Dichtung sollte auch nach der Auffassung von Horaz grundsätzlich
auf die Nachahmung des Lebens und der Natur zielen. Doch sollte sie
dies in erster Linie dadurch tun, daß sie diejenigen nachahmt, die die
besten literarischen Werke der Vergangenheit schrieben – in seiner
Zeit also Homer und die großen Dichter des klassischen Griechenland. Was nachzuahmen ist, ist nicht primär die Welt der eigenen Erfahrungen, sondern sind die großen literarischen Fiktionen einer Kultur und ihre inneren Kompositionsregeln. Mit anderen Worten,
Kunst soll nicht die Natur nachahmen, sondern *andere Kunst*. Indem
Horaz so insbesondere die artistische Seite der Literatur hervorhebt
und die Kriterien handwerklicher Meisterschaft, sprachlicher Ge-
schliffenheit und struktureller Wohlkomponiertheit betont, betrachtet er sie als relativ autonomen Bereich innerhalb einer Kultur, auch
wenn von ihr erwartet wird, daß sie in ihrer Funktion und Wirkung
insgesamt zur Selbstdarstellung und positiven Gesamtentwicklung
dieser Kultur beiträgt.

Eine solche Wirkung kann allerdings nur erreicht werden, wenn
der Autor gewisse Grundregeln seiner Kunst befolgt, wie sie in den
Werken der Klassiker exemplarisch vorgeführt und in der *Poetik* des
Aristoteles explizit dargelegt wurden. Horaz besteht auf der Einheit
des literarischen Werks als eines seiner wesentlichen Erfordernisse,
auf der sorgfältigen Abstimmung der Teile aufeinander und auf das
Ganze des Textes, und auf der Angemessenheit der Form für den Inhalt und umgekehrt. Diese Idee der durchgängigen Aufeinanderab-
stimmung von Form und Inhalt, die dem literarischen Werk seine unverwechselbare Struktur gibt, wird bereits bei Aristoteles vorweggenommen, wird aber bei Horaz stärker herausgearbeitet. Sein Ideal
des literarischen Kunstwerks ist das einer ausbalancierten, wohlge-
ordneten Totalität, die nur durch die höchste gedankliche und sprachliche Disziplin erreichbar ist. Horaz ist deutlich auf der Seite des Aristoteles, wenn er Literatur als vitalen Bestandteil jeder zivilisierten
Kultur betrachtet und sie als künstlerisches Medium mit eigenen Gesetzen auffaßt – was angesichts der Tatsache, daß Horaz neben Vergil
und Ovid einer der größten lyrischen Dichter des antiken Roms war,
nicht sonderlich zu überraschen vermag.

Gleichzeitig aber fließt in die Literaturauffassung des Horaz auch
ein starkes platonisches Element ein. Literatur wird hier zwar nicht

mehr von außen her, aus der Perspektive der Philosophie oder des Staates, in Frage gestellt. Aber sie wird auf eine Weise definiert, daß die Ansprüche moralischer Zuverlässigkeit und vernunftgerechter Ordnung *in das literarische Werk* selbst hineinverlagert werden. Es erscheint wie ein Echo von Platons Angriffen auf die Literatur, wenn Horaz gleich zu Beginn seines Briefs das unkontrollierte Spiel poetischer Phantasie, das die Kriterien logischer Plausibilität und Realitätsnähe vernachlässigt, satirisch abqualifiziert. Dabei gerät er allerdings ironischerweise selbst in jenes exzessive Spiel der Phantasie hinein, das er denunzieren möchte:

> Ein Menschenhaupt mit Pferdes Hals und Nacken: denkt euch, so schüfe es die Laune eines Malers; dann trüge er buntes Gefieder auf, liehe aus allen Arten die Glieder zusammen; zu unterst wär's ein häßlich grauer Fisch, und war doch oben als ein schönes Weib begonnen. Denkt euch, ihr Freunde wärt zur Schau geladen: würdet ihr euch des Lachens erwehren?
> Im Ernst, Ihr Lieben vom Hause Piso, solchem Gemälde sprechend ähnlich wird ein Schriftwerk aussehn, das wie ein Kranker im Fiebertraum unwirkliche Einzelglieder reiht, wo dann nicht Kopf, nicht Fuß zur Einheit, zur Gestalt sich fügen will.[2]

Ein Anklang an Platon liegt auch in Horaz' Ratschlag an die Dramatiker vor, keine gewalttätigen Handlungen auf der Bühne zu zeigen, sondern nur in indirekter Berichtform einzubringen. Dies scheint Platons Vorwurf zu begegnen, daß die Präsentation schlechter Handlungen durch die Literatur ähnliche Verhaltensweisen beim Publikum hervorrufen könne. Tatsächlich kann man sagen, daß Horaz, indem er relativ strikte Regeln für ,große Dichtung' aufstellt und sie von der Autorität der etablierten Klassiker ableitet, die Literatur selbst so stark wie möglich mit den Eigenschaften vernunftgerechter Klarheit und moralischer Verantwortlichkeit ausstatten will, die traditionell dem philosophischen Denken zugeschrieben werden:

> Dichtung rechter Art hat in gesunder Klarheit ihren Grund und Ursprung. Echten Gehalt können die Blätter Sokratischer Weisheit Dir bieten, und ist der Inhalt wohlbedacht, so werden die Worte sich folgsam fügen. Wer den ethischen Anspruch kennt, den Vaterland und Freundschaft geltend machen; den Herzensanteil, den das Elternpaar, der Bruder und der Gastfreund heischt; die Pflicht des Ratsherrn und des Richters, die Aufgabe des kriegführenden Feldherrn: wer solches durchdacht hat, weiß sicherlich je-

---

[2] Horaz, *De Arte Poetica, Das Buch von der Dichtkunst*, in *Sämtliche Werke*, lat. und dt. (Darmstadt, Wissenschaftliche Buchgesellschaft, 1985[10]): 539-575, 539. Vgl. *Critical Theory*. 68.

de Gestalt seiner Dichtung gebührend auszustatten. Aufschauen muß er zu dem Musterbilde sittlichen Lebens und Handelns; nachsinnend, nachbildend muß er es anschauen und daher die lebensvollen Töne gewinnen.[3]

Literatur droht hier, ganz im platonischen Sinne, zu einer Funktion ihres Inhalts abzusinken, wenngleich diese Inhalte gegenüber Platon affirmativ umgedeutet sind. Und die Ausführung des Kunstwerks droht zu einer nachgeordneten und abgeleiteten Fertigkeit zu werden, die in der möglichst treffsicheren sprachlichen Umsetzung dieser Inhalte nach Maßgabe bestimmter vorgegebener poetologischer Regeln besteht. Horaz hat hohe, ja elitäre Maßstäbe für die Qualität eines Gedichts, von dem er sagt: „blieb es nur ein wenig unter dem Höhepunkte, so fällt es ganz ab."[4] Aber diese poetische Qualität ist nicht, wie bei Plato, primär irrationalen Kräften zuzuschreiben, die die Dichtung in das fragwürdige Licht kultureller Regression rücken würden. Sie ist stattdessen das Produkt des sprachlichen Geschicks und der kompositorischen Leistung des Autors, die nur durch die Arbeit ständiger Selbstkritik und Selbstdisziplin erreichbar sind, mit der er die Regeln seines Berufs zu meistern lernt.

Literatur wird auf diese Weise bei Horaz, anders als bei Platon, zu einem akzeptierten und nützlichen Teil des öffentlichen Kulturlebens einer Gesellschaft. Aber diese Aufwertung wird um den Preis erkauft, daß wesentliche Einsichten in die spezifische Erkenntnis- und Kommunikationsweise von Literatur, wie sie bei Aristoteles zumindest implizit bereits vorhanden waren, in Horaz' Klassizismus wieder verlorengehen. Es sind dies vor allem: die Vorstellung von Wirklichkeit und Wahrheit als eines unvollendeten Prozesses anstelle von etwas Abgeschlossenem und vorher Bestehendem, das *a priori* gewußt werden kann und daher in der Literatur nur in adäquater Weise vermittelt zu werden braucht (das *dynamische* Element der Literatur); die dialektische Bewegung in Texten zwischen Sinnenwelt und Ideenwelt, zwischen Realitätsnachahmung und Möglichkeitsentwurf, zwischen Vergangenheit und Zukunft (das *kreativ-welterzeugende* Element der Literatur); die Inszenierung unbewußter Konflikte und die Freisetzung emotionaler Identifikationsenergien, die in der Katharsis der ästhetischen Erfahrung symbolisch ausagiert werden (das *psychodramatische* Element der Literatur); und schließlich vor allem die spezifische Fähigkeit, jenen systemwiderständigen, aber dennoch

---

[3] *De Arte Poetica*, 562-63. Die entscheidende Originalstelle heißt hier: „Scribendi recte sapere est et principium et fons." Vgl. *Critical Theory*: 73.

[4] *De Arte Poetica*, 566-67. Vgl. *Critical Theory*: 74.

existenzbestimmenden Aspekten menschlicher Realität strukturier-
ten Ausdruck zu verleihen, die sich den logischen Erklärungsmodel-
len der Philosophie entziehen und die offiziellen Regeln und die ideologische Selbstinterpretation einer Kultur sprengen (das, was man anstatt des erkenntnistheoretischen das *erkenntnisanthropologische*
Element der Literatur nennen könnte.)

Horaz hebt also die Opposition zwischen Literatur und Staat auf,
indem er die Literatur selbst zu einer Instanz moralisch-intellektuel-
ler Respektabilität erklärt, deren Vorzug es ist, ihre belehrenden und
gesellschaftstragenden Inhalte in angenehmer, Vergnügen bereiten-
der und dadurch besonders wirksamer Weise zu vermitteln. Dies wird
in der berühmten horazischen Formel für die Aufgabe der Dichtkunst
ausgedrückt, sie solle *aut prodesse aut delectare*. Die Dichtung soll
entweder belehren oder unterhalten oder am besten eine Verbindung
beider Pole herstellen, also belehren, *indem* sie unterhaltsam ist.[5]
Eine weitere einflußreiche Idee aus der *Ars Poetica* ist der Vergleich
eines literarischen Werks mit einem Gemälde. *Ut pictura poiesis*, ist
die bekannte Wendung, die bedeutet, daß wie bei einem Bild es auch
für ein literarisches Werk darauf ankommt, dem Betrachter den Sinn
für die richtigen Proportionen zu vermitteln und in seiner Darstellung
den verschiedenen Erscheinungsformen und Abschattungen des
wirklichen Lebens zu entsprechen.[6]

Wenn Literatur somit bei Horaz den Rang einer etablierten und
anerkannten Kunstform im Ensemble anderer Kunstformen innerhalb einer zivilisierten Gesellschaft zugewiesen bekommt, so büßt sie
gleichzeitig an kultureller Brisanz und Eigenständigkeit ein. Sie droht
nicht nur zu einer kultivierten Form der Unterhaltung abzusinken,
die nach poetologischen Regeln programmierbare Wirkungen auf das
Publikum erzeugt. Man kann vielmehr geradezu sagen, daß hier der
Literaturbegriff gewissermaßen selbst die antiliterarischen Implikationen des Platonismus assimiliert hat. Er macht die äußere Zensur der
Dichtung überflüssig, die Platon für seinen idealen Staat vorsah, indem er ein Element der Selbstzensur in die Normen poetischen
Schreibens einführt. Horazens Sicht der Dichtung als einer angeneh-
men Form der Publikumserziehung, als dekorative Illustration und
rhetorische Ausschmückung einer existierenden intellektuellen und
sozialen Ordnung sollte, wie schon gesagt, ein äußerst einflußreiches
Modell für die Epochen der Renaissance und vor allem des Neoklassi-

---

[5] *De Arte Poetica*, 562-63.
[6] *De Arte Poetica*, 566-67.

zismus werden. Auf sie berief sich etwa jene Art von normativer Poetik, die bei einigen Neoklassizisten zum starren Dogma wurde und deren Wirksamkeit nicht zuletzt über lange Zeit zu einer eklatanten Unterschätzung Shakespeares in der Literaturkritik führte, der nicht entfernt den von ihnen aufgestellten und aus der Autorität der Antike abgeleiteten Regeln ‚richtigen‘ Schreibens entsprach.

Es war kein Zufall, daß gerade Shakespeare von den Romantikern, die die Neoklassizisten ablösten, enthusiastisch wiederentdeckt wurde. Die Romantiker rebellierten nämlich gerade gegen jede Selbstreduktion der Literatur auf die bloße allegorische Bebilderung der rationalen Verstandeserkenntnis und auf die nur äußerliche Variation eines gleichbleibenden Wahrheitskerns im Sinn von Alexander Popes neoklassizistischer Formel: „what oft‘ was thought, but ne‘er so well expressed.“[7] Sie bestanden auf dem autonomen Wahrheitsanspruch der literarischen Imagination. Wenn Horaz am Ende seiner *Ars Poetica* fordert, daß der Dichter sein Werk durch sorgfältige Prüfung und Selbstkritik von aller Unklarheit und Redundanz reinigen und alle *„Ambiguitäten* beseitigen“[8] solle, d.h. die Sprache der Literatur den Normen ambiguitätsfreier Rede und den Erwartungen kultureller Realitätskontrolle anpassen solle, so geht die Romantik den entgegengesetzten Weg und entdeckt gerade Unbestimmtheit und Mehrdeutigkeit als entscheidende Kennzeichen literarischer Texte.[9] Hingegen endet Horaz sein Buch von der Dichtkunst so, wie er es begann: mit einer satirischen Attacke gegen die sich besonders inspiriert glaubenden, vom gesellschaftlichen Normalitätsideal abweichenden Dichter, die er ganz im Sinne Platons als Geistesgestörte darstellt. Damit wird die klassizistische Domestizierung und Selbstzensur der Literatur noch einmal festzuschreiben versucht – die freilich wiede-

---

[7] Alexander Pope, *An Essay on Criticism*, in *Critical Theory*: 278-86, 281.

[8] *De Arte Poetica*, 572: „[...] ambitiosa recidet ornamenta, parum claris lucem dare coget, arguet ambigue dictum, mutanda mutabit [...]“. Die englische Übersetzung der hier entscheidenden Stelle lautet: „[to] clear up ambiguities“, *Critical Theory*: 75.

[9] Dies gilt insbesondere für John Keats‘ „negative capability“, die er folgendermaßen definiert: „negative capability, that is when a man is capable of being in uncertainties, mysteries, doubts, without any irritable reaching after fact and reason [...]“. *Letter To George and Thomas Keats*, in *Critical Theory*: 474.

rum durch die auswuchernde Phantastik der eigenen Bildlichkeit sich unfreiwillig selbst dementiert.[10]

Es mag hier nicht ganz irrelevant sein, darauf zu verweisen, daß Horaz nach den Turbulenzen seines früheren Lebens ein etablierter Dichter geworden war, als er die *Ars Poetica* verfaßte. Er genoß die Unterstützung mächtiger Familien in Rom wie derjenigen der Pisos, an die der Text adressiert ist, sowie des Hofs des Kaisers Augustus, so daß wir eine gewisse Verbindung zwischen seiner sozialen Position und der Art von Literaturtheorie vermuten können, die er vertrat. Es scheint, auch in späteren Zeiten, eine gewisse Entsprechung zu geben zwischen der affirmativen Klassizität des horazischen Literaturideals und seinem *ästhetischen* Ordnungsbegriff auf der einen Seite, und einem *gesellschaftlichen* Ordnungsdenken auf der anderen, das politisch oft konservative Züge annimmt. Die Wechselwirkungen zwischen Literaturtheorie und politischer Macht sind allerdings viel zu kompliziert, um hier einfache ideologische Gleichungen aufstellen zu lassen.

Es ist hier nicht genügend Raum, andere römische Stimmen zur Literatur zu diskutieren, die ebenfalls einen gewissen, wenn auch keineswegs einen vergleichbaren Einfluß ausgeübt haben wie Horaz. Es genügt, zum einen auf Ciceros *De Oratore* (55 v. Chr.) und auf Quintilians *Institutio Oratoria* (95 n. Chr.) zu verweisen, auf deren Nachwirkung die relativ starke Stellung der Rhetorik vor allem in der Poetik der englischen Renaissancezeit zurückging; und zum anderen auf den Traktat des „Longinus" *De Sublimo* (*Über das Erhabene*, 1. Jh. n. Chr.). Dieser sprach als eine Art Gegenpol zu Horaz besonders die Romantiker an, da er das ‚leidenschaftliche' Element der Literatur und die poetische Versprachlichung des Erhabenen betont, d.h.

---

[10] *De Arte Poetica*: 572-575. Folgende Stellen mögen das illustrieren: „Alles flieht vor dem Bedauernswerten, den der Aussatz plagt oder die Gelbsucht oder Verzückungswahn und der Mondgöttin Jähzorn: so weicht, wer gescheit ist, dem wahnwitzigen Dichter aus und rettet sich; höchstens hänseln die Buben ihn und sind so unvorsichtig, ihm nachzulaufen. Wenn er dann erhabenen Hauptes nachtwandelt und Verse herausrülpst, kann es geschehen, daß er, wie der Vogelfänger im Eifer der Amseljagd, in den Brunnen oder in die Grube stürzt. […] Jedenfalls ist er gestört; und wie der Bär, dem es gelang, die Sperrgitter des Käfigs zu durchbrechen, so scheucht mit ungenießbarem Vortrag der Verseschmied alles Volk, gelehrtes und ungelehrtes, aus dem Wege. Wen er aber packen konnte, den stellt er und bringt ihn um durch sein Vorlesen. Der Blutegel läßt die Haut nicht los, eh' er mit Blut sich vollgesogen." (573, 575)

die Augenblicke des Ergriffenseins von einer höheren Welt, die in
ihrer ekstatischen Intensität die Grenzen klassizistischer Konventionen sprengen.[11]

---

[11] "Longinus", *On the Sublime*, in *Critical Theory*: 77-102.

6. VOM MITTELALTER ZUR RENAISSANCE

In der Zeit zwischen dem Fall Roms im 5. Jh. und der Wiederentdek-
kung der klassischen Vergangenheit in der Renaissance wurde im Bereich der Literaturtheorie nicht viel von Bedeutung produziert.[1] Die
kulturgeschichtliche Situation dieser Jahrhunderte war vor allem dadurch charakterisiert, daß sich das Christentum als unumstrittene europäische Universalreligion durchgesetzt hatte. Dies bedeutete, daß
die Literatur der vorchristlichen Vergangenheit, soweit sie nicht, wie
etwa die *Poetik* des Aristoteles, verschollen oder gar ganz verlorenge-
gangen war, naturgemäß suspekt wurde, da sie von Heiden und sogar
Atheisten geschrieben war. Die einzige Möglichkeit, diese Literatur
für die christliche Nachwelt zu retten, wurde darin gesehen, daß man
sie typologisch als Vorwegnahme der Heraufkunft des Christentums
und seiner überlegenen Wahrheit deutete.

Darüber hinaus bestand in der frühen Kirche ein tiefes Mißtrauen
gegen das fiktionale Element der Literatur. Imaginative Texte wur-
den als Ablenkung von höheren Werten und Einsichten gesehen, ja als
Quelle der Anstiftung zu Unehrlichkeit und Betrug, da sie nicht auf
Wahrheit, sondern auf ‚Lügen‘ basierten. Unschwer ist hier der Einfluß Platons zu erkennen, was insofern ironisch ist, als Platon selbst ein
‚Heide‘ war. Aber führende christliche Denker wie etwa Tertullian
oder Augustinus hatten keine Skrupel, sich in ihrer Polemik gegen die
Dichtung auf Platon zu berufen.[2] Der einzig autoritative Text war die
Bibel, die die verschiedensten Kommentare, Illustrationen und praktischen Anwendungsregeln als ihren Überbau hervorbrachte. Aber
die Bibel war nicht Literatur, sondern das Wort Gottes. Und als solches diente sie für die das Mittelalter beherrschende Denkrichtung

---

[1] Zur Literaturkritik und -theorie des Mittelalters vgl. J. W. H. Atkins, *English Literary Criticism, vol. I, The Medieval Phase* (Cambridge, 1943); Wimsatt und Brooks, *Classical Criticism*: 112-54; Hans H. Glunz, *Literarästhetik
des europäischen Mittelalters* (Frankfurt, 1963²); Walter Haug, *Literaturtheorie im deutschen Mittelalter von den Anfängen bis zum Ende des 13. Jahrhunderts* (Darmstadt, 1985); *Medieval Literary Theory and Criticism, c.1100-
c.1375*, eds. A. J. Minnis und A. B. Scott (Oxford, 1988).

[2] Vgl. Hall, *Short History of Literary Criticism*: „Saint Augustine will read him
[i.e., Plato] and use him to strengthen the antagonism of the early Christian
Church to literature".(1)

der Scholastik als Quelle dogmatisch abzusichernder Wahrheiten, von der her alle Lebens- und Kulturbereiche im Sinn einer christlich-theologischen Metaphysik durchrationalisiert wurden. In einer solchen Denkhaltung aber blieb wenig Spielraum für die vom Menschen erfundenen und den Gesetzen klassifizierender Systematik zuwiderlaufenden Welten der Poesie. Literaturkritische Reflexion blieb weitgehend auf die präskriptive Explizierung der antiken und im Mittelalter im *Trivium* aufrechterhaltenen Stilkunde beschränkt.[3] Eine eigenständige Poetik und Literaturkritik konnten sich gerade aufgrund der relativ großen Geschlossenheit und Kohärenz des durchgängig theologisch erklärten Kosmos nicht herausbilden. Selbst ein so profilierter, in der Landessprache schreibender Dichter des 14. Jahrhunderts wie Dante, der in verschiedener Hinsicht bereits den Übergang zur Renaissance verkörperte, sah vor, daß seine *Divina Commedia* entsprechend den Regeln der biblischen Schriftauslegung (des ‚vierfachen Schriftsinns') gedeutet werden solle.

Vergleicht man diese Phase eines nahezu allgegenwärtigen christlichen Fundamentalismus mit dem Verhältnis von Theologie und Literatur heute, so kann man sagen, daß sich auch in dieser Hinsicht eine grundlegende Wandlung vollzogen hat. Denn in dem Maß, in dem die Bibel die Aura einer unbezweifelbaren überhistorischen Wahrheitsquelle einbüßte und als Produkt verschiedener Autoren und Texttraditionen historisiert wurde, fanden literaturwissenschaftliche Interpretationsverfahren Eingang in die Theologie, ja verstand diese sich zunehmend im Sinn einer ‚narrativen' oder ‚literarischen' Theologie.[4] Dies bedeutet nicht nur, daß sie das Instrumentarium literarischer Analysemethoden – das ja seinerseits nicht zuletzt aus der theologischen Bibelexegese entstanden war – nun umgekehrt zur Differenzierung der Bibelauslegung einsetzt. Es bedeutet auch, daß sie die Bibel selbst zunehmend als Literatur betrachtet und sie in ihren motivgeschichtlichen Prätexten und ihren Formen poetischen Schreibens wie

---

[3] Rüdiger Ahrens, „Literatur und das System der Wissenschaften in der Literaturtheorie der Renaissance", in *Englische und amerikanische Literaturtheorie. Studien zu ihrer historischen Entwicklung. Renaissance, Klassizismus, Romantik*, Hrsg. Rüdiger Ahrens und Erwin Wolff (Heidelberg, 1978): 121-48.

[4] Ein früher Essay, der in diese Richtung weist, ist Harald Weinrich, „Narrative Theologie", Concilium 9 (1973): 329-33. Vgl. auch Bernd Wacker, *Narrative Theologie?* (München, 1977); George W. Stroupe, *The Promise of Narrative Theology* (Atlanta, 1981).

Metaphern, Gleichnissen, Kurzerzählungen usw. untersucht. Dies ist
ein weiteres und besonders markantes Beispiel für den allgemeinen
Wandel im Verständnis von Literatur in der neueren abendländischen Geistesgeschichte, in der sie sich allmählich aus ihrer Abhängigkeit von dogmatischen Denkvorgaben und aus ihrem Odium des
bloßen Spiels, der Täuschung und Immoralität befreien konnte und
als eigenständige und eigenwertige Form der Wahrheitserkenntnis
anerkannt wurde.[5]

Nach der langen Zeit des theoretischen Schweigens über die Literatur fanden erste literaturkritische Überlegungen Ausdruck in den
Kommentaren Dantes und Boccaccios, d.h. mit dem in Italien einge-
leiteten Übergang vom Mittelalter zur Renaissance.[6] Das Interesse an
der klassischen Vergangenheit verstärkte sich in dem Maß, in dem mit
der Wiederentdeckung und Übersetzung antiker Texte in die verschiedenen europäischen Sprachen die geistige Enge des Mittelalters
aufbrach und sich auf einen neuen, universell ausgerichteten Humanismus öffnete. Wurde durch diese neu ins Spiel gebrachte Autorität
der Antike einerseits die geistige Absetzung vom theologischen Ab-
solutismus des Mittelalters möglich, so war andererseits aber die Rezeption der Klassiker auf dem Gebiet der Literaturtheorie überwiegend reduktiv, d.h. moralisierend und poetologisch präskriptiv. Dies
zeigt sich bei den beiden prominentesten italienischen Renaissance-
Kritikern, Julius Caesar Scaliger (1484-1558) und Lodovico Castelvetro (1505-1571), die hier kurz erwähnt seien, da sie die spätere Interpretation der antiken ‚Urtexte‘ auch in der englischen Literaturkritik
nicht unwesentlich mitprägten.

Scaligers *Poetices Libri Septem* (1561) betont stark die rhetorische
Seite der Literatur und reduziert diese, in ihrer Orientierung an Cicero
und Quintilian, praktisch auf Redekunst. Das heißt, daß ihr persua-

---

[5] Eine Reihe von Theologen wie etwa Eugen Drewermann deuten inzwischen
die Erzählungen der Bibel und ihre mythologische Symbolsprache als Ausdruck einer poetischen Imagination, die in besonderer Weise in der Lage ist,
archetypische Träume und Transzendenzbedürfnisse der Menschheit zu vermitteln, gerade *indem* sie sich der ‚fiktionalen‘ Komponente der Literatur in
so ausgeprägter Weise bedient.

[6] Zur Literaturtheorie der Renaissance vgl. z. B. Joel Springarn, *A History of
Literary Criticism in the Renaissance* (New York, 1899); Charles S. Baldwin,
Renaissance Literary Theory and Practice (New York, 1939); Wimsatt und
Brooks, *Classical Criticism*: 155-73; Hall, *Short History*: 31-51; Constantinos
Patrides, *Premises and Motifs in Renaissance Thought and Literature* (Prince-
ton, 1982).

siver und didaktischer Aspekt überragende Bedeutung gewinnt. Die
subtilen Differenzierungen der *Poetik* des Aristoteles, auf die Scaliger sich beruft, sind hier schematisch verkürzt, und die ‚Handlungen‘
einer Tragödie, die dort, wie wir sahen, eine distinktive Erfahrungs-
und Kommunikationsweise implizierten, werden zum bloßen Instrument der Veranschaulichung normativer Grundsätze und der Erzeugung moralischer Wirkungen herabgestuft:

> [...]der Dichter lehrt die rechte geistige Disposition durch die Handlung,
> auf daß wir das Gute aufgreifen und in unserem Verhalten nachahmen,
> und das Böse von uns weisen und uns seiner enthalten.[7]

In seiner Betonung der Einheit von Zeit und Handlung und der sog.
‚Standesklausel‘, d.h. der Beschränkung der Figuren des Dramas und
des von ihm besonders hochgeschätzten Epos auf gesellschaftlich
hochgestellte Personen, trug Scaliger entscheidend zu einer lange
nachwirkenden normativen Verzerrung der neuzeitlichen Aristote-
les-Rezeption in der Literaturkritik bei. – Dies gilt auch für Lodovico
Castelvetro, der allerdings die Dichtung weniger moralisch betrachtet
denn als angenehme Form der erbaulichen Unterhaltung, die dazu da
sei, das Volk zufrieden und ‚glücklich‘ zu halten – gewissermaßen
eine sozialtherapeutische Reduktionsform des aristotelischen Ka-
tharsis-Gedankens. Gleichzeitig ist er aber durchaus rigide in formaler Hinsicht und konzentriert sich in seiner Übersetzung und Erläuterung von Aristoteles‘ *Poetik* vor allem auf die notorischen dramatischen Einheiten, die später von den neoklassizistischen Kritikern aufgegriffen wurden.[8]
   Andererseits aber warf die konkrete Weiterentwicklung der Literatur selbst bereits neuartige Fragen auf, die mit solchen abstrakten Regulierungsversuchen nicht beantwortbar waren. Eine davon war die
zu jener Zeit keineswegs akademische Frage, ob die Schriftsteller in
ihrer Landessprache – Italienisch, Deutsch, Französisch, Englisch –
schreiben sollten oder in Latein, der damaligen Universalsprache der
europäischen Bildungsschichten. Latein war von den Humanisten
zum idealen Sprach- und Schreibstandard erhoben worden, der mit
der Aura der wiederentdeckten Antike ausgestattet war und gegen
den die modernen ‚Vulgärsprachen‘ als literarästhetisch unzulängliche Korruptionsformen der Dichtungssprache erschienen. Es bedurf-

---

[7] Julius Caesar Scaliger, *Poetics*, in *Critical Theory*: 137-43, 143.
[8] Lodovico Castelvetro, *The ‚Poetics‘ of Aristotle Translated and Explained,* in
    Critical Theory: 145-53.

te, nach den ersten Rechtfertigungsbemühungen von Dichtern selbst, der Anstrengungen des Protestantismus, das biblische Wissen unter die Menschen zu bringen, ebenso wie des Appells an das entstehende Selbstbewußtsein der europäischen Nationen, um die Verwendung der Sprache des ,einfachen Volks' in der Literatur als eine auch in der Kritik anerkannte Praxis zu etablieren und die Vorherrschaft von Latein als Sprache der intellektuellen Elite zu durchbrechen.

Hier wird deutlich, daß die Erneuerung europäischen Geisteslebens durch die Rückwendung zur Antike als das übergreifende Grundmerkmal der Renaissance keineswegs konfliktfrei und einheitlich verlief, im Gegenteil je nach intellektuellen und kulturellen Kontextbedingungen ganz verschiedene Gestalt annahm. Dies gilt auch für das Verhältnis der kontinentalen Strömungen der Renaissance-Literaturkritik zur Entwicklung in England. Einerseits fand hier bekanntlich die Renaissance weit später statt als in Süd- und Zentraleuropa, da England im 15. Jahrhundert durch die Rosenkriege und in der ersten Hälfte des 16. Jahrhunderts durch die Reformation hauptsächlich mit sich selbst beschäftigt war. Auch der Hundertjährige Krieg (1339-1453) mit Frankreich hatte an dieser kulturellen Isolation nichts Grundsätzliches geändert, obwohl zweifellos in seinem Verlauf Ideen des Humanismus und der Renaissance erstmals bekannt wurden. Andererseits war in England schon früh ein gleichsam ,naturwüchsig' unterhalb der Ebene der aristokratischen Führungsschichten und Bildungseliten sich herausbildendes nationales Element im literarisch-kulturellen Selbstverständnis wirksam. So wurde der Gebrauch der Landessprache nicht nur durch die oft niedere Herkunft der dichtenden Spielleute gefördert, die aufgrund der höfischen Indifferenz gegen Literatur über lange Zeit die hauptsächlichen Träger des literarischen Lebens waren. Er wurde auch durch tiefsitzende Antipathien gegen das Französische mitbedingt, das über Hunderte von Jahren die Sprache des englischen Hofs gewesen war, aber auch gegen Latein, das von nicht wenigen als Sprache kultureller Dominanz und Unterdrückung angesehen wurde.[9] Erst im späteren 16. Jahrhundert aber, als sich dieses beginnende nationale Selbstbewußtsein festigte

---

[9] Vernon Hall schreibt hierzu: „The patriotic writers won the day. Mulcaster [ein Pädagoge des 16. Jh., m. A.] claimed that English was the ,joyful title of our liberty and freedom, the Latin tongue remembering us of our thralldom and bondage'." Auf der anderen Seite sagt er über Francis Bacon: „[he] had his essays put into Latin, because ,these modern languages will at one time or other play bankrupt with books'". *Short History*: 34.

und mit der Regierungszeit Elizabeths I. ein gewisses Maß an religiöser und politischer Stabilität einkehrte, vermochten die Ideen der europäischen Renaissance nun allerdings massiv auf die englische Kultur einzuwirken und, in ihrer Wechselwirkung mit der entstandenen
einheimischen Literatur, an der Herausbildung einer eigenen englischen Literaturtheorie mitzuwirken.

7. SIR PHILIP SIDNEY

Zunächst setzte sich um die Mitte des 16. Jahrhunderts die starke Betonung der Rhetorik im Literaturbegriff der italienischen und französischen Renaissance in Lehrbüchern wie Thomas Wilsons *The Arte of Rhetorique* (1553) und Roger Aschams *The Scholemaster* (1570) fort und brachte in George Gascoignes *Certayne Notes of Instruction* (1575) das erste englische Handbuch der Verslehre hervor, das auf die Dichter der Zeit großen Einfluß ausübte. Eine eigentlich dichtungstheoretische Komponente aber kam erst mit poetologischen Essays wie Richard Puttenhams *Arte of English Poesie* (1589) zur Geltung, in dem sich ein durchaus ausgeprägtes Bewußtsein der ‚Natürlichkeit' und Vitalität englischer Dichtung in spannungsvoller Weise mit einem an der kontinentalen Renaissance-Poetik orientierten Regelsystem der Prosodie verbindet.[1]

Der weitaus wichtigste und einflußreichste literaturtheoretische Beitrag aus dieser Epoche ist indessen die *Defense of Poesy* von Sir Philip Sidney (1554- 86), auch veröffentlicht unter dem Titel *An Apology for Poetry*, die etwa 1580 entstand, aber erst 1595 postum publiziert wurde.[2] Sidneys brillant geschriebener Essay ist ein Musterbeispiel dafür, wie im England der elisabethanischen Zeit die nach langer Vernachlässigung nun machtvoll nach Anerkennung strebende literarische Kultur gerade durch ihre Öffnung für die europäischen Hauptströmungen der Literatur und Literaturkritik ihr spezifisches Profil

---

[1] Vgl. Inge Leimberg, „Die Dichtungstheorie der englischen Renaissance unter dem Gesichtspunkt von Kunst und Natur", in *Englische und amerikanische Literaturtheorie*, Hrsg. Ahrens und Wolff : 94-120.

[2] Philip Sidney, *An Apology for Poetry*, in *Critical Theory*: 155-77. Auszugsweise ist der Essay abgedruckt in *Englische literaturtheoretische Essays I. 17. und 18. Jahrhundert*, Hrsg. Rüdiger Ahrens (Heidelberg, 1975): 32-66.- Ich gebe in diesem und den folgenden Kapiteln jeweils auch die Seitenzahlen dieser Ausgabe an (Abk.: *Essays*), um die Zugänglichkeit der Textstellen zu erleichtern.

gewann, ohne dadurch ihre Eigenständigkeit einzubüßen.[3] Das
Hauptanliegen des Essays kann von daher in der „theoretischen Begründung der Verselbständigung der Institution ‚Dichtung', die sich
während der Regierungszeit Elizabeths I. mit imponierender Konsequenz [...] etabliert hatte", gesehen werden.[4] Die starken Anleihen
bei den antiken Autoren und bei der italienischen Renaissance-Poetik, insbesondere bei Scaliger, die den Essay kennzeichnen[5], implizie-
ren keineswegs eine spannungsfreie oder gar nahtlose Übereinstimmung der Positionen. Sie entspringen vielmehr, neben ihrem unbe-
streitbaren Innovations- und Orientierungswert für die Autoren
selbst, nicht zuletzt ihrer strategischen Funktion als gleichsam überzeitlich gültiger Argumente im Kampf der Literatur um Selbstbehauptung und Selbstrechtfertigung innerhalb der englischen Gesamtkultur.

Erwin Wolff stellt hier drei Verteidigungslinien fest, an denen Sidneys Essay operiert und die gegen unterschiedliche Gegenkräfte zur
Literatur in der zeitgenössischen Kultur aufgebaut sind.[6] Die eine ist
das nachwirkende Ritterideal des Mittelalters, das das Selbstverständnis der Aristokratie noch in der elisabethanischen Zeit als ein
zum Selbstzweck gewordenes Lebensmodell beherrscht und von dem

---

[3] Sidneys Dichtungstheorie wird abgehandelt u.a. von Reinhard Böhler, *Die
Funktion der Dichtung in der Theorie Philip Sidneys* (Erlangen, 1971); zur
Defence of Poesy speziell vgl. Erwin Wolff, „Einleitung: Funktionsgeschichtliche Aspekte der englischen Literaturtheorie (16.-18.Jh.)", in *Englische und
amerikanische Literaturtheorie I*, Hrsg. Ahrens und Wolff: 11-44; Claus Uhlig, „Sidneys *Defence of Poesie* und die Poetik der Renaissance", *Englische
und amerikanische Literaturtheorie I*: 73-93; Norbert Kohl, „Zur Rezeption
der Antike in Sir Philip Sidneys *Defence of Poesie*", *Literaturwissenschaftliches Jahrbuch* 21 (1980): 39-56. Für A. C. Hamilton liefert die Defence „a
manifesto for the major Elizabethan writers": *Sir Philip Sidney. A Study of
His Life and Works* (Cambridge, 1977): 107. Neuere Perspektiven zu Sidney
generell bieten etwa *Sir Philip Sidney and the Interpretation of Renaissance
Culture: The Poet in His Time and Ours: A Collection of Critical and Scholarly Essays*, eds. G. F. Waller und M. D. Moore (London, 1984), und *Sir Philip
Sidney. An Anthology of Modern Criticism*, ed. Dennis Kay (Oxford, 1987),
bes. 127-170.- Eine wichtige Essaysammlung zur englischen Literaturtheorie
zwischen dem 16. und dem 18. Jahrhundert ist *Englische Literaturtheorie von
Sidney bis Johnson*, Hrsg. Bernfried Nugel (Darmstadt, 1984).

[4] Wolff, *op. cit.*: 18.

[5] Vgl. Uhlig, *op. cit.*

[6] Wolff, *op. cit.*, bes. 18ff.

aus Literatur als unnützes Spiel erscheint, das eines aktiv der Wirklichkeit zugewandten Mannes unwürdig ist. Von hier aus ist der Anfang der *Defense of Poesy* kulturgeschichtlich situierbar, wo Sidney die Begeisterung eines Reiters für seine Reitkunst mit der des Dichters für seine Dichtkunst vergleicht und somit versucht, das kulturelle Vorverständnis eines wichtigen Teils seiner intendierten Leser aufzurufen und für seine Zwecke zu nutzen. Ein zweiter Gegenspieler der Dichtung, gegen den Sidney implizit argumentiert, ist die immer stärker aufkommende Wissenschaft und rationalistische Philosophie, die in ihrer Abspaltung von der Theologie zunehmend den alleinigen Wahrheits- und Erkenntnisanspruch für sich reklamiert und damit die Dichtung ins Reich der Fabel, der belanglosen Phantasie oder, schlimmer noch, der volksverdummenden Wahrheitsverfälschung verweist. Und eine dritte Verteidigungslinie von Sidneys Rechtfertigungsstrategie der Literatur schließlich ist gegen die expliziten Angriffe gerichtet, die von den Puritanern gegen die Dichtung erhoben wurden. Hier liegt der unmittelbare Anlaß der Abfassung von Sidneys Essay, der als Antwort auf eine Attacke des Puritaners Stephen Gosson auf die Dichtung in seiner *School of Abuse* (1579) entstand. In diesem Traktat wird die fiktionale Literatur als Quelle der Unmoral, der Zeitverschwendung, der Lüge und der Verführung zur Sünde abqualifiziert, so daß wir hier ein Beispiel für das Fortwirken einer dogmatisch vereinseitigten ‚platonischen' Sicht der Literatur vor uns haben und es nicht verwunderlich ist, daß Platon von Gosson ausdrücklich als Kronzeuge seiner Polemik angeführt wird.

Wir sehen, die literatur- und kulturgeschichtliche Ausgangssituation von Sidneys *Defense of Poesy*, mit der der Beginn einer eigenständigen literaturtheoretischen Tradition Englands markiert wird, ist höchst komplex und spannungsreich. Sie ist eine Konfliktstruktur, die die Literatur in einem vielseitigen Spannungsverhältnis zu unterschiedlichen, ja im gesellschaftlichen Gegensatz zueinander stehenden kulturellen Interessen und Machtgruppierungen (wie im Fall von Aristokraten und Puritanern) zeigt. Die Dichtungstheorie ist von Anfang an in der Defensive gegenüber konkurrierenden Geltungsansprüchen ihrer kulturellen Umwelt, die untereinander keineswegs ein kohärentes Gesamtsystem bilden. Und diese *Defensivhaltung* ist sicher einer der auffälligsten und durchgängigsten Züge englischer Literaturtheorie, der bis hin zur Romantik und zu Percy Bysshe Shelley reicht, welcher 250 Jahre später mit seiner *Defence of Poetry* (s.u.) schon vom Titel her an Sidney anknüpft. Von dieser mehrseitigen konfliktiven ‚Sprechsituation' des Essays aus dürften sich nicht zu-

letzt seine öfter bemängelten logischen Unschärfen und Widersprüche erklären; von hier aus wird aber auch erst die sprachlich-gedankliche Differenziertheit deutlich, mit der Sidney auf die Herausforde-
rungen antwortet, denen er sich als zeitgenössischer Dichter gegenüber sieht.

Ich kann hier dieser Differenziertheit keineswegs adäquat nachge-
hen, sondern nur einige Grundlinien von Sidneys kunstvoll arrangier-
tem Gedankengang kurz skizzieren. Zunächst fällt die sorgfältige
Kompositionsweise ins Auge, die in souveräner Meisterschaft den
Regeln der klassischen Rhetorik folgt.[7] Sidney knüpft damit, ebenso
wie mit den vielen zitierten klassischen Autoritäten, deutlich an die
herrschende Renaissance-Poetik an. Er demonstriert auf diese Weise
die Dignität der Dichtung und den Aspekt der formalen Technik und
Könnerschaft, der sie in den Augen der machttragenden Aristokratie
wie des Bürgertums vom nutzlosen Zeitvertreib zu einer ernstzuneh-
menden kulturellen Tätigkeit aufwerten soll. Diese klassizistische Ar-
gumentationsebene des Essays, die die Standards für gelungene
Dichtkunst auf einem höchsten sprachlichen und formalen An-
spruchsniveau ansetzt, schlägt sich auch nieder im Urteil Sidneys über
die englischen Dichter seiner Zeit, die er gegen Ende der Schrift an
den zuvor entwickelten Maßstäben der klassischen Vorbilder mißt.
Dabei kommt er zu einem negativen Urteil und beklagt sich über die
englischen Dramatiker in folgender Weise:

> But besides these gross absurdities, how all their plays be neither right
> tragedies, nor right comedies, mingling kings and clowns, not because the
> matter so carrieth it, but thrust in clowns by head and shoulders, to play a
> part in majestical matters, with neither decency nor discretion, so as
> neither the admiration and commiseration, nor the right sportfulness, is by
> their mongrel tragicomedy obtained.[8]

Mit anderen Worten, Sidney wendet auf sie die aristotelischen Regeln
an, also das Verbot der Vermischung von Gattungen und die Einheiten von Raum und Zeit, wie sie Scaliger und Castelvetro aus der *Poetik* des Aristoteles abstrahiert und zu rigiden ästhetischen Normen erhoben hatten. Sein Blickwinkel ist hier perspektivisch verengt, wie etwa auch sein Urteil über Sackvilles und Nortons Tragödie *Gorboduc*
(1561) zeigt, einem auch aus heutiger Sicht keineswegs gelungenen
Stück, dessen Einschätzung durch Sidney aber hier aufgrund der von
ihm verwendeten Kriterien interessiert. Denn *Gorboduc* wird gelobt

---

[7] Vgl. Uhlig, *op. cit.*
[8] *Critical Theory*: 174; *Essays*: 50.

aufgrund der „stately speeches and well-sounding phrases" und aufgrund der „notable morality", von der es erfüllt ist; aber es wird getadelt, „[because] it is faulty both *in place and time* [...]."[9] In Sidneys
Defence ist in dieser Hinsicht die charakteristische Aristoteles-Rezep-
tion der Renaissance erkennbar.[10] Dies zeigt sich auch in der Definition der Dichtung, die Sidney als seinen Ausgangspunkt nimmt:

> Poesy therefore is an art of imitation, for so Aristotle termeth it in the word
> *mimesis*, that is to say, a representing, counterfeiting, or figuring forth – to
> speak metaphorically, a speaking picture; with this end, to teach and
> delight.[11]

Aber wie hier deutlich wird, ist neben Aristoteles auch Horaz in Sidneys Dichtungskonzeption präsent, nämlich im *ut pictura poiesis*-Ge-
danken und in der Betonung des ‚delightful teaching', d.h. des durch
unterhaltsame Präsentation ermöglichten *didaktischen* Wirkungs-
aspekts der Literatur, der bei Sidney eine besondere Bedeutung und
moralische Einfärbung erhält.

Doch trotz der dichten Einarbeitung antiker und zeitgenössischer
Vorläufertexte ist Sidneys Essay keineswegs nur eine Spiegelung dieser Einflüsse. Er ist auch nicht in erster Linie durch jene normativ ver-
engte Art der Poetik gekennzeichnet, wie sie von Scaliger oder Castelvetro her in den Text hineinwirkt. Vielmehr betreibt er in bis dahin nicht dagewesener Form eine Affirmation der Literatur gegenüber den sie bedrängenden kulturellen Konkurrenzbereichen. Er wi-
derlegt nicht nur Punkt für Punkt die Vorwürfe ihrer Gegenspieler,
sondern kehrt sie geradezu in einen Überlegenheitsanspruch der Literatur um. Die Anleihen, die Sidney bei den verschiedensten anerkannten Autoritäten nimmt, werden durchgängig diesem übergeord-
neten Zweck anverwandelt. Dabei ist einerseits deutlich, daß er dieses offensiv gewendete Gegenargument als rhetorisch-ironisches
Spiel anlegt, das die affirmative Übertreibung der eigenen Position
als gleichsam naturgegebene Schwäche des Menschen auch im eige-
nen Essay sichtbar macht. Wenn er den Text mit dem völlig übersteigert wirkenden Preis des Reiters Pugliano für seine Reitkunst eröffnet und ihn seinerseits mit einem nicht minder hyperbolischen Lob-

---

[9] *Critical Theory*: 173; *Essays*: 49.

[10] Uhlig, *op. cit.*, stellt jedoch mit Recht heraus, daß insgesamt gesehen im Essay Sidneys die Einflüsse von Platon und Aristoteles auf eine durchaus eigenständige, keiner ‚Schule' eindeutig zuweisbare Weise miteinander verschmolzen sind.

[11] *Critical Theory*: 158; *Essays*: 36.

preis der Dichtung und der Glückseligkeiten beendet, die sie für ihre Anhänger bereithält: „You shall dwell upon superlatives"[12], so wird hier ein ironischer Rahmen erstellt, der jeden allzu pathetischen Anspruch der Objektivität und Allgemeingültigkeit unterläuft. Das Argument für die Literatur wird in eine literarische Technik eingebunden, die die Zurückweisung absoluter Wahrheitsansprüche – wie sie in den im Essay bekämpften Gegenpositionen erhoben werden – in die Formulierung der eigenen Position hineinnimmt.

Bezeugt mithin der Text in seiner Kompositionsweise die Funktion der Literatur als Grenzbestimmung kultureller Wahrheitsansprüche, so wird damit die enthusiastische Aufwertung der Dichtung, für die Sidney alle Register seiner gedanklichen und sprachlichen Überredungskunst zieht, zwar auf seine subjektive Sprechsituation perspektiviert, aber in ihrer Durchschlagskraft nicht vermindert. Sidney entwickelt dabei Gedanken, die teilweise zeitbedingt, teilweise aber auch erstaunlich aktuell wirken. Zeitbedingt ist vor allem die stark moralisierende Dichtungsauffassung, die er von Aristoteles' Diktum herleitet, die Dichtung stelle nicht dar, was war, ist oder sein wird, sondern was sein könnte oder sollte: „what may be, and should be."[13] Sie vervollkommnet, im Sinne von Aristoteles, was in der Natur noch unvollkommen ist, und zwar für Sidney insbesondere im Hinblick auf die moralisch-geistige Selbstvervollkommnung des Menschen. Dem puritanischen Vorwurf der Immoralität begegnet Sidney also damit, daß er die Dichtung zur höchsten Instanz der moralischen Erziehung erklärt. Denn sie ist eine Form der idealisierenden Transzendierung des Alltags, die gerade aufgrund ihres unterhaltsamen Charakters besonders nachhaltig auf das Bewußtsein des Publikums zu wirken vermag. Literatur verkündet moralische Prinzipien nicht ex cathedra, sondern vermittelt sie in der Intensität emotionaler Identifikation, durch die die Leser zur Nachahmung des Guten inspiriert werden.

Sidney scheut nicht davor zurück, für diese moralisch-didaktische Literaturauffassung auch Platon anzuführen, auf den sich ja die Puritaner gerade für ihre antiliterarische Einstellung beriefen. Nach Sidney wollte Platon keineswegs die Dichtung schlechthin aus seinem Idealstaat verbannen, sondern nur diejenige, die zur Verbreitung falscher und für die Jugend schädlicher Ideen mißbraucht wurde: „So as Plato, banishing the abuse, not the thing, [...] shall be our patron and not our adversary."[14] Platon wird also hier in seiner vermeintlichen

---

[12] *Critical Theory*: 177; *Essays*: 54.

[13] *Critical Theory*: 158; *Essays*: 36.

[14] *Critical Theory*: 171.

Literaturfeindlichkeit umfunktioniert und zum – teilweise unfreiwilli-
gen – Apologeten wahrer Dichtung erklärt. Er wird zum Mittel von
Sidneys Strategie, die Gegner der Literatur mit ihren eigenen Waffen
zu schlagen. Hiermit macht er auch vor Platon selbst nicht halt. Denn
Platon ist für ihn gerade deswegen ein großer Philosoph, weil er besonders ‚poetisch‘ schreibt. Die Voraussetzungen einer Argumentation im Stil der platonischen Literaturkritik sind hier umgekehrt:
Nicht die Philosophie ist der Maßstab der Literatur, sondern die Literatur wird zum Maßstab der Philosophie.

Und hier sind wir nun bei jenen Aspekten von Sidneys *Defence*, die
ihre Zeitbedingtheit übersteigen und moderne Ansätze der Literaturtheorie vorwegnehmen. Sidney begegnet dem Vorwurf der Philosophie gegen die Dichtung, ihr Mangel an Ernst und Wahrheitsstreben
mache sie zur Gefahr für menschliche Bildung und kulturellen Fort-
schritt, indem er die Dichtung zur wichtigsten Kraft in der Evolution
menschlichen Wissens und menschlicher Kultur erklärt. Sidney demonstriert dies an einer Vielzahl von Beispielen aus vorchristlicher
(d.h. ‘heidnischer‘) Zeit. Ursprung und Wesen der Literatur lagen in
der mündlichen Dichtung, die durch die Generationen als der kollektive Wissensschatz eines Volks weitergegeben wurde und somit eine
zentrale Rolle in der Entwicklung seiner Kultur spielte. Aber der entscheidende und uns heute vor allem auch interessierende Gesichtspunkt ist, daß Sidney diese genetische Priorität der Dichtung
gleichzeitig als eine in der Neuzeit fortgeltende *Superiorität* auffaßt.
Dies gilt nicht allein, wie bei Aristoteles, für die Geschichtsschreibung, sondern auch für die Philosophie. Die Geschichtsschreibung ist
zu ausschließlich befaßt mit der „particular truth of things", mit der
Welt, wie sie ist, so daß sie keine verallgemeinernden Orientierungen
zu geben vermag. Die Philosophie hingegen versteigt sich in eine nur
für Eingeweihte zugängliche abstrakte Terminologie und verspielt somit ebenfalls wieder ihre mögliche kulturelle Allgemeinbedeutung:

> For his (i.e. the philosopher‘s) knowledge standeth so upon the abstract
> and general, that happy is that man who may understand him, and more
> happy that can apply what he doth understand.[15]

Demgegenüber bietet sich dem Dichter die einzigartige Möglichkeit,
die Vorzüge beider Denk- und Schreibweisen in *einem* Diskurs miteinander zu verbinden und damit ihre jeweiligen Einseitigkeiten auf-
zuheben.

---

[15] *Critical Theory*: 160; *Essays*: 38.

> [...] he coupleth the general notion with the particular example. [...] he
> yieldeth to the powers of the mind an image of that whereof the
> philosopher bestoweth but a wordish description: which doth neither
> strike, pierce, nor possess the sight of the soul so much as that other doth.[16]

Die Literatur ist so eine Vermittlungsinstanz zwischen Besonderem
und Allgemeinem, die nicht primär etwas bereits Vorgegebenes nachahmt, sondern ihren eigenen Gegenstand erst im Akt ihres Beschrei-
bens hervorbringt. Der Akt der Nachahmung verschiebt sich vom
Verhältnis Autor-Wirklichkeit zum Verhältnis Werk-Leser, da die
kreative Leistung des Künstlers von Sidney mehr im Sinn der aristotelischen *poiesis* anstelle der *mimesis* im Sinn der bloßen Nachahmung
der äußeren Erscheinungswelt aufgefaßt wird. Aus der poetischen
Fiktionalisierung wesentlicher menschlicher Lebensbezüge entsteht
eine appellkräftige Mischung, der Sidney eine Art utopische Magie
zuschreibt, die den Leser mit einer wie traumwandlerischen Sicher-
heit auf den rechten Weg führt.

> Now therein of all sciences [...] is our poet the monarch. For he doth not
> only show the way, but giveth so sweet a prospect into the way, as will
> entice any man to enter into it. Nay, he doth, as if your journey should lie
> through a fair vineyard, at the first give you a cluster of grapes, that, full of
> that taste, you may long to pass further. He beginneth not with obscure
> definitions, which must blur the margin with interpretations, and load the
> memory with doubtfulness; but he cometh to you with words set in
> delightful proportion, either accompanied with, or prepared for, the well-
> enchanting skill of music; and with a tale forsooth he cometh unto you, with
> a tale which holdeth children from play, and old men from the chimney
> corner. And, pretending no more, doth intend the winning of the mind
> from wickedness to virtue [...][17]

Platons prärationale Magie der Dichtung ist nicht mehr eine regressive, sondern eine progressive Kraft. Literatur ist zwar Verführung,
aber Verführung zum Guten. Die Welt des sinnlich-imaginativen
Zaubers, in die sie den Leser entführt, widerspricht nicht seinen geistigen Interessen, sondern wirkt in wechselseitiger Verstärkung mit
diesen zusammen.

Wird also die Überlegenheit der Literatur von Sidney einerseits,
dem Erwartungshorizont seiner Zeit entsprechend, didaktisch begründet, d.h. von ihrem persönlichkeitsbildenden Wirkungspotenti-
al, so ist gleichzeitig unverkennbar, daß die metaphernreiche Entfal-

---

[16] *Critical Theory*: 160-61; *Essays*: 38
[17] *Critical Theory*: 163-64; *Essays*: 40.

tung der Sache der Literatur in der *Defence*, die in der zitierten Passage einen Höhepunkt findet, ihren Zweck nicht zuletzt auch in sich selbst hat. Die Literatur steht in Sidneys Essay zum ersten Mal an dem Punkt, an dem sie sich auch theoretisch von aller äußeren Autorität zu emanzipieren beginnt, sowohl was ihre Rolle innerhalb der eigenen nationalen Kulturwelt anbelangt wie ihr Verhältnis zu den übernationalen Autoritäten der Literaturkritik und Philosophie.

In der Bestimmung des spezifischen Wahrheitscharakters der Dichtung, der gerade in ihrer bewußten Fiktionalität liegt, gelingt Sidney dabei der Durchbruch zu einer heute noch gültigen Einsicht. Die Literatur könne gar nicht lügen, sagt er, da sie gar nicht behaupte, in einem unmittelbaren Sinn ,wahr' zu sein. Andere Textformen hingegen, die solche positiven Wahrheitsansprüche erheben, seien weit stärker der Gefahr der Lüge ausgesetzt:

> Now, for the poet, he nothing affirms, and therefore never lieth. For, as I take it, to lie is to affirm that to be true which is false; so as the other artists, and especially the historian, affirming many things, can, in the cloudy knowledge of mankind, hardly escape from many lies.[18]

Damit nimmt Sidney die Idee der Dichtung als ,pseudostatements' vorweg, der ,Als-Ob-Aussagen' der Literatur, die etwa I. A. Richards als charakteristisch für poetische gegenüber anderen Formen der Sprachverwendung herausgestellt hat.[19] Und er verweist voraus auf eine poststrukturale Textauffassung, für die gerade das Bewußtsein der eigenen Konstruiertheit und Fiktionalität die epistemologische Stärke des literarischen Diskurses gegenüber dem logozentrischen Diskurs der Philosophie oder dem positivistischen Diskurs der Geschichtsschreibung begründet (vgl. u. Kap. 23, 24).

Sidney entwickelt diesen Gedanken natürlich noch nicht in einer differenzierten Form, doch sind die Reflexionsschärfe und das neue Selbstbewußtsein der Literatur beachtlich, von denen sein Essay getragen ist. Aus ihm spricht die Aufbruchsstimmung der englischen Renaissance, die kurz nach Entstehung der Schrift ihren Höhepunkt in der Shakespeare-Zeit finden sollte. Wenn Sidney auch die Unzulänglichkeiten seiner schreibenden Zeitgenossen tadelt, so ist doch der Essay insgesamt auf die Erwartung einer entstehenden großen Nationalliteratur hin angelegt. Nicht umsonst betont er gegen Ende des Textes, daß Englisch eine in besonderem Maß literaturfähige

---

[18] *Critical Theory*: 168; *Essays*: 45.
[19] I. A. Richards, *Science and Poetry* (London, 1926).

Sprache sei, die bisher nur nicht in ihren Möglichkeiten genutzt wurde. Mit seinem Essay dürfte Sidney dazu beigetragen haben, der im Aufstreben begriffenen literarischen Kultur Englands auch literaturtheoretisch Selbstvertrauen gegeben zu haben.

8. JOHN DRYDEN

Markierte Sidneys Verteidigungsschrift der Dichtung den ersten Ansatz zu einer eigenständigen englischen Literaturtheorie und gleichzeitig den „Höhepunkt der Renaissancepoetik"[1], so war das beginnende 17. Jahrhundert durch eine klassizistische und rationalistische Verengung der Literaturauffassung charakterisiert. Wichtigster Fürsprecher dieser neuen Rückwendung zur Autorität der griechischen und lateinischen Quellen und der führenden italienischen Humanisten war der Dramatiker Ben Jonson, der in seiner zwischen 1620 und 1635 abgefaßten Schrift *Timber, or Discoveries* die ihm wichtig erscheinenden Gedanken aus jenen Quellen zusammentrug. Dichtung wurde nun wieder eindeutig als Nachahmung definiert, und zwar nicht primär als Nachahmung von ‚Natur', sondern im Sinn von Horaz als Nachahmung der klassischen Vorbilder. Formale Kriterien rückten damit in den Vordergrund, während die Inhalte der von der Kunst zu vermittelnden ‚Wahrheit' sozusagen unabhängig von ihrer literarischen Gestaltung vorgegeben waren. Für die Literatur wurden Begriffe wie *style, wit* und *elegance* vorrangig, die bis ins 18. Jahrhundert hinein die Formkonzeption der Werke mitprägten. Für das Drama – repräsentiert u.a. durch Jonson, Beaumont und Fletcher – galten wieder verstärkt die Regeln der Einheit und Wohlkomponiertheit, die im Drama der Shakespeare-Zeit eine weit geringere Rolle gespielt hatten.

Insbesondere war nun der zunehmend sich durchsetzende Rationalismus in der zeitgenössischen Philosophie von bestimmendem Einfluß auf die Literaturtheorie. Die Sonderstellung der Dichtung gegenüber der Philosophie, die Sidney so vehement verteidigt hatte, ging verloren. Sie büßte ihre eigenständige Erkenntnisfunktion innerhalb des Systems der ‚Wissenschaften' ein und wurde auf eine nachgeordnete Funktion der Veranschaulichung philosophisch-moralischer Prinzipien verkürzt. Ben Jonson war hier weit stärker von Francis Bacon und seiner puritanisch-rationalistischen Literaturauffassung beeinflußt als von der Renaissance-Poetik Sidneys.[2] Die jakobäische

---

[1] Ahrens, „Einleitung", *Essays*: 14.
[2] Rüdiger Ahrens, „Literatur und das System der Wissenschaften in der Literaturtheorie der Renaissance", in *Englische und amerikanische Literaturtheorie I*, Hrsg. Ahrens und Wolff: 121-48, hier 137-38.

Wende zum Neoklassizismus ordnete die Dichtung wieder dem überlegenen Wahrheitsanspruch der Philosophie unter und näherte sie
gleichzeitig dem Erkenntnisideal der machtvoll aufstrebenden exak-
ten Naturwissenschaften an.[3] Die überlieferten Normen der Poetik
erhielten in ihrer Geltung den Status von Naturgesetzen. Bis ins späte
17. Jahrhundert und darüber hinaus sollte dieser rationalistisch ge-
prägte Literaturbegriff vorherrschend bleiben. Dabei fällt allerdings
ins Auge, daß diese durch Revolution, Bürgerkrieg, Puritanismus
und Restauration gekennzeichnete Epoche überhaupt relativ wenig
an literaturtheoretischer Reflexion hervorgebracht hat.

Ein bedeutender Text der englischen Literaturtheorie erschien erst
wieder 1668 mit dem *Essay of Dramatic Poesy* von John Dryden
(1631-1700).[4] Dryden setzt hiermit die eben skizzierte neoklassizistische Traditionslinie fort, die sich im Zeitalter der Restauration noch
einmal festigte, als der von Cromwell vertriebene englische Königs-
hof aus Frankreich als dem Land des Neoklassizismus par excellence
nach London zurückgekehrt war und die ästhetischen Prinzipien des
Kontinents verstärkt in England zur Geltung brachte. Drydens Literaturtheorie muß von daher in engem Zusammenhang mit den poli-
tisch-kulturellen Gegebenheiten seiner Epoche gesehen werden. Sie
entsprang dem klassischen Grundmuster eines Denkens, das die
Strukturen des Staates, der Gesellschaft, der Wissenschaft und der
Kunst in einer prinzipiellen Analogie zueinander sah.[5] Die Regeln
der Kunst waren, ebenso wie die der Wissenschaft oder der Philosophie, in universalen Gesetzmäßigkeiten verankert, die es für den
Künstler aufzuspüren galt. Die Kunst- und Literaturfeindlichkeit der
puritanisch-bürgerlichen Demokraten, die sich am sichtbarsten in der
Schließung der Theater bis 1660 manifestiert hatte, wurde abgelöst
von einer dezidiert aristokratischen und affirmativen Kunstauffassung, für die die Literatur eine der Größe des Zeitalters und dem tri-

---

[3] Vgl. Ludwig Borinski, „Dogma und Geschichte in Drydens literarischer Kritik", in *Englische und amerikanische Literaturtheorie I*, Hrsg. Ahrens und
Wolff: 199-216.

[4] John Dryden, *An Essay of Dramatic Poesy*, in *Critical Theory*: 228-57. – Zur
Einführung in Drydens Literaturauffassung vgl. Bate, *Criticism. The Major
Texts, vol. I*: 123-28; Wimsatt und Brooks, *Classical Criticism:* 174-220; Ed-
ward Pechter, *Dryden's Classical Theory of Literature* (Cambridge, 1975);
Borinski, „Dogma und Geschichte"; *John Dryden*, ed. Harold Bloom (New
York, 1987); J. A. Winn, *John Dryden and His World* (New Haven & Lon-
don, 1987).

[5] Vgl. Borinski, *op. cit.*

umphierenden Gentleman-Ideal entsprechende Stilhöhe anzustreben hatte. Literaturauffassung und politische Machtstrukturen griffen eng ineinander, die Kunst wurde in ihrem Selbstverständnis und der Erwartungshaltung des Publikums zur *repräsentativen* Kunst. So vermag es nicht zu überraschen, daß die Dramenkonzeption Drydens als des einflußreichsten Dichters der Restaurationszeit in gewissem Umfang von König Charles II. selbst beeinflußt wurde, und zwar im Sinn der Bevorzugung des Reims und des idealisierenden ‚heroic drama‘ gegenüber dem Blankvers und dem realistischeren Ansatz etwa des englischen Renaissancedramas.[6]

Muß Dryden von hier aus einem in eine barocke Dekorationsästhetik hinüberspielenden höfischen Hochklassizismus zugerechnet werden, so ist er aber vor allem in dem noch relativ frühen *Essay of Dramatic Poesy* nicht dogmatisch eingestellt – was sich nicht viel später, mit dem immensen Erfolg seiner Stücke, deutlich im Sinn einer Dogmatisierung seiner Position ändern sollte.[7] Im *Essay of Dramatic Poesy* ist hingegen eine eher liberale und pragmatische Haltung erkennbar, die nicht zuletzt von den Erfordernissen der Bühnenpraxis ausgeht, mit denen Dryden tagtäglich konfrontiert war und die ihn eine strikte Regelpoetik wie etwa im zeitgenössischen Frankreich deutlich relativieren ließ.[8]

Dies wird bereits an der Form des Essays sichtbar, der als Dialog zwischen vier Partnern angelegt ist. Die Dialogpartner sind in eine theatralische Kulisse hineinversetzt, nämlich in ein Boot auf der Themse, von dem aus sie im Hintergrund die (siegreiche) Entscheidungsschlacht des englisch-holländischen Seekriegs beobachten können. Spiegelt also der opernhafte Rahmen des Essays das erwähnte Ineinandergreifen von aristokratisch-nationaler (Macht-)Politik und affirmativer Ästhetik, so ist die Binnenstruktur durch eine Pluralisierung und einen kontroversen, wenn auch stets stilvoll-kultivierten Austausch der Standpunkte gekennzeichnet.[9] Den vier Sprechern

---

[6] Vgl. Winn, *Dryden and His World*: 145.   [7] Borinski, op. cit.: 211.

[8] Vgl. Arthur C. Kirsch, *Dryden's Heroic Drama* (New York, 1972): „[...] most of his essays are designed primarily to support and explore his practice. The immediate consequence of this practical bias is that much of his criticism is occupied with self-advertisement.“(3)

[9] Nach Pechter, *Dryden's Classical Theory of Literature*, ist für Drydens Konzeption des ‚Klassischen‘ die Idee des *balance of the mean* charakteristisch. Drydens Literaturtheorie enthalte „a variety of literary values, different but not contradictory or antithetical. All of them are legitimate, and the balance of the mean provides a structure of thought flexible enough to contain them all.“(5)

sind vier verschiedene Auffassungen über die ‚richtige' Form des
Dramas zugeordnet, die in dialektisch arrangierter Abfolge dargelegt
werden. Der affirmative klassizistische Rahmen, der durch die lateinischen Namen der Sprecher (Eugenius, Crites, Lisideius, Neander)
unterstrichen wird, wird also durch die Diskussionsstruktur aufgelok-
kert, wenn nicht aufgebrochen. Zwar wird der heroisch-patriotische
Zeitgeist, der in der Rahmensituation zum Ausdruck kommt, in
einem wichtigen Teil der Argumentation aufgegriffen, nämlich eben
in Drydens Rechtfertigung des „rhymed heroic drama" als der am
höchsten stehenden Form des Dramas. Diese sieht er nicht nur als
höchste Errungenschaft der dramatischen Kunst seiner Zeit – womit
er nicht zuletzt seine eigenen Werke meint. Er betrachtet sie auch,
aus heutiger Sicht sonderbar genug, als allgemeingültige und der ‚Natur' selbst am nächsten kommende Stilform: „heroic rhyme is nearest
nature."[10] Mit dieser Vereinnahmung der Natur für eine höchst artifi-
zielle Dramenästhetik geht eine partielle Abwertung Shakespeares
einher, da dieser stellenweise das nötige Dekorum, die Klarheit der
Konzeption und den durchgehaltenen Ernst vermissen lasse.

Trotz solcher dogmatischer Einzelzüge aber ist Dryden, wie gesagt,
im ganzen offen und pragmatisch genug, um den Essay zu einem wichtigen Dokument literaturtheoretischer Reflexion werden zu lassen.
Dies wird etwa an seiner idealtypischen Definition des Dramas er-
sichtlich:

> [...] he conceived a play ought to be, *A just and lively image of human
> nature, representing its passions and humours, and the changes of fortune to
> which it is subject, for the delight and instruction of mankind.*[11]

Diese Definition verbindet ein allgemeinmenschliches Interesse mit
einer besonderen Betonung des Charakters und der Psychologie („its
passions and humours"), durch die ein Gegengewicht gegen die klassizistische Vorherrschaft der äußeren Handlung („the changes of for-
tune") und ihrer objektiven Gesetzmäßigkeiten geschaffen wird. Allerdings bleibt Dryden mit dem Zusatz „for the delight and instruction
of mankind" in der Tradition des Horazischen *prodesse et delectare*,
die die Literatur durch ihre unterhaltsam aufbereitete moralische Er-
ziehungsfunktion zum akzeptierten Grundbestand der gesellschaftlichen Bildung eines Gentleman werden ließ – ganz anders also als bei

---

[10] *Essay of Dramatic Poesy*, in *Critical Theory*: 228-57.
[11] *Critical Theory*: 231; *Essays*: 89.

Sidney, für den ja noch die Literaturindifferenz der englischen Aristokratie ein Motiv seiner Rechtfertigungsschrift war.

Drei wesentliche Fragen werden in dem *Essay of Dramatic Poesy* aufgeworfen: (1) das Verhältnis der antiken zu den modernen Autoren und die Frage, welche von ihnen die größeren Dichter waren (also eine Version des auch in Frankreich ausgebrochenen *Querelle des anciens et des modernes*); (2) das Verhältnis des französischen zum englischen Drama der Zeit; (3) die Frage, ob Blankvers oder Reim die zeitgemäße Form der Sprachverwendung sei. In jeder der drei Diskussionssequenzen erscheinen die Argumente der jeweils zweiten vorgetragenen Position überzeugender. Was wir als Ergebnis erhalten, ist eine eigentümliche Mischung, in der (1) die Modernen gegenüber den Klassikern aufgewertet werden; (2) das englische Drama dem französischen Drama überlegen erscheint; und (3) die Reimform gegenüber dem Blankvers als dramatische Sprechweise bevorzugt wird.

Dies ist nun keineswegs eine konsistente neoklassische Position. Der erste Punkt, die Emanzipation der modernen Dichter von der Autorität der Antike, läuft der klassizistischen Maxime der Imitation von deren Werken als unübertrefflicher Modelle literarischer Größe zuwider. Der zweite Punkt, die beanspruchte Überlegenheit des englischen Dramas im Vergleich mit seiner französischen Konkurrenz, impliziert eine Kritik der Rigidität, mit der letztere die Regeln ihrer normativen Poetik umsetzte. Und er impliziert insbesondere die Anerkennung der künstlerischen Statur der englischen Renaissance-Dichter, allen voran Shakespeare, die dramatische Größe erlangt hatten, *ohne* sich an die vorgegebenen Normen einer Regelpoetik zu halten. Drydens persönliche Bewunderung für das poetische Genie Shakespeares (der von dogmatischer denkenden Neoklassizisten mitsamt der Renaissance als ‚barbarisch' abgewertet wurde) wird deutlich genug:

> He was the man who of all modern, and perhaps ancient poets, had the largest and most comprehensive soul. All the images of Nature were still present to him, and he drew them, not laboriously, but luckily; when he describes anything, you more than see it, you feel it too. [...] Shakespeare was the Homer, or father of our dramatic poets; Jonson was the Virgil, the pattern of elaborate writing; I admire him, but I love Shakespeare.[12]

Drydens emotionale Bevorzugung Shakespeares und seiner vitalen, die Weltgeltung der englischen Dramenliteratur begründenden Ima-

---

[12] *Critical Theory*: 247-48; *Essays*: 102-103.

ginationskraft enthüllt ein wachsendes Spannungsverhältnis in der Entwicklung der Literaturtheorie zwischen der tatsächlichen Beschaffenheit der englischen Literatur selbst und den Kategorien der traditionellen Poetik, an denen sie weiterhin gemessen wurde. Dieser Konflikt wird in der Ambivalenz von Drydens Haltung zu Shakespeare augenfällig, den er zwar für seine Fähigkeit zur naturnahen Imagination preist, aber gleichzeitig dafür tadelt, daß er zu viel und zu unkontrollierten Gebrauch von ihr mache. Im dritten Teil des Essays, in dem Dryden das Reimdrama dem Blankversdrama überordnet, setzt er implizit sein eigenes Werk gegen und über das von Shakespeare und bestimmt seine Haltung zu dieser Frage klar *innerhalb* neoklassischer Prämissen.

Wie schon gesagt, war Dryden die einflußreichste englische Schriftstellerpersönlichkeit seiner Epoche. Er trat durch eine beeindruckende, verschiedene Formen und Gattungen umfassende literarische Produktion hervor und legte neben den Dramen auch im Bereich der Lyrik, der Verssatire, des Epos und der Opernliteratur beachtliche Werke vor. Trotz äußerer Veränderungen seiner Haltung kann man sagen, daß er in seiner Dichtung im ganzen gesehen den Geist der englischen Restauration und das aristokratisch-patriotische Selbstverständnis seiner Zeit und Gesellschaft repräsentierte und affirmierte. Dies wird u.a. in einem später wieder aufgegebenen Projekt deutlich, mit dem er beabsichtigte darzustellen „his native country and the Stuart dynasty in a national epic, the subject of which was to be ‚great, the *Story* English, and neither too far distant from the present Age, nor too near approaching to it.‘"[13] Die Literaturtheorie, die er in Entsprechung zu dieser poetisch-politischen Praxis entwickelte, war stark von Prinzipien des Neoklassizismus geprägt, so daß der *Essay of Dramatic Poesy* zu Recht „perhaps the fullest single account of issues and attitudes in neoclassical criticism" genannt wurde.[14]

Dennoch treten in ihm, wie gesehen, Widersprüche und Ambiguitäten auf, die seine innere Konsistenz als ‚Theorie' unterminieren. Die neue patriotische Selbstaffirmation Englands und seiner literarischen Kultur zeigt sich hier im Konflikt mit sich selbst, genauer gesagt im Konflikt zwischen den eigenständigen Hervorbringungen der eng-

---

[13] Howard Erskine-Hill, „John Dryden: The Poet and Critic", in *Dryden to Johnson. History of Literature in the English Language, vol. 4,* ed. Roger Lonsdale (London, 1971): 23-59, 31.

[14] Hazard Adams, *Critical Theory since Plato*: 227.

lischen Literatur und den antiken und ‚fremden' Regeln einer neoklassizistischen Tradition, die gleichwohl nach wie vor als unverzicht-
barer Rahmen für die Bestimmung künstlerischer Größe betrachtet
werden.

9. ALEXANDER POPE

Die englische Literaturtheorie zwischen Renaissance und Romantik, also grob gesprochen zwischen dem Ende des sechzehnten und dem Ende des achtzehnten Jahrhunderts, läßt sich nach Bernhard Fabian „in vieler Hinsicht als geschlossenes System betrachten."[1] Die Gemeinsamkeiten waren größer als die Unterschiede zwischen den Positionen, so daß man eher von Akzentverschiebungen als von grundlegenden Veränderungen sprechen kann. Dennoch brachten, wie bei Dryden gesehen, die realen literarischen wie politisch-gesellschaftlichen Entwicklungen eine unterschwellige Dynamik in Gang, die die Prämissen des Neoklassizismus immer wieder im Sinn einer Anpassung an die literatur- und zeitgeschichtlichen Gegebenheiten modifizieren und in verschiedener Weise konkretisieren ließ.

Was das ausgehende siebzehnte und beginnende achtzehnte Jahrhundert anbelangt, so war diese Epoche durch eine Verschärfung des Vorrangstreits zwischen Moderne und Antike gekennzeichnet und im Zusammenhang damit letztlich durch eine nochmalige Verfestigung der klassizistischen Grundposition. Das horazische Diktum aus der *Ars Poetica*: „Scribende recte sapere est et principium et fons", wird zum unbestrittenen Leitmotiv der vorherrschenden Literaturauffassung.[2] Wenn der Neoklassizismus nach Ernst Cassirer philosophisch gesehen dem cartesianischen Traum geometrischer Klarheit und Erkenntnisgewißheit entsprang[3], so stellte die genannte Zeitspanne die stärkste Annäherung an dieses Ideal in der Geschichte der englischen Literaturtheorie dar. Freilich wurde es auch da nicht mit der Konsequenz wie in der französischen vertreten, von der sie gleichwohl, insbesondere von Nicolas Boileaus *Art poétique* (1674) als einer Art Manifest des Neoklassizismus, stark beeinflußt war. Klarheit und Ordnung waren nun oberste Prinzipien der Dichtungstheorie. Das Ideal des literarischen Kunstwerks war das einer wohlproportionierten, in ihren inneren Spannungen perfekt ausbalancierten Ganzheit, in der, wie in

---

[1] Bernhard Fabian, „Die Genielehre des achtzehnten Jahrhunderts – Eine Skizze ihrer Entwicklung", in *Englische und amerikanische Literaturtheorie I*: 285--310, 285.

[2] Vgl. Ahrends, „Swifts *Battle of the Books*": 227.

[3] Vgl. Ernst Cassirer, *Die Philosophie der Aufklärung* (Tübingen, 1973 [1932]).

der Wirklichkeit, das transparente Walten eines vernünftigen Ordnungsprinzips deutlich werden sollte. *Reason* und „universal intelligibility" wurden zum Maßstab literarischer Geltung.[4] Darin offenbart sich eine rationalistisch domestizierte platonische Dichtungsauffassung in der Nachfolge von Horaz, in der die Eigenständigkeit der Literatur als Sensorium und Kommunikationsinstanz für die anderen Disziplinen gerade *nicht* zugänglichen Bereiche kultureller Erfahrung verlorengeht.

Gleichzeitig damit wurde gerade von führenden Vertretern der englischen Literatur selbst, anders als noch bei Dryden, die *Überlegenheit* der alten über die modernen Dichter behauptet und vehement gegenüber dem selbstgerechten Fortschrittsdenken der ‚Moderne' verfochten. Die Werke der antiken Klassiker wurden zu axiomatischen Größen jeder Poetik. Aus ihnen waren, Naturgesetzen gleich, die ewig geltenden Grundregeln großer Dichtung ablesbar. Nachdem bereits Sir William Temple in seinem *Essay upon Ancient and Modern Learning* und dem Essay *Of Poetry* (1690) gegen die Fortschrittsthese polemisiert und die Überlegenheit der Antike als einer Stufe höchster kultureller Vollkommenheit propagiert hatte, griff etwa auch Jonathan Swift mit seinem *Battle of the Books* (1697/98) in Form einer Prosasatire zugunsten seines Förderers Temple in die Auseinandersetzung ein, wobei er u.a. den neuzeitlichen Erz-Klassizisten Scaliger als Sprachrohr des kritischen Spotts über seine Zeitgenossen auftreten ließ.[5] Diese seien aufgrund ihrer mangelnden Kenntnis der Klassiker und der unzulänglichen Beherrschung ihres Handwerks nicht mehr zu deren anspruchsvollen, großangelegten Entwürfen fähig, sondern nur noch zu literarischer Kleinkunst, zum Schwelgen im Negativen und Nebensächlichen. *Wit*, *sense*, *truth* und *judgment* werden hier als Maßstäbe der Kritik angelegt, die bis hin zu Alexander Pope als Leitbegriffe für eine von Vernunft, Mäßigung und Selbstdisziplin getragene Ästhetik dienten. Gegen nutzloses Ornament und unmotivierte Auswüchse der Phantasie – wie sie beispielsweise den Metaphysical Poets angelastet wurden – wurde eine strenge, vernunftkontrollierte Funktionalität des Inhalts bei gleichzeitiger anstrengungsloser Meisterschaft der Technik und Eleganz des Stils gesetzt.[6]

---

[4] Vgl. Leopold Damrosch, Jr., „Samuel Johnson and the Fate of Neoclassicism", in *Englische und amerikanische Literaturtheorie I*: 328-42: 329.

[5] Vgl. Ahrens, *op. cit.*

[6] Vgl. Gerd Stratmann, „'*Easy and Familiar*' – Zur klassizistischen Theorie des Prosastils", in *Englische und amerikanische Literaturtheorie I*: 237- 51.

Zeitgeschichtlich betrachtet dürften zwei wichtige Faktoren zu dieser Literaturauffassung der Zeit beigetragen haben, die wohl am mar-
kantesten und wirkungsvollsten in dem 1711 erschienenen *Essay on
Criticism* von Alexander Pope (1688–1744) dargelegt wurde. Der erste Faktor ist ein politischer. Mit der *Glorious Revolution* von 1688
und der nachfolgenden Errichtung der konstitutionellen Monarchie
war ein Interessensausgleich zwischen den zuvor zerstrittenen Macht-
instanzen – Königtum, Adel und Bürgertum – gefunden, der in den
Augen maßgeblicher Intellektueller eine ideale Balance hergestellt
hatte, die die extreme Dominanz einer dieser gesellschaftlichen Kräfte verhinderte.[7] Die Errungenschaft Englands etwa gegenüber Frankreich war die Freiheit des privaten Individuums, die gleichzeitig nicht
in anarchisches Chaos abdriften konnte, da sie in eine sorgfältig aus-
gewogene gesellschaftliche Ordnungsstruktur eingebunden war. Ja
die Versöhnung gegensätzlicher politischer Kräfte und Interessen,
die im *Constitutional Compromise* von 1689 erreicht wurde, erschien
im Lichte der das Zeitalter dominierenden Newtonschen Lehre vom
harmonischen Zusammenwirken gegensätzlicher Kräfte als dem universalen Ordnungsprinzip der Natur geradezu selbst wie die Verwirk-
lichung eines politischen ‚Naturgesetzes'.[8] Der Klassizismus fand hier
im Bereich der Politik eine fundierenden Ordnungsstrukturen
vor, nach denen er auf allen Gebieten, auch im Bereich der literarischen Imagination selbst, suchte. Und am Beispiel der Politik wird
gleichzeitig klar, wie stark diese vermeintlich von einer unveränderlichen Natur vorgegebenen Ordnungsbegriffe kulturpsychologische
Konstruktionen sind, die der historischen Realität den Anschein
überzeitlicher Konstanz verleihen.

Eine ähnliche Naturgesetzlichkeit wird aber nun, wie gesagt, auch
im Bereich der Literaturtheorie angenommen. Und hier sind wir bei
dem zweiten Faktor, der die klassizistische Verfestigung der Literaturauffassung mitbedingt haben dürfte. Es ist dies der Aufstieg der zeitgenössischen Naturwissenschaften zur führenden Kraft des geistigen
und kulturellen Fortschritts, die sich in England im Einfluß der *Royal
Society* niederschlug, vor der u.a. Newton seine umwälzenden Theorien vortrug, der aber auch etwa John Dryden angehörte. Das Verhältnis der Literatur zu dieser Entwicklung mußte durchaus zwie-

---

[7] Vgl. Stratmann, *op. cit*: 245; Paul Fussell, „Wit and Judgment in the Poetic
   Theory of Alexander Pope", in *Englische und amerikanische Literaturtheorie
   I*: 252-65, 263.

[8] Vgl. Fussell, *op. cit.*: 263.

Alexander Pope 75

spältig sein, da sie als ernstzunehmende Bildungsinstanz an den Rand
gedrängt wurde. So hatte kein geringerer als John Locke den der poetischen Phantasie zugeordneten *wit* als Quelle von Verwirrung und Ir-
reführung deutlich gegenüber dem *judgment* als dem objektiv die
Dinge betrachtenden und ordnenden analytischen Verstand abgewertet.[9] Angesichts dieser Herausforderung ist die Strategie klassizistischer Theorie eine dreifache. Zum einen wird dem Vorwurf der
Nutzlosigkeit und Verspieltheit durch die verstärkte Betonung des
moralisch-didaktischen Erziehungsauftrags der Dichtung begegnet.
Zum zweiten werden Elemente des naturwissenschaftlichen Paradig-
mas in die Literaturtheorie assimiliert und so deren Dignität und Geltungsanspruch untermauert – in der Lehre der jeweils eigenen Gesetzen gehorchenden Gattungen, der Kompositionsregeln, der Stilprin-
zipien u.a.m. Zum dritten schließlich werden die ‚Naturgesetze' der
Literatur exemplarisch in den Werken der antiken Klassiker verankert. Dies bietet den Vorteil, sich von den unseriösen Produkten zeitgenössischer Literaten distanzieren zu können, andererseits aber dem
übermächtigen Dominanzanspruch der Naturwissenschaften das Gegengewicht der Antike als allgemeingültigen Maßstab menschlicher
Kultur entgegenzusetzen.

Die Anpassung der Klassizisten an die politischen und naturwissenschaftlichen Ordnungsbegriffe der Zeit, die zunächst einseitig als
Selbstverleugnung literarischer Eigenständigkeit erscheinen mag,
muß also gleichzeitig als eine Form der theoretischen *Selbstbehauptung* der Literatur unter den gegebenen Bedingungen gesehen werden. In der Identifikation mit der unbestrittenen Größe der klassischen Antike gewann sie eine Statur, die sie potentiell den anderen
Feldern der Kultur, insbesondere den Wissenschaften, ebenbürtig
machte – auch wenn dies aus heutiger Sicht um den Preis einer erheb-
lichen Einengung ihres literarischen Entfaltungsspielraums geschah.
Die Schriftsteller sahen sich als Vertreter eines neuen *Augustan Age*,
d.h. einer Wiederkehr der Blütezeit der Literatur zur Zeit des römi-
schen Kaisers Augustus, in der ebenfalls literarische und politische
Kultur in harmonischer Symbiose existierten und an deren führende
Vertreter Vergil, Horaz und Ovid die englischen Klassizisten explizit
anknüpften.

Dies ist nun der Kontext, in dem Popes *Essay on Criticism* gesehen

---

[9] Vgl. Fussell, *op. cit.*: 258.

werden muß.[10] Seine künstlerischen Präferenzen werden bereits in
der Form des Essays deutlich, der nach rhetorischen Prinzipien
durchkomponiert, mit schnörkelloser sprachlicher Eleganz geschrieben und als gedanklich prägnanter kritischer Traktat in der Form ge-
schliffener *heroic couplets* abgefaßt ist. Er entspricht damit dem Stil-
ideal der Zeit, sorgfältig durchdachte, allgemeinmenschlich gültige
Inhalte in einem „easy and familiar style" zu vermitteln.[11] In dieser
Hinsicht befindet sich Pope, der sein dichterisches Lebenswerk im
Nachvollzug von Vergil, nach der sogenannten *rota Vergilii*, konzi-
pierte, deutlich in der Nachfolge von Horaz:

> Horace still charms with graceful negligence,
> And without method talks us into sense;
> Will, like a friend, familiarly convey
> the truest notions in the easiest way. (l. 653-56)[12]

Im „cultivated drawing-room tone" des Essays[13] kommt allerdings
nicht nur ein antikes Stilmodell zum Ausdruck, sondern auch das des
gelehrten Weltmanns, der Bildung und Literatur, Akademie und Sa-
lon miteinander verbindet und auch komplexe Gedanken in einer
dem Konversationston des idealen „gentleman of fashion" nachemp-
fundenen Mühelosigkeit zu vermitteln vermag.[14]

---

[10] Wichtige Diskussionen von Popes literaturtheoretischen Auffassungen sind
u.a. William Empson, „,Wit' in the *Essay on Criticism*", *Hudson Review 2*
(1950): 559-77; Edward N. Hooker, „Pope on Wit; The ,Essay on Criticism'", in *Englische Literaturtheorie von Sidney bis Johnson*, Hrsg. Nugel:
204-225; Fussell, *op. cit.*; *Alexander Pope*, ed. Harold Bloom (New York,
1986); *Alexander Pope. Essays for the Tercentenary*, ed. Colin Nicholson
(Aberdeen, 1988). Zur poetischen Theorie und Praxis von Pope bis Coleridge vgl. Jürgen Schlaeger, *Imitatio und Realisation. Funktionen poetischer
Sprache von Pope bis Wordsworth* (München, 1974). Eine politische Lesart
Popes im Sinn einer Dekonstruktion seiner ästhetischen Ideologie als eines
Beitrags zum „project of forming a unified ruling class" wird von Laura
Brown vertreten: *Alexander Pope* (Oxford & New York, 1985), hier 47.

[11] Vgl. Stratmann, *op. cit.*

[12] Alexander Pope, *An Essay in Criticism*, in *Critical Theory*: 278-86: 285; *Essays*: 143-60: 152. – Zum Einfluß von Horaz auf die englische neoklassizistische
Literaturauffassung allgemein vgl. Helmut Papajewski, „Die Bedeutung der
,Ars Poetica' für den englischen Neoklassizismus", in *Englische Literaturtheorie von Sidney bis Johnson*, Hrsg. Nugel: 246-78.

[13] Fussell, *op. cit.*: 254.

[14] Stratmann, *op. cit.*: 248.

Aber auch inhaltlich sind in dem Essay wesentliche Grundpositionen neoklassischer Literaturtheorie festgehalten. Da ist zunächst die durchgängig wirksame Vorstellung der *correctness*, die Pope bereits von jugendlichem Alter an als sein besonderes literarisches Anliegen betrachtete und die sich auf die Kriterien der Angemessenheit des Stils, der kritischen Selbstkontrolle des Schreibens, der Gewandtheit und Treffsicherheit im Umgang mit literarischen Formen und Gattungen bezieht. Aus diesem Gesichtspunkt heraus wird eine exzessive, nicht durch den Inhalt getragene Bildlichkeit, werden die Vermischung von Gattungen oder die disproportionale Verwendung von Stilelementen getadelt (wie Pope sie etwa in ‚zu langen‘ epischen Passagen in Spensers *Fairie Queen* sah). Das Werkideal ist das einer optimalen Proportionalität und Funktionalität der Teile, deren Zusammenwirken eine harmonisch aufeinander abgestimmte Ganzheit hervorbringt, wie sie vorbildlich etwa in Michelanchelos Petersdom zu Rom illustriert ist:

> Thus when we view some well-proportioned dome
> (The world's just wonder, and ev'n thine, O Rome!),
> No single parts unequally surprise:
> All comes united to th'admiring eyes;
> No monstrous height, or breadth, or length appear:
> The whole at once is bold, and regular.(l. 247-252)[16]

Zentral für den Essay ist ferner das charakteristische Begriffspaar *wit* und *judgment*. Es bezeichnet die grundlegende Polarität im Gedankengang des Textes zwischen poetischer und philosophischer Fähigkeit, zwischen metaphorischer und literaler Denkweise, die hier als untrennbar zusammengehörig betrachtet werden. Gegen die Angriffe des Rationalismus wird der Begriff des *wit* von Pope aufgewertet, aber gleichzeitig an das rationale Vermögen des *judgment* gekop-

---

[15] Fussell, *op. cit.*: 252.

[16] *Critical Theory*: 281; *Essays*: 147. – In dieser Nähe literarischer zu architektonischen Strukturvorstellungen ist nach Bernfried Nugel ein allgemeineres Charakteristikum klassizistischer Literaturtheorie in England zu sehen, worin zugleich an antike Vorstellungen (Vitruv, *De Architectura*) angeknüpft und moderne Strukturbegriffe vorweggenommen werden. In der Tat kann etwa der Strukturalismus in der Literaturwissenschaft als Fortführung von im weitesten Sinn ‚klassischen‘ Denkpositionen gesehen werden: „Zur Konstituierung des Strukturbegriffs in der englischen Literaturtheorie des 16. bis 18. Jahrhunderts", in *Englische Literaturtheorie von Sidney bis Johnson*, Hrsg. Nugel: 421-41.

pelt: das Newtonsche Gesetz vom harmonischen Zusammenwirken gegensätzlicher Kräfte wird gleichsam in den Literaturbegriff als dessen Selbstrechtfertigung hineingenommen.[17]

> For wit and judgment often are at strife,
> Though meant each other's aid, like man and wife.(l. 82-83)[18]

Das *judgment* nimmt dabei aber gleichzeitig auch die Rolle einer moralischen Kontrollinstanz des Schreibens an, und hier nähert sich Pope teilweise einer platonisch-horazischen Selbstzensur der Literatur und ihres manchmal allzu freizügigen *wit* an, wie er dies etwa an der Zeit von Charles II. verurteilt:

> No pardon vile obscenity should find,
> Though wit and art conspire to move your mind.(l. 530-531)[19]

Die Grundlage und maßgebliche Autorität sowohl von *wit* als auch von *judgment* aber ist der Begriff der ‚Natur‘, an die sich die Dichter zuallererst zu halten haben. Dieser Naturbegriff hat bei Pope und anderen Neoklassizisten nichts gemein mit der Naturkonzeption, die später im Zeitalter der Romantik eine so emphatische Bedeutung als prä- oder transsoziale Sphäre nichtentfremdeter Existenz erhalten sollte. Für Pope ist Natur stattdessen noch synonym mit der Welt, wie sie ist, und mit ihrer Sicht als vernünftig geordnetem Kosmos, die für die beginnende Aufklärung charakteristisch war.[20] Die Ordnung der Natur, an die sich der Dichter als Modell der Dichtung und menschlichen Wirklichkeit halten soll, steht über dem historisch sich Wandelnden und ist durch Stabilität und universale Gesetzmäßigkeit gekennzeichnet:

> First follow nature, and your judgment frame
> By her just standard, which is still the same. (l. 68-69)[21]

---

[17] Vgl. Fussell, *op. cit.*: 261ff.

[18] *Critical Theory*: 279; *Essays*: 144.

[19] *Critical Theory*: 284.

[20] Vgl. Schlaeger, *Imitatio und Realisation*: „Ein rationaler Gott ist als Schöpfer der mechanisch-gesetzmäßigen Ordnung in der Natur vorausgesetzt, der Mensch ist Wahrnehmungs- und Denkmechanismus.“(25) – Vgl. auch Empson, „ ‚Wit‘ in the Essay on Criticism“: „Nature […] here is simply everything, however diverse, that is outside wit.“(560) Empson hebt hervor, daß der Ausdruck *wit* im Durchschnitt alle 16 Zeilen des *Essay* wiederkehrt. Pope „was in effect building a system on what was almost a slang word“.(*Ibid.*)

[21] *Critical Theory*: 279; *Essays*: 144.

Diese universalen Wahrheiten wurden aber am besten in den Werken der Antike ausgedrückt, deren Kunst nichts anderes ist als „nature methodiz'd", eine Formel, die die dichterische Repräsentation von Natur unmittelbar mit bestimmten *Regeln* dieser Repräsentation verknüpft. Und daraus wiederum folgt, daß diese Regeln am besten durch das Studium der klassischen Werke aufgefunden werden können.

> Those rules of old discover'd, not devis'd
> Are nature still, but nature methodiz'd. (l. 88-89)[22]

Die vom Dichter geforderte Nachahmung der Natur wird somit gleichbedeutend mit der Nachahmung anderer Kunst, und Pope knüpft erneut deutlich an Horaz an, wenn er diese Umdeutung des Verhältnisses von Kunst und Natur dadurch pointiert, daß er auf die Einsicht Vergils verweist, daß „Nature and Homer were, he found, the same"(l. 135), und daraus den Schluß zieht:

> Learn hence for ancient rules a just esteem;
> To copy nature is to copy them. (l. 135, 139-40)[23]

Obwohl Pope wie schon Dryden seine französischen Zeitgenossen für ihre strikte, ‚sklavische' Art des poetologischen Regeldenkens verurteilt, ist dies doch eher eine patriotische Geste als eine wirkliche Distanzierung von deren Positionen. Denn Pope bestätigt in seinem Essay, wie gesehen, noch einmal die wesentlichen Grundsätze des Klassizismus. Und was von unserer Geschichte der Literaturtheorie her daran besonders ins Auge fällt, ist die Reduktion der Literatur auf ein bloßes Medium des variierenden Neuausdrucks von Gedanken und intellektuellen Wahrheiten, die vorher schon bekannt sind:

> True wit is nature to advantage dressed,
> What oft' was thought, but ne'er so well expressed. (l. 297-98)[24]

Dies ist wohl eine der am meisten zitierten Passagen englischer Literaturkritik. Und sie faßt noch einmal konzise die Priorität des Denkens gegenüber der poetischen Phantasie, des intellektuellen gegenüber dem imaginativen Element der Literatur in der neoklassischen

---

[22] *Ibid.*

[23] *Ibid.*

[24] *Critical Theory*: 281; *Essays*: 145.

Position zusammen.[25] Sie bezeugt jene generelle „Rationalisierung der Poetik und Rhetorik" im englischen Klassizismus[26], durch die die Literatur ihren Status als eigenständiges Kommunikations- und Wahrheitsmedium suspendiert und sich in Abhängigkeit von anderen, sozusagen ‚professionell' mit Wahrheitserkenntnis befaßten Disziplinen wie Philosophie oder Naturwissenschaften begibt.

---

[25] Popes Position war allerdings nicht so klar und eindeutig, wie es manchmal scheinen mag. So hat Leopold Damrosch gezeigt, daß Popes Haltung und Entwicklung durch ein weit ambivalenteres Selbstbild und weit größere Positionsverschiebungen gekennzeichnet waren, als herkömmlicherweise angenommen wird: *The Imaginative World of Alexander Pope* (Berkeley etc., 1987). Diesen speziellen Aspekten kann hier nicht nachgegangen werden. Sie ändern auch nichts an der grundsätzlichen Zuordnung Popes zu einer am *Age of Reason* und dessen Mißtrauen gegen die ‚freischwebende' poetische Imagination orientierten Literaturauffassung. „That not in fancy's maze he [...] wandered long,/ but stooped to truth, and moralized his song." (*To Arbuthnot*, l. 336-41).

[26] Schlaeger, *op. cit.*: 28ff.

10. SAMUEL JOHNSON

Was an der skizzierten neoklassischen Literaturtheorie auffällt, ist ihre relative Abgehobenheit, ja ihre Beziehungslosigkeit zu einigen der wichtigsten literarischen Entwicklungen der Zeit. Sie tat sich nicht nur chronisch schwer mit der englischen Literaturgeschichte, mit Shakespeare, mit den Metaphysical Poets, mit den *Restoration comedies*, und mit puritanischen Schriftstellern wie John Bunyan oder John Milton – d.h. mit den aus heutiger Sicht besonders eindrucksvollen Manifestationen englischer Literatur. Sie erwies sich vor allem auch nicht in der Lage, auf die zeitgleich sich vollziehende Entstehung einer gänzlich neuen, im 18. Jahrhundert zu unbestrittener Dominanz gelangenden literarischen Gattung angemessen zu reagieren, nämlich auf die Entstehung des *Romans*.

Popes Lebensziel war es noch gewesen, ein großes heroisches Epos im Stil der Antike zu verfassen, das aber, wohl nicht zufällig, unrealisiert blieb. Die Haupttendenz der literarischen Entwicklung Englands in seiner Zeit war demgegenüber von einer Hinwendung zur Prosa und zum Roman gekennzeichnet, dessen Aufstieg *geistes*geschichtlich mit der neuen Zentralität des Konzepts ‚Erfahrung' als individueller Realitätskategorie, und *gesellschafts*geschichtlich mit der Entstehung einer breiteren literarischen Öffentlichkeit und einer bis dahin nicht gekannten Ausweitung und Demokratisierung des Lesepublikums verbunden war. Diese neue Form der Fiktion, die das Medium des literarischen Selbstausdrucks der aufsteigenden *middle classes* war, galt der vom aristokratischen Kunstverständnis eines Pope geprägten Kritik für lange Zeit als unzulängliche Form von ‚Populärliteratur.'[1]

Zwar gab es noch innerhalb eines toleranten Klassizismus Tendenzen zur Öffnung für diese aus dem Bürgertum kommende Innovation der Literatur. Dies gilt etwa für das „reformerisch-aufklärerische Engagement" eines Joseph Addison[2], der mit seiner Wochenschrift *The Spectator* eine liberale Sphäre literarischer Öffentlichkeit mitzuschaffen und die Dignität einer neuen, essayistisch-moralischen Pro-

---

[1] Vgl. Erwin Wolff, *Der englische Roman im 18. Jahrhundert. Wesen und Formen* (Göttingen, 1968²): 7.

[2] Müllenbrock, „Die Literaturtheorie Joseph Addisons": 280.

sa gegenüber den kanonisierten Literaturformen begründen half. Es gilt ferner für die Prosatheorie eines Earl of Shaftesbury, der das stilistische Vorbild zeitgemäßen Schreibens in der Konversation freier Individuen begründete und darin die literarische Stilentsprechung zur Lebensform einer freien Gesellschaft sah.[3] Dennoch blieben auch solche Ansätze theoretisch in den unzulänglichen Begriffen und Kategorien des Klassizismus befangen, was letztlich auch für die Art und Weise gilt, in der die maßgeblichen Romanautoren wie Samuel Richardson, Henry Fielding und Laurence Sterne selbst ihre Werke – sicherlich auch wiederum in rechtfertigender Absicht – einzuordnen versuchten. Fielding etwa versuchte den Roman in eine klassische Tradition zu stellen, indem er ihn als „comic epic poem in prose" bezeichnete.[4] Er suggerierte mit dieser Begriffsakrobatik eine Kontinuität zu den großen Epen der Vergangenheit, die den tatsächlichen Bruch und die entstandene Diskontinuität zwischen Theorie und Praxis nur notdürftig überdeckte. Insgesamt muß man sagen, daß die etablierte Literaturtheorie der Herausforderung der neuen Gattung Roman nicht gewachsen war, und daß diese sich in relativ großer Unabhängigkeit von den Hauptströmungen der Literaturkritik ihrer Zeit entwickelte. Und doch ist aus heutiger Sicht diese mehr oder weniger ‚spontane' Entstehung einer neuen, bis heute dominierenden Form fiktionalen Schreibens jenseits der Sphäre klassischer Regeln sicher die interessanteste und bedeutendste literarische Entwicklung des 18. Jahrhunderts.

In diesem Spannungsfeld zwischen Theorie und Praxis, zwischen realer literarischer Evolution und den vermeintlich geschichtsenthobenen Kriterien traditioneller Literaturkritik ist auch Samuel Johnson (1709-1784) zu sehen, der letzte der bedeutenden neoklassizistischen englischen Literaturtheoretiker. Johnsons Denken markiert einen Wendepunkt in der Geschichte der englischen Literaturkritik, denn auf der einen Seite blickte er zurück in die Vergangenheit, um Modelle für die Interpretation der Kunst seiner Zeit aufzufinden. Und auf der anderen Seite wurde er gleichzeitig zum Vorbild für künftige Literaturkritiker in England, insbesondere in der persönlichen Art und Weise, in der er mit großer Selbstständigkeit seine Überzeugung zu den jeweiligen literarischen Werken äußerte, die er diskutier-

---

[3] Vgl. Stratmann, „'Easy and Familiar'- Zur klassizistischen Theorie des Prosastils".

[4] Henry Fielding, „Preface to Joseph Andrews. The Comic Epic Poem in Prose", in *Criticism. The Major Texts*, ed. W. J. Bate: 188-91.

te. Seine janusköpfige Doppelgesichtigkeit zwischen klassizistischer Prinzipientreue und einer unabhängigen Urteilskraft, die sich auf das Studium der Texte selbst gründete, läßt sich daran ersehen, daß er zum einen der letzte bedeutende Vertreter der literarischen Intelligenz in England war, dessen instinktive erste Überlegung zu jeder Frage war, was die Autoritäten der Antike dazu gesagt hätten; daß er aber andererseits auch der erste englische Kritiker war, der vom Standpunkt des *common sense* aus die Verletzung der aristotelischen Einheiten in Shakespeares Stücken rechtfertigte.

Johnson nahm zum ersten Mal die Tradition der englischen Nationalliteratur als einer eigenständigen Evolutionslinie der Literatur ernst, die für sich selbst und nicht nur in Ableitung von den Literaturen der Vergangenheit zu betrachten war. Neben der sprachgeschichtlich bedeutenden Leistung seines berühmten *Dictionary of the English Language* (1755) war er ein vielseitig aktiver, gelehrter und in gewisser Weise ,repräsentativer' literarischer Intellektueller seiner Zeit, der Gedichte, Romane, Reiseberichte, Essays und Biographien schrieb, u.a. die Zeitschrift *The Rambler* herausgab (1750-52), den für die Geschmacksbildung der Zeit einflußreichen *Literary Club* mitbegründete, eine Edition von Shakespeares Werken vorlegte (1765) und Biographien englischer Dichter schrieb, die *Lives of the English Poets* (1779-81).[5] Darin zeigt sich sein Interesse an einer literaturkritischen Einschätzung und Bewertung der nationalen Tradition englischer Dichtung, wie sie sich in den vorangegangenen Jahrhunderten herausgebildet hatte.

Nach Johnsons Auffassung ist die Literatur nicht ein Medium partikularer Beobachtungen, sondern *allgemeiner Wahrheiten*. Hierin steht er nicht fern von Pope und offenbart den klassizistischen Bezugsrahmen, in dem seine kritische Betrachtung der englischen Literatur situiert ist. Diese allgemeinen Wahrheiten sind jedoch keine unabhängigen Substanzen jenseits der Sphäre konkreten historischen Lebens. Stärker als Pope berücksichtigt Johnson hier das Konzept der *Erfahrung*, das in der Philosophie des 18. Jahrhunderts zur Vorherrschaft gelangt war. Seine Wahrheiten nennt er *generalized abstracti-*

---

[5] Zu Samuel Johnson vgl. etwa Walter J. Bate, *The Achievement of Samuel Johnson* (New York, 1955); *Johnson and His Age*, ed. James Engell (Cambridge, 1984); *Dr. Samuel Johnson and James Boswell*, ed. Harold Bloom (New York, 1986); *Fresh Reflections on Samuel Johnson: Essays in Criticism*, ed. Prem Nath (Troy, 1987); Nicholas Hudson, *Samuel Johnson and Eighteenth Century Thought* (Oxford, 1988).

ons, verallgemeinerte Abstraktionen aus Prozessen konkreter Erfahrung. Sie repräsentieren das, was an der potentiell unendlichen Verschiedenheit partikularer Erfahrungen typisch und exemplarisch ist. Die Wahrheit wird somit in einem mittleren Bereich zwischen sinnlicher Erfahrung und autonomen Ideen verortet. Steht Popes Wahrheitsbegriff demjenigen Platons näher, so ist Johnsons Wahrheitsbegriff deutlich aristotelisch geprägt.[6] Dennoch tendiert Johnson dazu, in der ständigen Interaktion zwischen *sensation* und *reflection*, in der John Locke den konstitutiven Vorgang des menschlichen Geistes gesehen hatte[7], den letzteren Pol innerhalb dieses dialektischen Verhältnisses besonders zu betonen. Der Akt der Reflexion kann gewissermaßen aus dem empirischen Lebensprozeß ‚herausspringen‘ und zu jenen *generalized abstractions* vorstoßen, die ein Element der Klarheit, Konstanz und Stabilität in einer Welt ständigen Fließens und ständiger Veränderung darstellen. Ja in Johnsons Sicht gewinnen die allgemeinen Wahrheiten, die aus dem Prozeß der Erfahrung abstrahierbar sind, gleichzeitig eine *moralische* Bedeutung, da die Gesetze, die die Welt als einen rational geordneten Kosmos beherrschen, gleichzeitig die moralischen Gesetze illustrieren, die die soziale und persönliche Ordnung des Menschenlebens beherrschen sollten.

Von hier aus aber wird nun klar, daß die ‚Wahrheit‘, deren Vermittlung Johnson von der Literatur erwartet, nicht grundlegend verschieden ist von der Wahrheit, die jede Form ernsthafter intellektueller Reflexion in vergleichbarer Intensität und Geltung auch dem Literaturkritiker und dem Philosophen zugänglich machen würde. Wie schon bei Pope haben wir es hier mit einem intellektuell bestimmten literarischen Wahrheitsbegriff zu tun, der ohne substantielle Veränderung auch in anderen Diskursformen als zu vermittelnder ‚Inhalt‘ zum Tragen kommt. Wahrheit wird letztlich als unabhängig von den unterschiedlichen Formen ihrer medialen Artikulation gesehen. Dies bedeutet, daß Literatur in ihrem Wesenskern auf etwas reduziert wird, das außerhalb und unabhängig von ihr existiert und von dem sie nur eine möglichst adäquate rhetorisch-imaginative Illustration darstellen kann.

In Johnsons Haltung mischt sich also auf eigentümliche Weise eine Vorform jenes *practical criticism*, der mit seiner Betonung der per-

---

[6] Vgl. Leopold Damrosch, Jr., „Samuel Johnson and the Fate of Neoclassicism“, in *Englische und amerikanische Literaturtheorie I*, 328-339, 331.

[7] John Locke, *An Essay Concerning Human Understanding* (London: Everyman 1964 [1690]).

sönlichen Urteilskraft, der Erfahrung, des konkreten Textstudiums und des kultivierten Geschmacks des Kritikers so einflußreich in der späteren englischen Literaturkritik werden sollte, mit der präskriptiven, moralisierenden Einstellung des Klassizisten und ‚Generalisten‘. Diese Mischung kennzeichnet auch die Art und Weise, in der Johnson die Geschichte der englischen Literatur betrachtet. Das Vorwort zu seiner Shakespeare-Edition kann hierfür als Beispiel dienen. Johnson verteidigt hier zwar Shakespeare gegen neoklassizistische Angriffe und erklärt die ‚aristotelischen‘ Regeln der Einheiten für künstlich. Und er lobt weiterhin Shakespeare dafür, daß er die Natur nachahmt:

> Shakespeare is above all writers, at least above all modern writers, the poet of nature; the poet that holds up to his readers a faithful mirror of manners and of life.[8]

Wir sehen, daß in dieser Passage für Johnson, wie für andere Neoklassizisten, der Begriff ‚Natur‘ nichts anderes bezeichnet als die Welt, wie sie ‚wirklich‘ ist. Tatsächlich bezeichnet er vor allem die soziale und kulturelle Welt, in deren Kontext das menschliche Leben hauptsächlich definiert ist und die noch nicht, wie später in der Romantik, in Opposition zu einer äußeren und inneren Natur gesehen wird.

Johnsons Charakterisierung Shakespeares als eines *poet of nature* wird aber nun genau an dem Punkt problematisch, wo er annimmt, daß „a true mirroring of nature will always reveal a moral pattern."[9] Denn wie er selbst erkennt, enthüllen viele von Shakespeares Werken gerade *nicht* ein solches moralisches Muster als das Wesensmerkmal der Welt, die sie dramatisieren. Daher kritisiert Johnson Shakespeare für sein Unvermögen, die Natur als in ihrer Substanz moralisch zu enthüllen. Die Zirkularität dieses Naturbegriffs, dem eine moralisch-rationalistische Konstruktion des Menschenbilds im 18. Jahrhundert zugrundeliegt, ist hier evident. Johnson projiziert aus seiner persönlichen Faszination mit dem Werk Shakespeares seine allgemeinen Annahmen über Literatur in dessen Stücke hinein, nur um feststellen zu müssen, daß die Stücke mit jenen Annahmen nicht wirklich übereinstimmen. Die Doppelbödigkeit von literarischer Faszination und rationaler (Selbst-)Distanzierung durchzieht das gesamte Vorwort mit einer eigentümlichen Ambivalenz. Diese Ambivalenz ist nicht zuletzt aus der geistesgeschichtlichen Situation erklärbar, in der Johnson

---

[8] Samuel Johnson, „Preface to Shakespeare", in *Critical Theory*, 329-36: 33; *Essays I*, 191-232: 193.

[9] Dutton, *Literary Criticism*: 45.

seine Herausgabe von Shakespeares Werken gegenüber einem von
Ideen der Aufklärung dominierten Publikum ‚rechtfertigt‘ – und ein
gewisser Unterton der Rechtfertigung ist in seiner Argumentationsweise nicht zu verkennen.

Der Druck der zeitgenössischen Vernunftideologie, gegenüber der
er sich dabei zu wehren hat, wird etwa in seiner Auseinandersetzung
mit Voltaire sichtbar. Dieser hatte sein Unverständnis darüber geäus-
sert, wie die Engländer die ‚barbarische‘ Rohheit und dramatischen
Extravaganzen eines Shakespeare ertragen konnten, während sie
doch z.B. in Joseph Addisons *Cato* (einem heute vergessenen, unsäg-
lich konstruiert wirkenden Stück) eine mustergültige, den intellektuellen und ästhetischen Ansprüchen der Moderne genügende Tragödie aufzuweisen hätten. Johnson zieht nun in seiner Antwort auf Voltaire einerseits unmißverständlich die naturwüchsige Vielfalt und Vitalität von Shakespeares „Forest" der formalen und poetologischen
Kultiviertheit von Addisons „Garden" vor[10], wobei er der intuitiven
Evidenz seines persönlichen literarischen Geschmacksurteils folgt.
Und er preist etwa *Othello* trotz seiner aus konventioneller Sicht re-
gelwidrigen Kompositionsweise (so im Sprung von Venedig nach Zy-
pern zwischen erstem und zweitem Akt) als „vigorous and vivacious
offspring of observation impregnated by genius" gegenüber dem arti-
fiziellen, einer durchrationalisierten Ästhetik entsprungenen *Cato*.[11]
Doch bei aller Verteidigung Shakespeares bleibt Johnson sichtlich be-
müht, den Kode und Grundkonsens der Aufklärung, dem er sich
verpflichtet fühlt, nicht allzusehr in Frage zu stellen. Daß er Shakespeares Durchbrechen der klassizistischen Regeln als Zeichen seines
naturnahen Genies verstehbar und damit akzeptabel zu machen versucht, erscheint ihm selbst als höchst riskante Herausforderung der
maßgeblichen geistigen Autoritäten: „I am almost frighted at my own
temerity [...]"[12].

Und so gehen denn auch die Kriterien des normativen Zeitge-
schmacks, gegen den seine Rechtfertigung Shakespeares partiell gerichtet ist, in seine eigene Urteilsbildung ein. Dies wird deutlich, wenn er mit
dem Mangel an moralischem Wahrheitsinteresse bei Shakespeare auch
ein Übermaß an Phantasie und imaginativer Verspieltheit konstatiert,
ein Übermaß an *quibbles* und exzessiven Wortspielen, die die

---

[10] "Preface to Shakespeare", *Essays*: 206-207.
[11] *Ibid.*
[12] "Preface to Shakespeare", *Essays*: 204.

Wahrscheinlichkeit der dargestellten Welt und die Ernsthaftigkeit der dramatischen Absicht immer wieder unterminieren.

> He sacrifices virtue to convenience, and is so much more careful to please than to instruct that he seems to write without any moral purpose. From his writings indeed a system of social duty may be selected, for he that thinks reasonably must think morally; but his precepts and axioms drop casually from him; he makes no just distribution of good or evil, nor is always careful to shew in the virtuous a disapprobation of the wicked [...].
>
> A quibble is to Shakespeare, what luminous vapours are to the traveller; he follows it at all adventures, it is sure to lead him out of his way, and sure to engulf him in the mire. It has some malignant power over his mind, and its fascinations are irresistable. [...] A quibble is the golden apple for which he will always turn aside from his career, or stoop from his elevation. A quibble, poor and barren as it is, gave him such delight, that he was content to purchase it, by the sacrifice of reason, propriety and truth. A quibble was to him the fatal Cleopatra for which he lost the world, and was content to lose it.[13]

Mit anderen Worten, was Johnson an Shakespeare beklagt, ja was ihm wie das Wirken einer dämonischen Verführungskraft erscheint, ist seine Lust am Spiel, an der Dynamik seiner eigenen Imagination und der Entfaltung seiner artistischen Phantasie, die ihn immer wieder daran hinderte, jene allgemeinen Wahrheiten der menschlichen Natur zu entdecken und dramatisch darzustellen, für deren Darstellung er so unvergleichlich begabt war. Johnsons klassizistisch-moralische Voreinstellung läßt ihn immer wieder davor zurückscheuen, das ästhetische Vergnügen und die künstlerische Spiel- und Entdeckerfreude in Shakespeares Sprachgestaltung anzuerkennen, da sie allzusehr von den üblichen Stilnormen abwichen. Die Vorwürfe von „loosely formed" *plots*, von einem „disproportionate pomp of diction", oder von einem Absinken in „trivial sentiments and vulgar ideas", die Johnson erhebt[14], enthüllen mehr über die ästhetische Vorurteilsstruktur des Kritikers als über die Stücke selbst. Tatsächlich könnte man sagen, daß das bis heute ungebrochene, ja noch verstärkte Interesse an Shakespeare teilweise gerade den genannten ‚Mängeln' zuzuschreiben ist, die Johnson an ihm beklagte und die in heutiger Terminologie etwa als ‚offene Form', als ‚rhetorisches Selbstbewußtsein', bzw. als ‚Nähe zum populären Theater' und zum ‚Karnevalesken' umschreibbar wären.

---

13 "Preface to Shakespeare", *Critical Theory*: 333 f.; *Essays*: 200.
14 "Preface to Shakespeare", *Critical Theory*: 333 ff.; *Essays*: 199f.

Wie Christopher Norris in einer Analyse der oben zitierten Passage
über die *quibbles* gezeigt hat, wird der Selbstwiderspruch in Johnsons
Haltung gegenüber Shakespeare auch sprachlich gesehen an dem
Umstand deutlich, daß er sich gerade in seiner Kritik an Shakespeares
ausuferndem Spiel mit der Sprache sichtlich an seinen eigenen Metaphern berauscht. „Ironically, the passage might be seen to exemplify
the very linguistic vices that Johnson treats with such contempt. He is
most in danger of yielding to the power of multiplied metaphor preci-
sely when criticising Shakespeare for the selfsame fault. One recalls,
in this connection, Derrida's copious examples of how figurative language invades the discourse of philosophy even where attempts are
made – as by Locke – to expunge its insidious effects."[15]

Mit den *Lives of the English Poets* begründete Johnson die biogra-
phische Kritik als eine grundlegende Form der Literaturbetrachtung
in England.[16] Er gliedert seine Beiträge zu den individuellen Autoren
in drei Teile, Biographie, Charakter und Werke, ohne eine notwendige Verbindung zwischen diesen Teilen zu unterstellen. Sein Stil ist
elaboriert, rational und sorgfältig ausgewogen, gleichzeitig aber
durchaus lebendig und unterhaltsam zu lesen. Über weite Strecken
versucht er deskriptiv und vorurteilsfrei in seiner Darstellung zu sein.
Dennoch schleichen sich solche Vorurteile ein. Dies wird insbesondere daran klar, daß er auf der einen Seite – und im Licht seiner literaturtheoretischen Auffassungen keineswegs überraschend – Schriftsteller wie Dryden und Pope mit großer Sympathie und Bewunderung
als diejenigen englischen Dichter herausstellt, die seinen poetologischen Idealen am nächsten kommen; und daß er auf der anderen Seite
unverhältnismäßig kritisch beispielsweise mit John Milton umgeht

---

[15] Christopher Norris, „Poststructuralist Shakespeare: text and ideology", in:
Alternative Shakespeares, ed. John Drakakis (London & New York, 1985):
47-66. – In ähnlicher Weise wird die selbst-dekonstruktive Ambiguität von
Johnsons Literaturauffassung dargelegt von Michael Payne, „Imaginative
Licentiousness: Johnson on Shakespeare's Tragedies", *College Literature*
17.1 (1990): 66-78. Payne akzentuiert allerdings seine Analyse anders, indem
er Johnson ein Bewußtsein dieser Ambiguität zugesteht: „Johnson's imaginative licentiousness is brilliantly manifest in his criticism of Shakespeare.
When Johnson sees that aspect of himself reflected back on him when he
looks into Shakespearean tragedy, he neither averts his eyes nor hides from
his own readers what he has discovered of himself." (77)

[16] Samuel Johnson, *Lives of the English Poets* (London: Everyman, 1964 [1779-
81]).

und gelegentlich seine Antipathie gegen dessen politische und religiöse Ideen in sein literarisches Urteil einfließen läßt.

Johnsons pragmatischer Einstellung, die ihn mit aufmerksamer Anteilnahme die literarischen Veränderungen wahrnehmen ließ, die sich in seiner eigenen Zeit vollzogen, insbesondere auch die Etablierung des neuen Genres des Romans, steht auch in dieser Hinsicht sein klassizistischer Konservatismus entgegen, der sich nachhaltig auf seine Bewertung der Autoren des neuen fiktionalen Mediums auswirkte. Und aufgrund dieser perspektivischen Bedingtheit fielen seine Urteile über die Romanciers des 18. Jahrhunderts deutlich anders aus, als sie im Licht heutiger Literaturkritik erscheinen. Denn von den drei großen englischen Romanschriftstellern jenes Jahrhunderts, Richardson, Fielding und Sterne, schätzte er Richardson am höchsten ein, was nicht weiter verwunderlich ist, da Richardson der am stärksten moralische Schriftsteller unter ihnen ist. Fielding, der in *Shamela* und in *Joseph Andrews* Richardsons moralischen Ernst parodierte und so implizit auch Johnsons eigene ästhetische Standards verletzte, wird, kaum weniger erwartbar, als vulgär und unmoralisch verurteilt. Richardson und Fielding vergleichend sagte Johnson: „There is more knowledge of the heart in one letter of Richardson's, than in all ‚Tom Jones'."[17] Und Laurence Sterne mit seinem bizarr-komischen Anti-Roman *Tristram Shandy* wird von Johnson vollends als unbedeutend und trivial eingestuft. Wiederum würde unser heutiges Urteil eine solche Abwertung nicht mitvollziehen, denn die spielerische Experimentierfreude und die parodistischen Unbestimmtheiten eines Sterne, die Johnson so anstößig findet, sind gerade die Qualitäten, die die moderne Kritik am meisten an ihm schätzt (vgl. u. Kap. 17).

Trotz all seines Wissens und seiner beachtlichen Fähigkeit zu eigenständiger intellektueller Urteilsbildung, die ihn zum einflußreichsten *Homme des lettres* im England des 18. Jahrhunderts machte, war Johnson letztlich noch nicht in der Lage, seine kritischen Kategorien entsprechend der Evolution der Literatur selbst weiterzuentwickeln und sie auf neu entstandene Formen des Schreibens in einer Weise einzustellen, daß sie aus einem kongenialen Geist heraus auf sie anwendbar gewesen wären. Doch dies war nicht nur Johnsons Problem, sondern das generelle Problem einer Literaturkritik, die einer neoklassischen Axiomatik verpflichtet war. Johnson war, obwohl er ihre Unzulänglichkeiten erkannte, ihr letzter bedeutender Repräsentant

---

[17] James Boswell, *Boswell's Life of Johnson* (Oxford, 1934-1964 [1791]), 175.

in der Geschichte der englischen Literaturkritik. Erst die tiefe kulturelle und politische Krise und die durch sie ausgelösten revolutionären Veränderungen, die auf die relative Stabilität des *Augustan Age* im späteren 18. Jahrhundert folgten, führten mit der Heraufkunft der Romantik zu einer Situation, in der die überlieferten normativen Konzepte der Literaturtheorie endgültig entthront und durch neue Theorien der Kunst und ihrer Rolle in der Kultur als ganzer abgelöst wurden.

11. ROMANTIK

Am Ende des 18. und zu Beginn des 19. Jahrhunderts betrat mit William Wordsworth und S.T. Coleridge, später mit Percy Bysshe Shelley und John Keats eine neue Generation die Bühne der englischen Dichtung und Literaturtheorie.[1] Wie immer zeigt ein näherer Blick, daß hinter der radikalen Geste der Diskontinuität untergründige Kontinuitäten wirksam sind, die demonstrieren, daß die Geschichte der Literaturtheorie, wie die Literaturgeschichte selbst, ein Prozeß von Aktion und Reaktion, von wechselseitiger Beeinflussung und Interdependenz ist und nicht eine unverbundene Serie autonomer und heterogener Denkanstrengungen.

Wichtige Ideen der Romantiker haben eine lange Vorgeschichte im England des 18. Jahrhunderts. Diese besteht etwa in der verstärkten Rezeption von "Longinus'" Schrift *De Sublimo*, deren englische Übersetzung seit den dreißiger Jahren zur Popularisierung der Inspirationsthese beitrug. Sie besteht in Edward Youngs *Conjectures on Original Composition* (1759), die mit ihrer emphatischen Aufwertung der individuellen Schöpferkraft des Dichters gegenüber dem klassizistischen Nachahmungsgebot der Wirklichkeit auch in Deutschland ungeheuer wirksam wurde. Sie besteht in Richard Hurds *Letters on Chivalry and Romance* (1762), die als Stellungnahme zugunsten der Romanzendichter des Mittelalters die Wende des literarischen Geschmacks hin zur Romantik vorwegnahmen, auch wenn sie insgesamt noch neoklassizistischen Prämissen verhaftet blieben;[2] oder auch in Thomas Wartons *History of English Poetry* (1774-81), die

---

[1] Grundlegende Werke zur Romantik sind M. H. Abrams, *The Mirror and the Lamp. Romantic Theory and the Critical Tradition* (New York, 1953), und vom selben Autor *Natural Supernaturalism: Tradition and Revolution in Romantic Literature* (New York, 1971); Eudo C. Mason, *Deutsche und englische Romantik. Eine Gegenüberstellung* (Göttingen, 1959); Herbert Mainusch, *Romantische Ästhetik: Untersuchungen zur englischen Kunstlehre des späten 18. und frühen 19. Jahrhunderts* (Bad Homburg, 1969); *Die europäische Romantik*, Hrsg. Ernst Behler (Frankfurt, 1972). Eine poststrukturale Sicht der Romantik entwirft Paul de Man, *The Rhetoric of Romanticism* (New York, 1984).

[2] Vgl. Dieter A. Berger, *Imitationstheorie und Gattungsdenken in der Literaturkritik Richard Hurds* (Frankfurt, 1972): 168.

ebenfalls die im Rationalismus des *Augustan Age* gering geschätzten
mittelenglischen Romanzen rehabilitierte. Die Romantik entstand also nicht in einem geschichtlichen Vakuum, sondern als Ergebnis und
offener Ausbruch eines lange sich anbahnenden literarästhetischen
Konflikts, der aber erst mit dem Auftreten der Romantiker zu dem
führte, was man heute einen ‚Paradigmenwechsel‘ in der Geschichte
der englischen Literaturtheorie nennen würde. Denn diese Autoren
erst fanden die explizite und gemeinsame Basis ihres literarischen
Selbstverständnisses im demonstrativen Bruch mit dem Geltungsanspruch klassizistischer Konzeptionen und bewirkten so eine irrever-
sible Änderung der Richtung, in der sich Literatur und Literaturkritik
weiter entwickelten.

Es mag vorab nützlich sein, den Begriff der Romantik kurz in seinen
Umrissen zu vergegenwärtigen, bevor wir uns den einzelnen Autoren
zuwenden, da hier gewissermaßen ein neues literatästhetisches ‚Epi-
stem‘ entsteht. Seinem etymologischen Ursprung nach ist der Begriff
Romantik vom französischen/englischen *roma(u)nt* abgeleitet, das
sich auf Romane und mittelalterliche Romanzen bezieht und zunächst
synonym mit ‚phantastischen‘, ‚abenteuerlichen‘, ‚exotischen‘ Formen des Denkens und Schreibens ist. Im Zeitalter der Aufklärung und
des Neoklassizismus wird das Wort im pejorativen Sinn der Abweichung vom Vernünftigen und Realistischen verwendet, also für einen
Hang zum Irrealen, Weltfremden und Exzentrischen gebraucht. So
schreibt etwa ein ansonsten durchaus für Neues aufgeschlossener Kritiker wie Shaftesbury über diese Geschmackstendenz:

> [many gentlemen] have more pleasure in hearing the monstrous accounts
> of monstrous men and manners than the politest and best narrations of the
> affairs, the governments, and lives of the wisest and most polished people.
> ‚tis the same taste which makes us prefer a Turkish history to a Grecian or
> a Roman, an Ariosto to a Virgil and a *romance* or novel to an Iliad.[3]

Diese Vulgärbedeutung, aus der sich der Begriff der Romantik ent-
wickelte, wurde von den ihr zugehörigen Autoren zu einer positiven
Bedeutung umfunktioniert und als durchaus auch polemischer
Ausgangspunkt für eine fundamentale Kritik des Rationalismus der
Aufklärungszeit und seines fraglosen Überlegenheitsanspruchs ein-
gesetzt.

Der Beginn der Romantik in der englischen Literatur – in Amerika

---

[3] *Characteristics of Men, Manners, Opinions, Times* etc. by Anthony Shaftesbury, 2 vols., ed. J.M. Robertson (Gloucester, Mass., 1963) I: 222.

lag er aufgrund der andersartigen kulturellen Voraussetzungen einige Jahrzehnte später[4] – wird allgemein mit dem Erscheinen von William Wordsworths und S. T. Coleridges *Lyrical Ballads* (1798) datiert. Mit ihnen vollziehen sie einen bewußten Bruch mit der von ihnen als artifiziell gesehenen Literatur und Ästhetik der neoklassischen Periode.[5] Sie intendieren die Rückkehr der Dichtung zur konkreten Sprache einfacher Menschen und die Freisetzung der kreativen Imagination des individuellen Dichters aus den überkommenen Normen der *imitatio naturae* und aus allen präskriptiven Regeln der Poetologie. In seiner *Biographia Literaria* beschreibt Coleridge die Ziele ihrer jeweiligen Beiträge zu den *Lyrical Ballads*:

> [...] it was agreed, that my endeavours should be directed to persons and characters supernatural, or at least romantic [...] Mr. Wordsworth, on the other hand, was to propose to himself as his object, to give the charm of novelty to things of every day [...].[6]

In beiden dieser romantischen Dichtungsansätze erkennen wir die Tendenz zu einer Subjektivierung des Literaturbegriffs, zur imaginativen Verwandlung der empirischen Welt in eine psychologisch und spirituell aufgefaßte Welt. In der Terminologie Aristoteles' bedeutet dies eine radikale Akzentverschiebung vom Konzept der *Mimesis* zum Konzept der *Poiesis*. Es bedeutet eine Verlagerung des Interesses in das Bewußtsein des Dichters als desjenigen Ortes, in dem die ‚Roherfahrungen' des Lebens in einem dem ursprünglichen Schöpfungsakt analogen kreativen Akt in Literatur verwandelt werden.

Von ihrem historischen und soziologischen Hintergrund her muß die Romantik im engen Zusammenhang mit dem Aufstieg des Bürgertums und seines Machtkampfs mit der Aristokratie im Laufe des 18. Jahrhunderts gesehen werden.[7] Dies führte zur Ausweitung kapitalistischer Wirtschaftsformen und zur beginnenden Industriellen Revolution auf der einen Seite, und zur intellektuellen Emanzipation

---

4 Zum Verhältnis von europäischer, insbesondere englischer Romantik auf der einen und amerikanischer Romantik auf der anderen Seite hat Tony Tanner einen exzellenten Aufsatz verfaßt: „Notes for a Comparison between American and European Romanticism", *Journal of American Studies* 2.1 (1968): 83-103.

5 William Wordsworth und Samuel Taylor Coleridge, *Lyrical Ballads* (London, Methuen, 1968 [1798]).

6 S.T. Coleridge, *Biographia Literaria*, Chapter XIV.

7 Vgl. Arnold Hauser, *Sozialgeschichte der Kunst und Literatur* (München, 1975).

und zu neuen demokratischen Ideen über die Rechte des individuellen Menschen auf der anderen. Die Französische Revolution und der demokratische Impuls, durch den sie in ihrer Anfangsphase getragen war, sind ein wichtiger Faktor in der Herausbildung der Romantik.[8] Gleichzeitig aber führt die Perversion dieser Ideale, die viele Romantiker im weiteren Verlauf der Revolution bis hin zu Napoleons Diktatur sehen, zu einer charakteristischen Ambivalenz der romantischen Position. Sie trägt zu einer allgemeinen Skepsis gegenüber der Gesellschaft allgemein bei und resultiert in der Abwendung von politischen Fragen und im Rückzug in die innere Welt des subjektiven Bewußtseins. Die Romantik behält ihre anfängliche Geste der Revolte bei, doch wird daraus aufgrund der Desillusionierung der Hoffnung auf grundlegende gesellschaftliche Veränderung eine Revolte des Individuums gegen alle Formen äußerer Kontrolle und gegen kulturelle Konventionen überhaupt. Diese werden als künstliche Konstrukte gesehen, die die Kraft freien Selbstausdrucks und freier Selbstverwirklichung einengen und die Dichtung in ihren unpersönlichen Zwangsstrukturen gefangensetzen.

Die Romantik ist so auf der einen Seite ein Resultat der bürgerlichen Emanzipation und der Etablierung des autonomen Individuums als zentraler *ideologischer* Kategorie im späten 18. und frühen 19. Jahrhundert. Gleichzeitig aber ist sie ganz wesentlich durch ihre Opposition gegen die historisch-soziale *Realität* der bürgerlichen Emanzipation charakterisiert, die sich in der Ausbreitung des Kapitalismus, des Industrialismus, der Fabriken, der Großstädte, des Proletariats usw. manifestiert. Sie ist insbesondere charakterisiert durch ihr Bewußtsein der Entfremdung und Isolation der einzelnen, die aus ihrer früheren Integration in sinnhaft strukturierte *communities* und agrarisch-vorindustrielle Gesellschaften herausgerissen werden. Dadurch werden sie zunehmend von der Beziehung zu anderen Menschen und zur Natur abgeschnitten. ,Natur' gewinnt hier eine völlig andere Bedeutung als in den oben diskutierten neoklassischen Konzeptionen. Denn sie wird nicht länger gesehen als Objektivierung der rationalen Gesetze des Kosmos, die in der physischen ebenso wie in

---

[8] Nach M. H. Abrams ist die Französische Revolution ein entscheidender Faktor für die Entstehung der englischen Romantik. Zum Verhältnis von Romantik und Revolution vgl. auch Howard Mumford Jones, *Revolution and Romanticism* (Cambridge, Mass., 1974); Marylin Butler, *Romantics, Rebels and Reactionaries. English Literature and Its Background 1760-1830* (Oxford, 1982).

der sozialen und kulturellen Sphäre wirksam sind. Sie wird vielmehr nun zur *Gegenwelt*, in der die ursprüngliche Einheit der Existenz, die durch den eskalierenden Prozeß der Rationalisierung aller Lebens- und Gesellschaftsbereiche bedroht ist, noch bewahrt ist. Die Natur wird synonym mit dem vom Menschen *Unberührten*, mit dem, was sinnhaft und selbstgenügsam bestand, ehe der zweckrationale Utilitarismus der modernen Gesellschaft die ursprüngliche Integrität der Schöpfung deformierte – eine Idee, die vor allem durch die Schriften von Jean-Jacques Rousseau bei den Romantikern populär wurde.

Aus dieser neuen Sicht der Natur entwickelt die Romantik ihre zentrale Denkfigur, nämlich das Bild des *Organismus*, von dem aus sie die Welt interpretiert. Dieses ist dem Bild der Maschine entgegengesetzt, das die grundlegende Denkfigur der Aufklärungszeit und ihrer mechanistischen Denkweise war. Blume, Baum oder andere typische Ausprägungen der Bildersprache romantischer Dichtung sind daher nicht einfach idyllisch-esoterische Produkte subjektiver Einbildungskraft, sondern konkrete Manifestationen einer allgemeineren Denkkonfiguration, die auf das organische Modell gegründet ist. Die Emotionen sind ein natürliches Sensorium für diese dem analytischen Verstand nicht unmittelbar zugängliche organische Einheit der Welt. Und von hier aus wertet die Romantik nicht nur die Natur gegen die Gesellschaft, das Subjekt gegen das Objekt, sondern auch das Gefühl gegen den Intellekt, die Imagination gegen die Realität, das Spirituelle gegen das Utilitaristische auf. Gegenüber dem statischen Weltbild der Aufklärung und des Klassizismus betont sie die Veränderlichkeit und ständige Selbsttransformation der Welt. Sie betrachtet die geschichtliche Existenz des Menschen als offenen, stets fortschreitenden Prozeß der Weiterentwicklung und Höherentwicklung und nicht als bloße Abfolge unterschiedlicher individueller Variationen einer allgemeinen und prinzipiell unveränderlichen Realität.

Was die Romantik speziell zur Vorläuferin heute aktueller Denkansätze macht ist, was man ihr ökologisches Bewußtsein nennen könnte, d.h. ihr Bewußtsein der Interaktion aller Elemente der Natur, des Handelns, der Erfahrung und des Bewußtseins untereinander. Der als unzulänglich erkannte, nur kausalanalytische und mechanische Zugang zu menschlichen Phänomenen wird erweitert durch eine holistische, ,kybernetische' Sicht der gegenseitigen Reaktion und lebendigen Wechselbeziehung der unterschiedlichen Elemente der Wirklichkeit. Die Defizite einer rein technologischen, objektivierenden und aus Machtinteressen heraus die ,Kulturumwelt' des Menschen manipulierenden Haltung, die uns heute auf unübersehbare

und alarmierende Weise vor Augen geführt werden, wurden in der
Romantik bereits intuitiv empfunden, aber in Vorformen auch schon
theoretisch artikuliert. Und genau dieser holistische, auf die Interrelation von Mensch und Natur gegründete Realitätsbegriff ist es, den
die dichterische Imagination entfaltet. Wordsworth formuliert dies in
seinem *Preface to ‚Lyrical Ballads'* folgendermaßen:

> What then does the poet? He considers man and the objects that surround
> him as acting and reacting upon each other, so as to produce an infinite
> complexity of pain and pleasure.[9]

Wieder stellen wir also eine enge Beziehung zwischen dem impliziten
Wirklichkeitsbegriff der Romantik und ihrem Literaturbegriff fest.
Dies wird sich bestätigen, wenn wir im folgenden auf die Positionen
von vier führenden Vertretern der englischen Romantik eingehen,
die besonders stark auf die weitere Geschichte der Literaturtheorie
gewirkt haben.

---

[9] William Wordsworth, *Preface to the Second Edition of the Lyrical Ballads*
(1800, rev. 1849-50) in *Critical Theory*: 433-43, hier 438-39.

12. WILLIAM WORDSWORTH

Die erste wichtige Ausformulierung der neuen romantischen Position
in der englischen Literaturgeschichte war William Wordsworths *Preface to ,Lyrical Ballads'*.[1] Wordsworth bricht hier mit dem, was er die
„gaudiness and inane phraseology" etablierter Dichtungsformen
nennt, und fordert stattdessen eine „language really used by men",
womit er insbesondere die Sprache der ländlichen Gegenden Englands gegenüber der konventionsbestimmten Sprache der Städte
meint.[2] Hierin schlägt sich Wordsworths eigene Bevorzugung des
ländlichen gegenüber dem städtischen Leben, der Natur gegenüber
der Gesellschaft nieder, die ihren biographischen Ausdruck darin
fand, daß er sich zusammen mit seiner Schwester Dorothy nach Grasmere an den Lake District im Norden Englands zurückzog. Aber dieser Rückzug ist auch ein Symptom der politischen Desillusionierung
der Romantiker, die bei Wordsworth in exemplarischer Weise deutlich wird. Denn von einem begeisterten Anhänger der Französischen
Revolution, die er 1793 in seiner *Apology for the French Revolution*
feierte, wurde er in späteren Jahren, in denen er als *Poet Laureate* sich
als produktiver Dichter längst selbst überlebt hatte, zum politischen
Konservativen.[3]

---

[1] Eine erste Version des „Preface" wurde 1800 und eine zweite 1802 verfaßt,
die auch die Grundlage für die endgültige Version von 1850 darstellt. Ich beziehe mich hier auf die Version von 1802, die in *Englische Literaturtheoretische Essays II. 19. und 20. Jahrhundert*, Hrsg. Rüdiger Ahrens (Heidelberg,
1975): 27-44, abgedruckt ist. – Darstellungen von Wordsworths Dichtungstheorie finden sich etwa in John Jones, *The Egotistical Sublime: A History of
Wordsworth's Imagination* (London, 1970[2]); E. D. Hirsch, *Wordsworth and
Schelling* (New Haven, 1960); Geoffrey Hartman, *Wordsworth's Theory of
Poetry: The Transforming Imagination* (Ithaca & London, 1969); M. H. Abrams, *Natural Supernaturalism*; Herbert Wurmbach, *Das mystische Element
in der Dichtung und Theorie von William Wordsworth* (Heidelberg, 1975).
Vgl. auch Charles J. Rzepka, *The Self as Mind: Vision and Identity in Wordsworth, Coleridge, and Keats* (Cambridge, Mass., 1986).

[2] *Preface to ,Lyrical Ballads'*: *Essays*: 29; *Critical Theory*: 434.

[3] Vgl. hierzu Michael Gassenmeier, „,'Twas a Transport of the Outward Sense': Wordsworth's Own Account of his Visions and Revisions of the French
Revolution", in *Beyond the Suburbs of the Mind. Exploring English Roman-*

Wordsworths wichtigstes Werk ist sein *Prelude*, eine mehrmals re-
vidierte Autobiographie in der Form eines großen epischen Versge-
dichts, das die Entwicklung des Autors zur dichterischen Reife nach-
zeichnet. Die neue romantische Subjektivität wird zum Helden eines
epischen Gedichts. Hierin wird schlaglichtartig die Verschiebung
vom klassischen Modell des Epos als des Mediums eines überpersönlichen, kultur- und menschheitsgeschichtlich ‚repräsentativen‘ Sym-
bolgeschehens (wie dies in den homerischen Epen, bei Vergil, bei
Dante und auch noch bei Milton exemplifiziert ist) zur *Selbstdramati-
sierung* der Innenwelt und der persönlichen Erfahrungen des Dichters
erkennbar. Diese subjektive Innenwelt wird in ihren Entwicklungs-
phasen im *Prelude* entfaltet, das verschiedene Stationen in Wordsworths Leben von der Kindheit, der Schule, dem Studium in Cambridge bis zu seinen Reisen durch Europa und seiner Rückkehr nach
England umfaßt. Das *Prelude* als spirituelle Autobiographie in
Blankversform ist durchdrungen von einer poetisierenden Haltung
des lyrischen Ichs gegenüber seiner Umwelt, die diese in ein sinnhaf-
tes Universum verwandelt, das noch in den scheinbar unbedeutend-
sten Details in Korrespondenz zur Subjektivität des Dichters gesehen
wird. In der Inthronisierung der poetischen Subjektivität, dem Korre-
spondenzdenken zwischen Geist und Natur, und in den sogenannten
spots of time, die eine momenthafte imaginative Einheit von Ich und
Welt, Subjekt und Objekt herstellen, kann *The Prelude* als Text gesehen werden, der in der Darstellung von Wordsworths Leben zugleich
die eigene romantische Dichtungstheorie thematisiert.[4]
    Das *Preface to ‚Lyrical Ballads‘* ist jedoch als explizite Stellungnah-
me zu Dichtungsproblemen in unserem Zusammenhang relevanter.
In ihm geht es Wordsworth zunächst einmal darum, die bereits veröf-
fentlichte Gedichtsammlung, die auf starke Resonanz gestoßen war,
in ihrem neuartigen poetologischen Ansatz zu rechtfertigen. Wordsworth selbst geht zu Beginn des *Preface* davon aus, daß es sich dabei

---

ticism, Hrsg. Michael Gassenmeier und Norbert Platz (Essen, 1987): 116-36.
Gassenmeier zeigt hier u.a. den interessanten Zusammenhang zwischen
einem zunehmenden Einfluß platonischer Ideen auf Wordsworth und dessen
Wendung zu einer politisch konservativeren Haltung.(132 ff.)

[4] William Wordsworth, *The Prelude or Growth of a Poet's Mind. (Text of
1805)*, ed. und introd. Ernest de Selincourt, corr. Stephen Gill (Oxford, Oxford University Press, 1970). – Wie auch Schlaeger, *Imitatio und Realisation*,
hervorhebt, sind Wordsworths philosophische Ideen nicht getrennt von
seinen poetischen Werken zu sehen, sondern in deren ästhetischer Konzeption selbst enthalten.(8)

um eine neue Art des Schreibens handelt, die den bestehenden literarischen Erwartungshorizont in bisher noch nicht dagewesener Weise
durchbricht und eine Dichtungsauffassung impliziert, an der sich die
Geister der Zeit scheiden.

> They who have been accustomed to the gaudiness and inane phraseology of
> many modern writers, if they persist in reading this book to its conclusion
> will, no doubt, frequently have to struggle with feelings of strangeness and
> awkwardness: they will look round for poetry and will be induced to inquire
> by what species of courtesy these attempts can be permitted to assume that
> title.[5]

Das *Preface* ist mithin eine theoretische Antwort auf die Herausforderung und Irritation, die die vorgelegten Texte für das eingebürgerte
Literaturverständnis bedeuteten. Es verteidigt eine Innovation der literarischen Praxis, die zugleich eine neue Theorie der Literatur impliziert.

Der erste wichtige Aspekt, den Wordsworth dabei betont, ist die
Annäherung der Dichtung an die Sprache und Lebenswelt konkreter
Menschen. Dies bezieht sich zunächst auf die Thematik, die sich auf
„incidents and situations from common life" zu konzentrieren habe.
Es bezieht sich aber auch auf den Stil, der die künstliche Formelspra-
che herkömmlicher Literatur vermeiden und darauf zielen will, „to
keep the Reader in the company of flesh and blood, persuaded by so
doing I shall interest him."[7] Wordsworth wendet sich hier gegen die
das 18. Jahrhundert prägende *poetic diction*, gegen deren Abgehobenheit und inhaltsleere Selbstbespiegelung er die Rückkehr der
Dichtung zu den vitalen Lebensvollzügen der Menschen anstrebt.
Diese Aufwertung des ‚*Lebens selbst*‘, die mit der Aufwertung der
Natur gegenüber der Kultur einhergeht, kann in ihrer Bedeutung für
die romantische Kunst- und Literaturtheorie kaum überschätzt werden. Sie führt zu jener Annäherung, ja tendentiellen Verschmelzung
von Literatur und persönlicher Existenz, die die Konzeption vieler romantischer und postromantischer Dichter kennzeichnet. Bei Wordsworth nimmt dies noch nicht die ekstatisch-radikale Form an wie etwa
in Deutschland bei Novalis oder auch in England bei Percy Bysshe
Shelley; doch ist diese Annäherung konzeptionell bereits in Wordsworths *Preface* erkennbar.

---

[5] *Preface, Essays*: 29; *Critical Theory*: 434.
[6] *Ibid.*
[7] *Preface, Essays*: 31-32; *Critical Theory*: 436.

Daraus folgt nun, daß der Dichter nicht einer kulturellen Elite
verpflichtet ist, sondern allgemeine und grundlegende Anliegen der
Menschen artikuliert: „The poet must descend from his supposed
height".[8] Er ist nicht der Anwalt von Spezialisten, sondern des ganzheitlichen Menschen. Er spricht ihn nicht an „as a lawyer, a physician,
a mariner, an astronomer, or a natural philosopher, but as a man."[9]
Demzufolge ist der Wahrheitsanspruch der Dichtung – und hier beruft Wordsworth sich auf Aristoteles – einerseits allgemeiner als der
anderer Formen des Schreibens. Andererseits liegt aber die Beglaubigung dieses Wahrheitsanspruchs nicht irgendwo außerhalb, sondern
in ihrem eigenen Vollzug. Die Wahrheit der Dichtung ist gleichzeitig
kommunikativ und reflexiv, und Wordsworth kommt hier zu Formu-
lierungen, die immer noch Aktualität beanspruchen können:

> Aristotle, I have been told, has said, that Poetry is the most philosophic of
> all writing: It is so: Its object is truth, not individual and local, but general
> and operative; not standing upon external testimony, but carried alive into
> the heart by passion; truth which is its own testimony, which gives
> competence and confidence to the tribunal to which it appeals, and receives
> them from the same tribunal.[10]

Diese solchermaßen sich selbst verifizierende Wahrheitsfähigkeit
der Dichtung entspringt dem *analogiebildenden* Erkenntnisvermö-
gen des Menschen, das Erfahrungen nach dem Prinzip der „perception of similitude in dissimilitude" und umgekehrt organisiert.[11] In
dieser Aktivität vergleicht Wordsworth die Dichtung strukturell mit
anderen in die Sinnenwelt hineingerichteten menschlichen An-
triebskräften und Verhaltensmustern, u.a. dem „sexual appetite".
Und durch dieses Ineinanderwirken geistiger und sinnlicher Strukturkräfte ist nicht zuletzt die Intensität der auf „pleasure" gerichteten
Wirkung der Literatur bedingt.[12]
Es dürfte inzwischen klar geworden sein, daß eine rein auf subjektiven Emotionsausdruck bezogene Auffassung der romantischen Dichtungskonzeption unhaltbar ist. Dennoch wäre es umgekehrt ebenso

---

[8] *Preface, Essays*: 37.
[9] *Preface, Essays*: 35.
[10] *Preface, Essays*: 35; *Critical Theory*: 438. – Aristoteles sagte allerdings nur,
     daß die Dichtung philosophischer sei als die Geschichtsschreibung, nicht daß
     sie „the most philosophic of all writing" sei; Wordsworth scheint mit seinem
     Superlativ mehr an Sidney als an Aristoteles anzuknüpfen.
[11] *Preface, Essays*: 39; *Critical Theory*: 441.
[12] *Ibid.*

falsch, die zentrale Rolle des Gefühls im romantischen Dichtungsver-
ständnis aus einer heutigen intellektualisierenden Haltung ‚wegzura-
tionalisieren'. Wordsworth macht dies im *Preface* ganz deutlich, wo er
seine berühmt gewordene Definition der Dichtung formuliert:

> I have said that poetry is the spontaneous overflow of powerful feelings: it
> takes its origin from emotion recollected in tranquillity: the emotion is
> contemplated till, by a species of re-action, the tranquillity gradually
> disappears, and an emotion, kindred to that which was before the subject
> of contemplation, is gradually produced, and does itself actually exist in the
> mind.[13]

Nichts an dieser Dichtungsdefinition, die psychologische Extrempole
aufeinanderbezieht, darf unterschlagen werden. Zum einen macht sie
deutlich, wie grundlegend sich die Auffassung der Literatur gegenüber dem Klassizismus geändert hat. Das Konzept der Nachahmung
der Wirklichkeit *(Mimesis)* wird durch einen Akt autonomer Schöpfung *(Poiesis)* abgelöst, dessen Ursprung und primäre Energie nachdrücklich in der Sphäre der Emotionen und nicht in der der Gedanken
angesiedelt werden. Dichtung ist der Ausdruck eines extremen und
explosiven emotionalen Zustands, der in seiner spontanen Motivkraft
alle vorgegebenen Konventionen und Denkmuster sprengt. Indessen
besteht hierin nur die eine Seite der poetischen Aktivität. Die andere
Seite besteht darin, daß die ursprüngliche Emotion in der Imagination
auf einer neuen Ebene wiedererzeugt wird, wobei die Imagination als
eine Art sublimierendes ‚Gedächtnis' signifikanter Emotionen erscheint. Die Dichtung muß zwischen zwei entgegengesetzten Span-
nungspolen vermitteln, nämlich zwischen Emotion und Kontemplation, zwischen Erfahrung und Reflexion, und muß diese zu einer neuartigen Einheit verschmelzen. Der dichterische Akt ist eine imaginative Wiederinszenierung der ursprünglichen Emotion und gleichzeitig
deren Verdichtung und Verwandlung in ihre ‚spirituelle' Essenz.

Diese Bindung der Dichtung an potentiell allen Menschen zugängliche Prozesse von Emotion und Reflexion läßt gleichzeitig die ver-
breitete Auffassung zurechtrücken, als habe die Romantik einem un-
differenzierten dichterischen Geniekult gehuldigt. Zwar ist der Dichter durch größere Sensibilität und Ausdruckskraft als andere ausgestattet. Er ist aber von diesen nicht prinzipiell, sondern nur graduell
unterschieden.[14] Das Bild des romantischen Dichters als exaltierten

---

[13] *Ibid.*
[14] *Preface, Essays*: 37; *Critical Theory*: 440.

Genies, wie es im Lauf des 19. Jahrhunderts popularisiert wurde und seine wohl theatralischste Ausprägung im Byron-Kult fand, ist daher mehr ein Klischee als eine zutreffende Wiedergabe der ursprünglichen Ideen der englischen Romantiker.

Ähnliches gilt für die vermeintliche romantische Ansicht, daß Kunstwerke in einem Akt kreativer Spontaneität geschaffen werden, der gleichsam außerhalb von Zeit und Raum, und insbesondere auch außerhalb der Traditionen früherer Literatur stattfindet. In Wirklichkeit waren die Romantiker zwar von *anderen* Vorläufertexten als die Klassizisten beeinflußt, aber sie waren dennoch von ihnen beeinflußt und reagierten auf sie in ihrer Dichtung. Wordsworth beispielsweise war ein enthusiastischer Bewunderer der Dichtung von John Milton, der für ihn zu einer poetischen Identifikationsfigur wurde. Und die neuere Literaturkritik hat gezeigt, daß Spuren von Miltons Werken – und natürlich auch anderer Autoren – Wordsworths Dichtung durchziehen, auch wenn diese Spuren teilweise an der sprachlichen Oberfläche getilgt sind.[15] Wordsworths eigene Definition der Dichtung besagt ja, daß die spontane Seite nur eine Seite des Dichters darstellt, daß sie zwar eine notwendige, aber keine hinreichende Bedingung für gelungene Literatur darstellt. Die andere Seite ist die Fähigkeit zur Reflexion und Kontemplation. Und diese umfaßt die Suche nach innovativen und doch zeitüberdauernden Formen, die die Momente transitorischer Erfahrung, die es darzustellen gilt, in der Sprache zu erfassen vermögen. Dies aber schließt notwendigerweise die Einbeziehung früherer Formen poetischen Ausdrucks und poetischer Technik ein, was Wordsworth am Schluß des *Preface* selbst mit überraschender Deutlichkeit feststellt. Poetischer Geschmack, so sagt er, ist ein „*acquired talent* [...] which can only be produced by thought and a long-continued intercourse with the best models of composition".[16] Distanziert sich also Wordsworth zwar von jeder Nachahmung vorgegebener Dichtungsregeln, so ist er sich aber auch der Tatsache bewußt, daß der Geltungsanspruch des ästhetisch Neuen jeweils nur im Vergleich mit und unter Bezugnahme auf die vorausgegangene ästhetische Evolution bestimmbar ist.

Die Romantiker sind somit stärker von früheren literarischen Traditionen beeinflußt, als sie selbst oder zumindest einige ihrer Interpreten es gerne gesehen hätten. Dies bedeutet, daß die inneren Wi-

---

[15] Vgl. z.B. Harold Bloom, *Poetry and Repression. Revisionism from Blake to Stevens* (New Haven and London, 1976): 54 ff.

[16] *Preface, Essays*: 40; *Critical Theory*: 443.

dersprüche, die die klassizistischen Theorien der Literatur kennzeichneten, mit der Romantik nicht einfach verschwinden. Vielmehr werden sie durch neue Widersprüche ersetzt. Was aber die bis dahin wohl einschneidenste und tiefgreifendste Veränderung ist, ist die unmittelbare Verankerung der Literatur in *existentiellen Kontexten*. Und diese enge Zusammenbindung von Leben und Dichtung hat zur Konsequenz, daß die Widersprüche der romantischen Theorie, stärker noch als im Klassizismus, gleichzeitig auch Widersprüche der persönlichen, politischen und poetischen *Praxis* sind.

Eine Begleiterscheinung dieser Veränderung ist im Bereich der Gattungspräferenz die Bevorzugung lyrischer und autobiographischer gegenüber epischen und dramatischen Schreibweisen. Bis zur Epoche der Romantik bezog sich die Literaturtheorie sehr stark auf Epos und Drama. Dies war nicht nur dem Umstand zuzuschreiben, daß es sich hier um ‚objektivere‘ Schreibweisen handelte als bei der Lyrik, die somit der objektivierenden Haltung des Klassizismus entsprachen. Es lag vielmehr auch daran, daß die *Poetik* des Aristoteles, die seit ihrer Wiederentdeckung in der Renaissance einen so nachhaltigen Einfluß ausgeübt hatte, hauptsächlich eine Theorie des Epos und des Dramas war. Mit der Romantik erst wird die lyrische Dichtung als *die* Literaturform subjektiven Selbstausdrucks par excellence zum Zentrum des praktischen und theoretischen Interesses.

13. SAMUEL TAYLOR COLERIDGE

Die Schriften von Samuel Taylor Coleridge (1772-1834), der über längere Zeit eng mit Wordsworth befreundet war, sind ausdrücklicher theoretisch und philosophisch in ihrem Zugang als diejenigen Wordsworths. Coleridge war dabei einerseits geprägt vom englischen Empirismus und Sensualismus. Andererseits wurde er nicht zuletzt unter dem Eindruck einer zusammen mit Wordsworth 1798-99 unternommenen Deutschlandreise stark von deutschen Philosophen und Schriftstellern beeinflußt, was vor allem für Kant, Schlegel und Schelling gilt.[1] So sind Teile von Coleridges Hauptwerk, der *Biographia Literaria* (1817), Übersetzungen aus Schellings *System des transzendentalen Idealismus* (1800). Dennoch kann Coleridges Denken keineswegs auf diese Einflüsse reduziert werden. Er verband sie vielmehr mit antiken und spezifisch englischen Denktraditionen sowie mit eigenen Dichtungserfahrungen zu einer eigenständigen ‚Literaturphilosophie', mit der Coleridge seinerseits wohl zum stärksten Einflußfaktor für die gesamte nachfolgende englische Literaturkritik und -theorie wurde.[2]

In Bezug auf die Rezeption von Platon und Aristoteles in Coleridges Denken läßt sich dabei ein ähnlich sich überkreuzendes Mißverständnis konstatieren, wie es in umgekehrter Hinsicht im Klassizismus der Fall war. Wurde dort Aristoteles, der ja in seiner *Poetik* gerade die von der Philosophie unabhängige Dignität und Erkenntniswei-

---

[1] Zum Einfluß der deutschen Philosophie auf Coleridge vgl. z.B. Gian N.G. Orsini, *Coleridge and German Idealism. A Study in the History of Philosophy* (Carbondale and Edwardsville, 1969); John L. Haney, The *German Influence on Samuel Taylor Coleridge* (New York and Philadelphia, 1975).

[2] Von den zahlreichen Darstellungen von Coleridges Ideen zur Literatur seien hier folgende genannt: J. A. Appleyard, *Coleridge's Philosophy of Literature* (Cambridge, Mass., 1965); Günter H. Lenz, *Die Dichtungstheorie S. T. Coleridges. Die Konzeption der Imagination als Paradigma der romantischen Poetologie* (Frankfurt, 1971); Rolf Breuer, „Coleridge's Concept of the Imagination – with an Interpretation of ‚Kubla Khan'", *Bucknell Review* 25.2 (1980): 52-66; *Coleridge's Imagination: Essays in Memory of Pete Laver*, eds. R. Gravil et al. (Cambridge, 1985); *Samuel Taylor Coleridge*, ed. Harold Bloom (New York, 1986); A. C. Goodson, *Verbal Imagination: Coleridge and the Language of Modern Criticism* (Oxford, 1988).

se der Dichtung herausgestellt hatte, zum Kronzeugen für eine Anverwandlung der Literatur an ein überlegen gesetztes philosophisch-
analytisches Systemdenken gemacht, so wird nun umgekehrt Platon,
der die Literatur in Abhängigkeit von einem überlegen gesetzten philosophischen Wahrheitsdiskurs zu bringen versuchte, zum Kronzeugen für den Versuch, ihr eine höhere kulturelle und epistemologische
Funktion zuzuschreiben als je zuvor in der Geschichte der Literaturtheorie. Coleridges Auffassung der Literatur als eines Mediums der
Dramatisierung und Synthese existentieller Widersprüche hat im
Grunde mehr mit der tragischen Dichtungskonzeption Aristoteles'
als mit Platons kritisch gemeinter Irrationalismusthese der Dichtung
gemeinsam. Platon lieferte aber in der Auseinandersetzung mit den
Säkularisierungstendenzen des Denkens im Gefolge des Aufklä-
rungszeitalters sozusagen die philosophische Beglaubigung für die
Annahme einer eigenständigen ideellen Realität, von der her sich
auch die Entfaltung einer eigenständigen poetischen Imagination erst
denken ließ.

Doch so wie Aristoteles einst nicht eigentlich als *Literaturtheoretiker*, sondern als Philosoph gelesen wurde, so wurde Platon nun nicht
mehr eigentlich als Philosoph, sondern als philosophierender *Dichter*
gelesen. Wir erinnern uns, daß schon Sidney in seiner *Defence of Poesy* die Autorität Platons auf die Seite der Literatur zog, indem er die
poetische Qualität von Platons Texten zu ihrem eigentlichen Wesenskern erklärte und sie somit gegen dessen eigene Philosophie ausspiel-
te. Coleridges und später auch Shelleys *misreading* von Platon besteht
in ähnlicher Weise darin, daß seine Philosophie nicht in ihren Inhal-
ten, sondern als großartige poetische Rhetorik gesehen wurde, wie
dies in Coleridges Ausspruch deutlich wird: „I love Plato, his gor-
geous Nonsense".[3] Ein konsequenter platonischer Idealismus wäre
für Coleridge niemals in Frage gekommen, da sein Interesse an der
transzendentalen Sphäre der Ideen stets mit dem entgegengesetzten
Interesse eines Widerhalts dieser Ideen an der Welt der Erfahrung
und der sinnlichen Anschauung verbunden war.[4]

Die wichtigsten literaturtheoretischen Ideen Coleridges sind in der
Biographia Literaria formuliert. Diese behandelt zwar ausführlich
philosophiegeschichtliche Fragen, enthält aber auch die wesentlichen

---

[3] *Collected Letters I*, ed. E. L. Griggs (Oxford, 1956): 295.
[4] Vgl. hierzu etwa Hermann Fischer, „Die Literaturtheorie von S. T. Coleridge und P. B. Shelley", in *Englische und Amerikanische Literaturtheorie I*:
427-52, insb. 429 ff.

Gedanken des Autors zur Literatur. So geht er auf die Merkmale der neuen, von Wordsworth begründeten Schule der Dichtung und die um sie entbrannten Kontroversen ein. Während er dabei in manchen frühen Gedichten Wordsworths eine übermäßig wuchernde und nicht überzeugend koordinierte Bildlichkeit feststellt und u.a. auch Wordsworths im *Preface to Lyrical Ballads* proklamierte Bevorzugung ‚einfacher‘, ländlicher Sprache für die Dichtung kritisiert, bescheinigt er ihm in seinen gelungeneren Werken poetisches Genie. Dieses zeige sich vor allem in der erzielten Einheit des Ausdrucks, in der augenöffnenden Erneuerung der Realitätssicht und in der Versöhnung der ins Spiel gebrachten Gegensätze.[5] Dabei spielt das Begriffspaar *fancy* und *imagination* eine wichtige Rolle. Die erstere meint die bloß mechanische Reproduktion und Kombination eines bestehenden poetischen Sprach- und Bilderrepertoires, die letztere eine sinn- und einheitsstiftende poetische Gestaltungskraft, auf die es beim Zustandekommen wahrer Kunst entscheidend ankommt.

Coleridge betrachtet die Fähigkeit der ästhetischen Imagination, ähnlich wie Schelling, als eine privilegierte Form des Selbstausdrucks des menschlichen Geistes und der menschlichen Kultur. Wenn Wordsworth stärker die Emotionen und Erfahrungen im Auge hat, die in den poetischen Akt als dessen Material und Motivkräfte eingehen, so bezieht sich Coleridge unmittelbarer auf den kreativen Akt der ästhetischen Hervorbringung selbst und auf seine erkenntnistheoretischen Implikationen. Für ihn besteht das Vermögen der Imagination vor allem darin, daß sie die Widersprüche der Erfahrung und den Konflikt entgegengesetzter Kräfte zum Austrag bringt, gleichzeitig aber in der Lage ist, diese „opposite or discordant qualities" zu versöhnen und zu einer höheren Synthese zu führen.[6] Und es ist vor allem die *Opposition zwischen Subjekt und Objekt*, die im Rahmen von Vernunftphilosophie und Wissenschaftsglauben unauflösbar bleibt, welche durch die spezifische Fähigkeit der poetischen Imagination aufgehoben und in eine qualitativ neue Struktur gebracht werden kann. Diese Struktur schmilzt die sie konstituierenden Elemente nicht auf eine undifferenzierte Identität ein, sondern bewahrt deren innere Spannung und Differenz. Die Imagination bringt die heterogenen Kräfte der physischen, psychischen, intellektuellen und transzendentalen Sphäre ins Spiel, und zwar auf eine Weise, daß sie gegen ihre

---

[5] *Biographia Literaria*. Chapter IV, in *Englische Literaturtheoretische Essays* II: 47-55.
[6] *Biographia Literaria*, Chapter XIV, in *Critical Theory*: 471.

Isolierung und Fragmentierung im analytischen Verstand als Teile eines sinnhaft miteinander zusammenhängenden und durch ihre Inter- aktion erst konstituierten Ganzen erscheinen. Es ist dieser Effekt der „multeity in unity"[7], der das ‚Schöne' an einem Kunstwerk ausmacht und es zum Modell der Schöpfung als ganzer werden läßt.

> The poet, described in *ideal* perfection, brings the whole soul of man into activity, with the subordination of its faculties to each other, according to their relative worth and dignity. He diffuses a tone and spirit of unity, that blends, and (as it were) *fuses*, each into each, by that synthetic and magical power, to which we have exclusively appropriated the name of imagina- tion.[8]

Er unterscheidet hierbei zwischen *primary imagination* und *secondary imagination*. Die *primary imagination* ist Teil der allgemeinen anthro- pologischen Ausstattung des Menschen, die *secondary imagination* ist eine spezielle Fähigkeit des Dichters, die allerdings ihre Wurzeln in jener allgemeinen anthropologischen Imaginationskraft hat.

> The primary imagination I hold to be the living power and the prime agent of all human perception, and as a repetition in the finite mind of the eternal act of creation in the infinite *I am*. The secondary imagination I consider as an echo of the former, coexisting with the conscious will, yet still as identical with the primary in the *kind* of its agency, and differing only in *degree*, and in the *mode* of its operation [...].[9]

Die primäre Imagination ist so der alltäglichen Bewußtseinstätigkeit und den von ihr geleisteten Akten der Wahrnehmung und Erfah- rungsstrukturierung verwandt. Diese bestehen bei Coleridge im Sinn von Kants transzendentaler Subjektivität nicht in einer bloß passiven Informationsaufnahme von Sinnesdaten, sondern sind Ausdruck einer *kreativen* Aktivität des menschlichen Geistes, die für Coleridge am allgemeineren kreativen Prozeß der Natur und des Kosmos teil- hat. Die sekundäre Imagination ist die ästhetische Fort- und Höher- entwicklung dieser unbewußten Produktivität des menschlichen Gei- stes, die durch das Hinzutreten des bewußten Gestaltungswillens des Subjekts und durch einen besonderen Verfahrensmodus gekenn- zeichnet ist. Was hier wie bei Wordsworth wiederum auffällt ist, daß Coleridge entgegen gängiger Klischees über die Romantik seinen

---

[7] *On the Principles of Genial Criticism*, in *Critical Theory*: 463-67: 464.

[8] *Biographia Literaria*, Chapter XIV: 471.

[9] *Biographia Literaria*, Chapter XIII: 470-71.

zentralen Begriff der Imagination nicht in einer abgehobenen Sphäre jenseits allgemeinmenschlicher Bewußtseinsprozesse ansiedelt, sondern vielmehr seinen Ursprung und sein Entfaltungsmedium gerade *in* diesen verortet.

Der besondere Operationsmodus als *differentia specifica* der sekundären Imagination ist aber nun nicht bloß der einer Idealisierung, einer Harmonisierung von Konflikten, sondern besteht aus zwei aufeinander bezogenen Grundschritten. Der erste Schritt ist ein Akt der Dekonstruktion, eines Aufbrechens oberflächlicher Kohärenzen und kultureller Scheinordnungen.

> It dissolves, diffuses, dissipates, in order to recreate [...].[10]

Und nur durch diese experimentelle Auflösung habitueller Wahrnehmungsmuster kann die jeweils neuartige Synthese erreicht werden, die ein gelungenes Gedicht hervorbringt. Andererseits darf diese Synthese aber auch nicht undialektisch durch eine bloß künstliche Verknüpfung poetischer Einfälle oder die mechanische Konstruiertheit dessen bewirkt werden, was Coleridge als *fancy* bezeichnet. Sie erfordert vielmehr die Integration der heterogenen Elemente zu einer organischen Einheit. Wahre Kunst entsteht nicht aus einer allegorischen Schreibweise, einer „translation of abstract notions into a picture language". Sie entsteht aus einer *symbolischen* Schreibweise, in der das Universelle und das Partikulare sich gegenseitig durchdringen.[11] Das Kunstwerk wird so zu einem quasi-autonomen Gebilde, das einen eigenständigen Mikrokosmos darstellt, dennoch aber seine anthropologische und kulturelle Rückkopplung nicht abstreifen kann und will, ja sich erst *aus dieser Rückkopplung heraus* konstituiert. Es muß einerseits unabhängig von externen Normen als eine plurale Sinneinheit betrachtet werden, wie sie in der Formel der *multeity in unity* zum Ausdruck kommt, wird aber gerade darin gleichzeitig zur modellhaft verdichteten Struktur anthropologischer Selbsterkenntnis.

Hiermit schreibt Coleridge der Dichtung in bis dahin nicht gekannter Explizitheit eine besondere Erkenntnisfähigkeit zu, die als komplex, synthetisch und holistisch erscheint.[12] Gleichzeitig führt er neue Maßstäbe in die Literaturkritik ein, insofern das Kunstwerk nicht länger auf der Grundlage äußerer Kriterien, seien es nun philosophische,

---

[10] *Biographia Literaria*, Chapter XIII: 471.
[11] *The Statesman's Manual*, in *Critical Theory*: 467-68.
[12] Vgl. hierzu die Studie von Eva Höller, *Das ganzheitliche Weltbild Coleridges* (Frankfurt etc., 1988).

moralische oder formalistische Kriterien, beurteilt werden kann, sondern zuallererst nach seiner eigenen inneren Logik und Kohärenz, nach der organischen Einheit seiner Komposition. Diese Idee sollte später im 20. Jahrhundert, vor allem in der Schule des sogenannten *New Criticism* (s.u. Kap. 19) eine besondere Resonanz finden. Von Coleridge war aber damit keine neue Dogmatik intendiert, sondern vielmehr nicht zuletzt eine Annäherung der Literaturtheorie an die real existierende Literatur Englands. Dies wird neben dem engen Bezug auf die literarische Produktion Wordsworths und seiner selbst auch in der vorbehaltlosen Anerkennung Shakespeares und Miltons deutlich, die bis dahin aufgrund der nachwirkenden normativen Maßstäbe des Klassizismus immer noch aus einer gewissen reservierten Distanz betrachtet wurden. In der Tat kann man sagen, daß Coleridge der erste Vertreter der englischen Literaturtheorie war, der nicht entgegen, sondern in Übereinstimmung mit den Prämissen seiner Position in der Lage war, die künstlerische Größe von Shakespeares Werken ohne Einschränkung zu würdigen:

> [...] I was the first in time who publicly demonstrated, to the full extent of the position, that the supposed irregularity and extravaganzes of Shakespeare were the mere dreams of a pedantry that arraigned the eagle because it had not the dimensions of a swan.[13]

Wiederum also können wir hier den engen Zusammenhang zwischen allgemeinen Annahmen und praktischen Implikationen feststellen, wie er in aller Literaturtheorie am Werke ist.

---

[13] *Shakespeare's Judgement Equal to His Genius, Critical Theory*: 460-63, 461.

14. PERCY BYSSHE SHELLEY

In der Folge der von Coleridge und anderen Romantikern betriebe-
nen Aufwertung von Kunst und Imagination als höchsten Auspra-
gungsformen des menschlichen Geistes wurden die Bedeutung und
kulturelle Funktion der Literatur in bisher nicht dagewesener Weise
idealisiert. Dennoch hielten gleichzeitig die rationalistisch motivierten Angriffe auf die Dichtung als ein potentiell regressives und ana-
chronistisches kulturelles Medium auch im frühen 19. Jahrhundert
an, die bereits bei Platon begonnen hatten. Ein Beispiel ist Thomas
Love Peacocks (1785-1866) *Four Ages of Poetry*.[1] Peacock behauptet
hierin, daß seit der Antike ein fortschreitender Niedergang der Qualität dichterischen Schreibens zu verzeichnen ist. Die Dichtung sei in
einem Zeitalter des Fortschritts der Wissenschaft auf allen Gebieten
zunehmend überflüssig geworden, da mit ihm die dunkleren, unbe-
kannteren Seiten der menschlichen Existenz schrittweise verschwän-
den, die die Dichtung in früheren Zeiten legitimerweise zu erhellen
versucht habe.

Percy Bysshe Shelley (1792-1822) schrieb seine *Defence of Poetry*
(1821) als unmittelbare Reaktion auf diesen neuerlichen Angriff auf
die Literatur.[2] Wir erkennen hier das fortwirkende Muster von *Angriff und Verteidigung*, das wir seit der Zeit Platons und Aristoteles
beobachten konnten. Es zeigt sich erneut der von Grund auf konflik-
tive Charakter der Theoriegeschichte der Literatur, das offenbar un-
vermeidliche Element der Irritation und Kontroverse, das sie als kulturelle Institution umgibt. Shelleys Antwort auf Peacock ist allerdings
getragen von eminentem Selbstbewußtsein, und die Statur des Dichters erhält in der *Defence* noch größere Dimensionen als bei Coleridge oder auch bei Sidney, an dessen vom affirmativen Renaissance-

---

[1] Thomas Love Peacock, *The Four Ages of Poetry*, in *Critical Theory*: 490-497.

[2] Percy Bysshe Shelley, *A Defence of Poetry, Critical Theory*: 490-97; *Essays*:
60-82. – Wichtige Sekundärliteratur zu Shelley ist u.a. Harold Bloom, *Shelley's
Mythmaking* (New Haven, 1959); Earl J. Schulze, *Shelley's Theory of Poetry*
(The Hague & Paris, 1966); Erich Engler, *Shelleys imaginative Dichter-
theorie und lyrische Praxis* (Frankfurt, 1980); David B. Pirie, *Percy Bysshe
Shelley* (Philadelphia, 1988).

geist erfüllte Verteidigungsschrift der Dichtung Shelley schon von
seinem Titel her anknüpft.

Stärker noch als Sidney wendet Shelley die Defensive um in eine
emphatische Offensive. Er weist der Dichtung eine kulturbestimmen-
de, ja weltverändernde Rolle zu. Gegen den Vorwurf des Regressiven und Unzeitgemäßen sieht er die Dichtung als eine progressive
Kraft, die die Menschheitsgeschichte von ihren Anfängen her geprägt
und ihre stetige kulturelle Höherentwicklung erst ermöglicht hat. Die
Literatur ist ein Sensorium und Kommunikationsmedium für die höheren Gesetze einer Natur und Geschichte durchwaltenden Kreativität, die in der vitalen, durch Gewohnheit und Konvention verdeckten
Interrelation der Objekte und Ereignisse herrscht. Literatur ist ein
ständiger Versuch der Annäherung an das Unsichtbare, das im Sicht-
baren wirksam ist, an das Überzeitliche, das sich im Zeitlichen verbirgt, an mögliche zukünftige Welten, die in der historischen Realge-
stalt der Gegenwart vorgezeichnet sind. Shelley ist hierin deutlich
Idealist, der von der platonischen Lehre der Ideen als einer Welt
überzeitlicher Wahrheiten beeinflußt ist. Doch kehrt Shelley, wie
schon vor ihm Sidney, den Bannspruch Platons gegen die Dichter um,
indem er nicht der rationalistischen Philosophie, sondern der Dichtung die Teilhabe an jener Ideenwelt zuspricht: „A poet participates
in the eternal, the infinite, and the one".[3] Die Dichtung ist die Urspra-
che der Menschheit, die auch den großen Entwürfen der Philosophie
und der Religion zugrundeliegt und ihnen erst ihre Wirkung und Geltung verleiht, wie dies bei Platon, bei Christus oder bei neuzeitlichen
Philosophen wie Francis Bacon der Fall sei. Sie alle folgen einem apri-
orisch gesetzten Dichtungsprinzip, das über die analytischen Trennun-
gen utilitaristischen Verstandesdenkens hinaus den inneren *Zusammenhang* geschichtlicher und geistiger Phänomene nicht bloß abstrakt
behauptet, sondern in der spezifischen Art seiner Sprachverwendung
unmittelbar nachvollziehbar macht. Ist so zunächst allgemein die Priorität dichterischen Sprechens gegenüber anderen kulturellen Diskursformen festgesetzt, so wird die Person des Dichters zu einem Anwalt
dieses vitalen Sprachgeschehens, das einerseits der anthropologischen
Menschennatur entspringt und andererseits gleichzeitig den höchsten
Hervorbringungen der menschlichen Kultur zugrundeliegt.

Der Umgang des Dichters mit der Sprache rückt von daher in den
Mittelpunkt von Shelleys Literaturtheorie. Und er markiert zugleich
den Punkt, an dem der Übergang von der zeitlosen Ideenwelt zur ge-

---

[3] *Defence of Poetry, Critical Theory*: 500, *Essays*: 64.

schichtlichen Handlungs- und Erfahrungswelt als immer neu zu lei-
stende Innovationsaufgabe des Schriftstellers angesetzt wird. Denn
die Sprache ist gleichsam das Medium der kollektiven Imagination
einer Kultur, das ständig von den Verzerrungen egoistischer Interessen, von macht-, gewohnheits- oder konventionsbedingten Verfesti-
gungen und Verkürzungen sprachlicher Bedeutungen bedroht ist.
Und gegen diese Prozesse der ständigen Trivialisierung und zweck-
oder machtbedingten Deformation von Sprache und Kommunikation
ist die Tätigkeit des Dichters in allererster Linie gerichtet. Da die
Sprache unsere Wahrnehmung, unsere Interaktionen und Wertvorstellungen maßgeblich mitbestimmt, kommt der Rolle des Dichters in
dieser Sicht eine geradezu welthistorische Bedeutung zu. Denn indem
er der Sprache neue Möglichkeiten des Selbstausdrucks, der Kommunikation und Erfahrungsinterpretation abgewinnt, hilft er, die Welt
selbst zu verändern, da er die Formen und Perspektiven neu entwirft,
durch die wir sie wahrnehmen und auf sie reagieren. Indem sie die
Sprache von ihren Klischees und vom Anschein des Selbstverständli-
chen und Vertrauten befreit, kann die Dichtung unsere gesamte Le-
benskonzeption verändern und unsere Augen für die Möglichkeiten
persönlichen und politischen Wandels öffnen.

Durch seine ständige Tätigkeit der Revitalisierung und Regenerierung der Sprache aus der unbestechlichen Triebkraft höchster
Menschheitsinteressen wird der Dichter, von den meisten unerkannt,
zur eigentlich gesetzgebenden und zukunftsweisenden Instanz innerhalb des Denk- und Wertesystems einer Kultur. Er wird, wie Shelley
am Schluß seines Essays es formuliert, „the unacknowledged legisla-
tor of the world".[4] Durch seinen innovativen Gebrauch der Sprache
entwirft er implizit zugleich neue, menschlichere Formen des Denkens und Handelns, ohne diese freilich in seinen Werken direkt darzustellen oder vorzuschreiben.

> [Poetry] creates anew the universe, after it has been annihilated in our
> minds by the recurrence of impressions blunted by reiteration.[5]

Der Dichter als sprachlicher Innovator wird gleichzeitig zum sozialen
Rebellen und intellektuellen Revolutionär, der durch die idealisie-

---

[4] *Defence of Poetry*: 513.

[5] *Defence of Poetry*: 512. – Diese Passage, wie auch andere in der *Defence*,
nimmt deutlich bereits das Konzept des Formalismus vorweg, nach dem die
Funktion poetischer Sprache hauptsächlich in ihrer ,Desautomatisierung'
der Wahrnehmung und der erstarrten Muster kultureller Sprachverwendung
besteht (vgl. u. Kap. 17).

rende Kraft seiner Imagination der Menschheit die Vision einer besseren Zukunft vermittelt. Die Dichtung bewirkt einen Prozeß moralischer Selbsterneuerung, der für den geistigen und praktischen Zustand einer Kultur als ganzer lebensnotwendig ist – eine direkte Antithese zu Platon, die dessen Anverwandlung in Shelleys eigenes, literaturzentrisches Denksystem bezeugt. Shelley stellt einen Zusammenhang her zwischen Zeiten der poetischen und der moralisch-politischen Blüte einer Kultur, wie etwa im antiken Griechenland oder auch im elisabethanischen England. Hier forciert Shelley sein (Gegen-)Argument gegen den Vorwurf der Nutzlosigkeit oder Immoralität der Literatur zweifellos in einer Weise, die uns heute überzogen erscheint. Und die Hoffnung auf die weltverändernde Funktion der Dichtung, die maßgeblich an der Herbeiführung eines gerechteren Gesellschaftszustands beteiligt sein werde, zeigt eine ähnliche idealistische Übersteigerung der Erwartungen, die hier an die Dichtung gestellt werden.

Exemplifiziert Shelley so die nicht zu unterschätzende *politische* Seite der romantischen Literaturtheorie[6], so sind gleichzeitig seine Ausführungen zum Begriff der literarischen Imagination, sieht man einmal von ihrem spekulativen Überbau ab, durchaus von bleibender Aktualität. Wie alle Romantiker ist Shelley darin stark von der organischen Metapher geprägt, die er auf die Imagination anwendet. Dieser schreibt er eine „creative faculty" zu, die den „mechanical arts" der übermächtig werdenden Wissenschaft und Technologie entscheidend fehlt. [7] Die kreative Fähigkeit entspringt nicht dem Willen egoistischer Selbstbehauptung, sondern einem Akt des Sich-Öffnens für die vielfältigen und vielgestaltigen Interrelationen der Dinge. Von daher vergleicht Shelley den poetischen Schöpfungsakt u.a. mit dem Vorgang, wie Klänge auf einer Windharfe erzeugt werden, d.h. durch keine bewußte Intervention des menschlichen Willens und in einer gänzlich ‚natürlichen' Weise. Dies ist die berühmte Äolsharfe der griechischen Mythologie, die ein Schlüsselmotiv nicht nur in der eng-

---

[6] Zu diesem Aspekt Shelleys vgl. Gerald McNiece, *Shelley and the Revolutionary Idea* (Cambridge, Mass., 1969); Michael H. Scrivener, *Radical Shelley* (Princeton, 1982).

[7] *Defence of Poetry*: 510. – Shelley kommt in dieser Passage zu erstaunlichen frühen Einsichten in die Probleme einer individuell und kulturell nicht mehr adäquat zu verarbeitenden Explosion der wissenschaftlich-technischen Fähigkeiten des Menschen gegenüber anderen, insbesondere der künstlerischen Fähigkeiten.

lischen Romantik war. In einem anderen organischen Bild beschreibt
Shelley die Hervorbringung eines Dichtwerks folgendermaßen:

> [...] The mind in creation is as a fading coal, which some invisible influence,
> like an inconstant wind, awakens to transitory brightness; this power arises
> from within, like the colour of a flower which fades and changes as it is
> developed, and the conscious portions of our nature are unprophetic either
> of its approach or its departure.[8]

Diese eindrucksvolle Selbstcharakterisierung der Dichtung zeigt, daß
Shelley die Ursprünge der Literatur in letzter Instanz doch nicht poli-
tisch-gesellschaftlich verortet, sondern in einer naturanalogen Weise
auffaßt. Hierin ist er zweifellos einer allgemeineren ‚Rhetorik der
Romantik' verhaftet, die etwa Paul de Man herausgestellt und als
sprachlich bedingte Selbsttäuschung dekonstruiert hat, da der Akt
poetischer Sprachverwendung stets innerhalb von Konventionen definiert ist und daher niemals dem ursprünglichen Akt organisch-na-
turhafter Selbsterzeugung gleichkommen kann.[9]
   Doch ist sich Shelley des metaphorischen Charakters seines Sprechens über die Imagination durchaus bewußt und benutzt die Bildersprache der Natur, um die vorbewußten und dem willensmäßigen
Verstandeszugriff unverfügbaren Anteile am dichterischen Produkti-
onsvorgang zu beschreiben. Dieser speist sich aus der sprachlichen
Spiegelung und Vervielfachung einer anthropologischen Selbstwahrnehmung, die das einzelne Subjekt und seine begrenzte Interessens-
perspektive überschreitet und erst in der Identifikation mit dem
Nicht-Ich, im intersubjektiven Akt des Sichhineinversetzens in die
Perspektiven anderer poetische Substanz gewinnt. Und hier ist der
Punkt, an dem Shelley den Vorwurf der Immoralität der Dichtung zu-
rückweist, indem er ihn auf ein grundlegendes Mißverständis der poetischen Imagination zurückführt. Denn Dichtung ist nicht einfach als
Vermittlung bestimmter herauslösbarer und moralisch qualifizierba-
rer Inhalte zu sehen. Sie ist eine Aktivität, die aus einem allgemein-
menschlichen Sinn- und Erkenntnisinteresse heraus die Strukturierung und Aneignung des *gesamten* menschlichen Erfahrungsmaterials
betreibt, wobei es wesentlich auf die höhere Ethik dieser Aktivität als
solcher ankommt.

> The great secret of morals is love; or a going out of our own nature, and an
> identification of ourselves with the beautiful which exists in thought,

---

[8] *Defence of Poetry, Critical Theory*: 510; *Essays*: 74.
[9] Vgl. Paul de Man, *The Rhetoric of Romanticism* (New York, 1984).

action, or person, not our own. A man, to be greatly good, must imagine intensely and comprehensively; he must put himself in the place of another and of many others; the pains and pleasures of his species must become his own. The great instrument of moral good is the imagination; and poetry administers to the effect by acting upon the cause.[10]

In dieser Auffassung liegt der Grund dafür, daß Shelley bei seiner zunächst moralisierend wirkenden Betrachtungsweise der Dichtung sich gleichzeitig scharf *gegen* jede direkte didaktisch-moralische Funktionalisierung der Dichtung wendet. Denn die Literatur verliert in dem Maß das ihr eigene kulturelle Erkenntnis- und Innovationspotential, in dem sie sich dem Diktat zeitgebundener politischer oder moralischer Interessen unterwirft.

Gegen solche Fremdbestimmtheit besteht Shelley auf der Eigenständigkeit der künstlerischen Imagination, die ihren gesellschaftlichen Zweck erst erfüllen kann, wenn sie sich ihres besonderen, nicht unmittelbar zweckgebunden Charakters bewußt ist. Shelley betont, wie Wordsworth und Coleridge, mit der kommunikativen Struktur der Dichtung gleichzeitig ihre Reflexivität, d.h. die Selbstbezüglichkeit ihrer Sprache, in der Subjekt und Objekt der Rede, Darstellung und Gegenstand miteinander verschmelzen. Und wiederum ist seine Konzeption in dieser doppelten Bestimmung durchaus heute noch aktuell:

Language, gesture, and the imitative arts, become at once the representation and the medium, the pencil and the picture, the chisel and the statue, the chord and the harmony.[11]

Die selbstreferentielle Sprache der Dichtung steht jeder Erwartung unmittelbaren gesellschaftlichen Nutzens entgegen, wie sie noch das Zeitalter der Aufklärung an die Literatur gestellt hatte. Andererseits ist die Literatur aber damit nicht autonom gesetzt in dem Sinn, daß sie von der Kultur isoliert wäre. Sie ist vielmehr ein diese umfassendes und für ihr geistig-seelisches Überleben notwendiges Prinzip, gewissermaßen zugleich die Basis und die letzte Metaebene kultureller Existenz:

It is at once the centre and circumference of knowledge; it is that which comprehends all science, and that to which all science must be referred. It is at the same time the root and blossom of all other systems of thought; it is that from which all spring, and that which adorns all; and that which, if blighted, denies the fruit and the seed, and withholds from the barren world the nourishment and the succession of the scions of the tree of life.[12]

---

[10] *Defence of Poetry, Critical Theory*: 503; *Essays*: 68.

[11] *Defence of Poetry, Critical Theory*: 499; *Essays*: 62.

[12] *Defence of Poetry, Critical Theory*: 511.

15. JOHN KEATS

John Keats (1795-1821) ist zunächst in gewisser Weise eine Kontrast-
figur zu Shelley innerhalb der englischen Romantik. Während Shelley
stärker deren politisch-kulturkritischer Tendenz Ausdruck verleiht,
betont Keats stärker den Selbstzweck der Kunst, womit er zum Vorläufer des Ästhetizismus im späten 19. Jahrhundert und seiner *l'art
pour l'art*-Konzeption wird. Wir haben allerdings bei Shelley gesehen, daß auch hier die gesellschaftsverändernde Funktion der Dichtung auf eine höchst vermittelte und indirekte Weise gesehen wird
und mit der nachdrücklichen Insistenz auf der Autonomie der poetischen Imagination einhergeht.

Diese Autonomie wird nun von Keats noch schärfer herausgestellt
und mit einer Idee der Schönheit verknüpft, die die Literatur in expliziten Gegensatz zum wissenschaftlichen Verstandesdenken bringt.[1]
Auch Shelley stellt dem analytischen Verstand die synthetische Imagination gegenüber und entfaltet die organisch-holistische Erkenntnisweise der Dichtung als Alternative zur mechanisch-partikularisti-
schen Erkenntnisweise der (Natur-)Wissenschaften und zu den durch
diese ausgelösten Deformationen der kulturellen Ökologie.[2] Keats
aber sieht ein noch größeres Spannungsverhältnis zwischen Dichtung
und Wissenschaft, poetischer Imagination und rationalem Verstand.
Die Schönheit des Ästhetischen birgt eine Form des Wissens, die

---

[1] Zu Keats' Ideen zur Literatur vgl. z. B. Walter J. Bate, *Negative Capability.
The Intuitive Approach in Keats* (Cambridge, Mass., 1939); Helmut Vie-
brock, *John Keats* (Darmstadt, 1977); John Jones, *John Keats's Dream of
Truth* (London, 1980); Joseph T. Swann, „The Language of Poetry and the
Language of Criticism: Keats's ,La Belle Dame Sans Merci' and the Modern
Reader", in *Poetry and Epistemology: Turning Points in the History of Poetic
Knowledge* (Regensburg, 1986): 368-81.

[2] Vgl. *Defence of Poetry, Critical Theory*: 510; *Essays*: 74: „To what but a culti-
vation of the mechanical arts in a degree disproportioned to the presence of
the creative faculty, which is the basis of all knowledge, is to be attributed the
abuse of all invention for abridging and combining labour, to the exaspera-
tion of the inequality of mankind? From what other cause has it arisen that
the discoveries which should have lightened, have added a weight to the curse
imposed on Adam? Poetry, and the principle of self of which money is the vi-
sible incarnation, are the God and Mammon of the world."

nicht durch „consecutive reasoning" erreichbar ist. Keats bindet die Literatur an das „life of sensations" und setzt sie dem „life of thought" diametral entgegen.[3] Dies heißt nicht, daß er ein ‚Sensualist' im Sinne des Empirismus der Schule von Locke ist, der den Ursprung all unseres Wissens und unserer Ideen einzig in unseren Sinneserfahrungen lokalisiert. Keats sieht vielmehr das ‚Leben der Empfindungen' als eine Form *empathetischer Erfahrung*, als eine wiederum an Shelley erinnernde kommunikative Erfahrung von höchster, bis zur Identifikation mit dem Anderen gehenden Intensität. Diese imaginative Selbsttranszendierung und Pluralisierung des poetischen Bewußtseins ist nicht auf die Beziehung zu Menschen beschränkt, sondern erstreckt sich auf alle Geschöpfe:

> If a sparrow come before my window I take part in its existence and pick about the gravel.[4]

Im Kontrast zu dieser vielgestaltigen, empathetischen Imagination sieht Keats das abstrakte Denken als eine Form der Distanzierung und implizit der Dehumanisierung dessen, was sich dieses Denken zu seinem Objekt macht. Das Leben in der Sphäre der Empfindungen und kommunikativen Erfahrungen, das sich in der Dichtung ausdrückt, durchbricht die Grenzziehungen, die der abstrakte Verstand errichtet. Und es durchbricht insbesondere – eine romantische Obsession -die herkömmliche Entgegensetzung zwischen Subjekt und Objekt, von der die Deduktionen und Klassifizierungen des logischen Denkens abhängen. Keats war sicherlich derjenige unter den englischen Romantikern, der am schmerzlichsten die ‚Entzauberung der Welt' (Max Weber) durch Wissenschaft und Technologie empfand und der seine Poesie ausdrücklich als Gegenkraft zu diesem kollektiven Ernüchterungsvorgang auffaßte. Während beispielsweise Coleridge philosophische und auch wissenschaftliche Erkenntnisse seiner Zeit in seine Reflexionen einbezog, sah Keats hier einen unversöhnlichen Gegensatz (Newtons physikalische Erklärung des Regenbogens etwa war ihm gleichbedeutend mit dessen Demontage als poetischem Symbol).

Dem entspricht es, daß Keats auch eigentlich kein Theoretiker war, sondern sich nur sporadisch in einigen seiner Briefe äußerte. Diese wenigen Bemerkungen sind allerdings bis in die heutige Zeit auf eine

---

[3] John Keats, *Letter to Benjamin Bailey*, in *Critical Theories since Plato*, 473-474, 473.

[4] *Letter to Benjamin Bailey*, 473.

118   John Keats

ungeheuer starke Resonanz gestoßen. Keats' Konzeption ist dabei
keineswegs ungebrochen oder bloß naiv-melancholisch. In dem eben
zitierten Brief an Benjamin Bailey äußert er selbst ein Unbehagen
darüber, daß er offenkundige Schwierigkeiten habe, sich in jener un-
bewußt-kreativen Sphäre der empathetischen *sensations* zu bewegen,
die er beschwört. Er fürchtet, der Adressat seines Briefes könnte an
ihm eine gewisse Kälte feststellen und bittet ihn, dies nicht seiner
Herzlosigkeit zuzuschreiben, sondern der bei solchen Überlegungen
nun einmal notwendigen Abstraktion. Und hier bricht der offene
Zweifel an der Authentizität der Gefühle hervor, die er eben zur
Grundlage seiner Dichtungskonzeption erklärt hat und die ihm plötz-
lich als bloße Kunstgefühle erscheinen:

> And I beg now, my dear Bailey, that hereafter should you observe anything
> cold in me not to put it to the account of heartlessness but abstraction – for
> I assure you I sometimes feel not the influence of a passion or affection
> during a whole week – and so long this sometimes continues I begin to
> suspect myself and the genuineness of my feelings at other times – thinking
> them a few barren tragedy tears.[5]

Keats wird sich hier bewußt, daß er selbst von den Einflüssen abstrakten Denkens und von jener intellektuellen Reflexionseinstellung
beeinflußt ist, die er als zutiefst antithetisch gegenüber der intuitiven,
quasi-naturhaften Kraft der Imagination ansieht. Wir haben hier ein
weiteres Beispiel für die unterschiedliche Art und Weise, in der die
emotionsgegründete, letztlich mythopoetische Sicht der Literatur in
der Romantik im Widerstreit mit sich selbst liegt. Denn sie erfordert
die Einbeziehung ihres Gegenpols – nämlich eben des objektivierenden, dissertierenden Verstandes –, um allererst in einer zeitgemäßen
Weise formulierbar zu sein. Die romantische Rückkehr zu den kommunikativen Ursprüngen der Erfahrung stellt sich bei Keats dar als
Bedürfnis nach intersubjektiver Gefühlsevidenz, das im Kontext fort-
geschrittenen kulturellen Bewußtseins nur mehr in gebrochener
Form erfahrbar und artikulierbar ist – ähnlich wie auch der stärker
vom Einzelsubjekt her gefaßte „spontaneous overflow of powerful
feelings" bei Wordsworth künstlerisch nur im rekonstruierenden Se-
kundärakt seiner imaginativen „recollection" poetisch zugänglich
wird.
     Dieser doppelte, selbstwidersprüchliche Zug tritt wohl mit am
prägnantesten in Keats' *Ode to a Nightingale* hervor. Diese ist lesbar

---
[5] *Letter to Benjamin Bailey*, 473-74.

als poetologischer Text, in dem der Sprecher eine empathetische Identifikation mit dem im Titel genannten mythischen Vogel der Nacht und mit der authentischen Stimme der Natur zu erreichen versucht, die er repräsentiert – um am Schluß zu erkennen, daß der Gegenstand seiner Identifikation nur das Konstrukt seiner poetischen Phantasie war:

> Adieu! The fancy cannot cheat so well
> As she is fam'd to do, deceiving elf.[6]

Dennoch bleibt für Keats die imaginative Verschmelzung von Subjekt und Objekt das ideale, wenn auch nie wirklich erreichte Ziel der Dichtung. Das Produkt dieser Spannung ist jene ästhetische Schönheit, die gleichzeitig die spezifische Wahrheitsform der Dichtung darstellt. Diese paradoxe Koexistenz der scheinbar gegensätzlichen Pole von Wahrheit und Schönheit wird in der für Keats charakteristischen enigmatischen Weise in den berühmten Schlußzeilen seiner „Ode on a Grecian Urn" ausgedrückt, in denen die griechische Vase selbst zum Betrachter/ Leser spricht:

> ‚Beauty is truth, truth beauty, – that is all
> Ye know on earth, and all ye need to know'.[7]

Dieser orakelhafte Ausspruch ist gewissermaßen vom Kunstwerk selbst an die Menschen gerichtet, und er erklärt die gebrochene Beziehung der Kunst zum Leben zu deren eigentlicher Wesensbestimmung. Die überzeitliche Wahrheit der Kunst wird dabei nicht, wie Keats oft mißverstanden wurde, in ästhetizistischer Abspaltung von der Zeitlichkeit und Todesbeherrschtheit des realen menschlichen Lebens definiert, sondern vielmehr aus dem existentiell empfundenen *Gegensatz* der beiden Ebenen heraus, deren Spanungsverhältnis selbst den poetischen Vorgang entscheidend prägt.

Die semantische Unbestimmbarkeit dieser Schlüsselstelle verweist dabei auf Keats' Absicht, nicht dem Leser irgendwelche vermeintlich ‚endgültigen' Antworten zu liefern, sondern gerade die unauflösbare Differenz am Ursprung als einzig mögliche ‚endgültige' Antwort anzubieten. Keats' paradoxes Konzept poetischer Wahrheit und Kommunikation entspricht seiner Auffassung von der entscheidenden Fä-

---

[6] John Keats, *Ode to a Nightingale*, in *Penguin Book of English Romantic Verse*, ed. und intr. David Wright (Harmondsworth, 1968ff.): 276-79, 278.

[7] John Keats, *Ode on a Grecian Urn*, in *Penguin Book of English Romantic Verse*: 279-80, 280.

higkeit, die von einem großen Dichter zu fordern ist, nämlich daß er „negative capability" besitzen müsse.

> [...] *negative capability*, that is when a man is capable of being in uncertainties, mysteries, doubts, without any irritable reaching after fact and reason [...].[8]

Die Form poetischer Wahrheit ist eine Form der Unbestimmtheit und Mehrdeutigkeit, die sich nicht bruchlos in konventionelle Erklärungs- und Kohärenzmuster fügt. Und wieder wird die Herausforderung des Gedichts für den rationalen Verstand und für sein „irritable reaching after fact and reason" mit Hilfe der organischen Metapher illustriert: „If poetry comes not as naturally as the leaves to a tree, it had better not come at all."[9]

Keats' Literaturauffassung ist eine besonders subtile, aber gleichzeitig epistemologisch radikale Version jenes teils heroischen, teils Don Quijote-haften Widerstands der Romantik gegen den Geist einer Zeit, in der der historische Triumph der wissenschaftlichen Rationalität bereits offenkundig und ihre Folgen in der Ökonomie, der Industrie und der Technologie irreversibel waren. Doch seine Sicht der Literatur als eines Mediums, das gerade durch seine Unbestimmtheit und Negativität, d.h. durch seine Infragestellung und Subvertierung vermeintlicher Erkenntnisgewißheiten zum unverzichtbaren Mittel anthropologischer Selbsterkenntnis wird, sollte nichtsdestoweniger von wachsender Bedeutung in der späteren Geschichte der Literaturtheorie werden.

---

[8] *Letter to George and Thomas Keats*, in: *Critical Theory*: 474.
[9] *Letter to John Taylor*, in *Critical Theory*: 474.

16. MATTHEW ARNOLD

Wenn die Romantik als eine Zeit der Emanzipation der Literatur von äußeren Einschränkungen und Abhängigkeiten bezeichnet werden kann, so ist die englische Literaturkritik seit den 30er Jahren des 19. Jahrhunderts, also mit der beginnenden viktorianischen Ära, durch zunehmende didaktische und moralische Tendenzen geprägt. Mit anderen Worten, die Inhalte der Dichtung, die reale Person des Dichters und die pragmatisch-gesellschaftliche Komponente der Literatur treten gegenüber der in der Romantik in den Mittelpunkt gerückten Struktur der poetischen Imagination selbst in den Vordergrund.

Dies äußert sich etwa bei Thomas Carlyle (1795-1881) darin, daß der Dichter zum Helden eines Zeitalters oder einer nationalen Kultur wird, indem er ähnlich wie die Führergestalten der Politik, der Philosophie oder der Gesetzgebung magnetartig die Geister seiner Zeit anzieht.[1] Er wird zur wertsetzenden Identifikationsfigur einer Kultur, die zur Orientierung für die konkrete Lebensführung der vielen einzelnen dienen kann. Carlyle ist in dieser Hinsicht von starkem Einfluß auf den Amerikaner Ralph Waldo Emerson (1803-1882) gewesen. Emerson sah aus seinem parareligiösen Transzendentalismus heraus den Dichter als Propheten und Anwalt der höheren geistigen Interessen seiner Gesellschaft[2], auch wenn hier deutlich gegenüber Carlyles künstlerischem Heroenkult eine *Demokratisierung* des gesellschaftlichen Auftrags der Dichtung erkennbar ist. Die Ideen Emersons sollten für das gesamte 19. Jahrhundert und darüber hinaus die Literaturauffassung der USA im Sinn der Konstituierung einer eigenständigen amerikanischen Nationalliteratur wesentlich mitbestimmen. Die ästhetischen Theorien von Edgar Allan Poe (1809-49) markierten allerdings hierzu einen deutlichen Gegenpol, der in seinem zum Selbstzweck hochgesteigerten poetologischen Schönheitsbegriff von enormer Wirkung auf den Symbolismus und Ästhetizismus des späten 19. Jahrhunderts wurde.

---

[1] Vgl. Jobst-Christian Rojahn, „Der romantische Dichter als viktorianischer Held: Zur Dichtungstheorie Thomas Carlyles", in *Englische und amerikanische Literaturtheorie II*: 57-81.

[2] Vgl. Franz H. Link, „Ralph Waldo Emerson (1803-1882): Der Dichter als Repräsentant", in *Englische und amerikanische Literaturtheorie II*: 106-126.

Dieser Ästhetizismus wurde in England theoretisch vor allem von Walter Horatio Pater (1839-1894) vertreten, der gegen moralisierende Tendenzen das Prinzip des *art for art's sake*, einen symbolischen Schreibstil und eine subjektive Kunstauffassung propagierte.[3] Noch weitergetrieben wurde die Autonomisierung der Kunst bei Oscar Wilde (1854-1900), der den Vorrang des Werks vor dem Leben, der Fiktion vor der Realität, der Ästhetik vor der Ethik postulierte und das traditionell gefaßte Verhältnis von Kunst und Leben in provokativer Weise auf den Kopf stellte. Nicht die Kunst ahmt das Leben nach, sondern das Leben ahmt die Kunst nach oder sollte sie zumindest nachahmen, da es nur so aus den Niederungen der Geistlosigkeit und Unkultiviertheit zu differenzierterer Selbstgestaltung aufsteigen könne.[4]

Damit stehen wir aber schon an der Schwelle zur Moderne und zum 20. Jahrhundert, und bevor wir diese überschreiten, müssen wir uns noch einmal die vorherrschende Tendenz der englischen Literaturkritik in der zweiten Hälfte des 19. Jahrhunderts vergegenwärtigen. Diese wird etwa von John Ruskin (1819-1900) illustriert, der in seinen *Lectures on Art* (1870) von der Kunst die Stärkung des religiösen Empfindens und der moralischen Integrität der Menschen fordert und hierin die Verantwortung der Kunst für die Zukunft der Gesellschaft verortet. Den ungezügelten Ausdruck von Emotionen und das freie Spiel der künstlerischen Imagination lehnt er als irrational und unverantwortlich ab, womit er sich als Erbe einer im weitesten Sinn platonischen Tradition der Literaturkritik zu erkennen gibt und sich in einer klaren Gegenposition etwa zu Pater befindet.

Der wichtigste und auf längere Sicht einflußreichste Literaturkritiker Englands in dieser Periode war aber zweifellos Matthew Arnold (1822-88). Arnold kann als Begründer und ideologisch-theoretischer Wegbereiter jenes Typus von *practical criticism* gesehen werden, der für die Praxis des Literaturstudiums an den English Departments der Universitäten bis weit ins 20. Jahrhundert hinein charakteristisch werden sollte.[5] In seinem Essay *The Function of Criticism at the Pre-*

---

[3] Zu Paters Ästhetik vgl. Wolfgang Iser, *Walter Pater. Die Autonomie des Ästhetischen* (Tübingen, 1960).

[4] Vgl. Oscar Wilde, „The Decay of Lying", in *Critical Theory*: 673-86.

[5] Vgl. z.B. Terry Eagleton, *Literary Theory*, Chapter 1, „The Rise of English". – Wichtige Kommentare zu Arnolds Ansichten zur Kultur und Literatur sind u.a. William Robins, *The Ethical Idealism of Matthew Arnold* (London, 1979); Warren D. Anderson, *Matthew Arnold and the Classical Tradi-*

sent Time (1864) zeichnet er den idealen Literaturkritiker als einen kompetenten, wohlinformierten und vor allen Dingen ‚interesselosen' Interpreten der literarisch-kulturellen Szene, der den Geschmack, die Bildung und das moralische Verantwortungsbewußtsein besitzt, um der zentralen gestaltgebenden Rolle für die Gesellschaft und Kultur gerecht zu werden, die Arnold der Literatur zuweist.[6] ‚Gute' Literaturkritik muß sich nach Arnolds Auffassung mit den besten Werken der Literatur befassen. Und aus ihrem Modellbeispiel muß sie, wie aus einem perfekten Mikrokosmos, die Maßstäbe für den Makrokosmos des kulturellen Lebens als ganzem entwickeln.

In Umkehrung von Platons Ablehnung der Dichtung als eines regressiven Mediums wird sie für Matthew Arnold zum bestimmenden Faktor kulturellen *Fortschritts*. Die Aufwertung von Kunst und Literatur zu höchsten Ausprägungsformen des menschlichen Geistes in der Romantik hat hier ihre deutliche Wirkung hinterlassen. Arnold erhebt die Literatur nachgerade zu einer modernen Religion, zum Vorbild aller kulturellen Aktivitäten des Menschen schlechthin. Die Dichtung, so schreibt er in *The Study of Poetry*, wird Religion und Philosophie ersetzen, da sie vereinfachende Antworten auf die von der modernen Welt gestellten Fragen verweigert, andererseits aber auch nicht modische Dogmen oder bloße begriffliche Abstraktionen inszeniert. Vielmehr entfaltet sie sich im Medium der maßgeblichen Ideen, die eine Kultur und das Bewußtsein der einer Kultur angehörenden Persönlichkeit bewegen. Die Dichtung wird zur notwendigen Ergänzung der Wissenschaft, da sie jene humanistischen Grundorientierungen für die Zukunft entwirft, die die Wissenschaft aus sich selbst heraus nicht vermitteln kann.[7]

Dieser moralische Kulturidealismus in Arnolds Literaturbegriff bildet gleichzeitig die Grundlage für seine Definition der Rolle des Li-

---

tion (Ann Arbor, 1965); Ortwin Kuhn, „Matthew Arnolds Auffassung von Wesen und Wirkung philologischer und literarischer Kritik: Aspekte der Neuorientierung zur Begründung europäischer Literatur- und Kulturkritik", *Archiv für Kulturgeschichte* 61.2 (1979): 397-419; Norbert Kohl, „'The Modern Spirit': Zum Bewußtsein der Modernität bei Matthew Arnold", *Literaturwissenschaftliches Jahrbuch* 22 (1981): 241-239; „The Function of Matthew Arnold at the Present Time", Special Section in *Critical Inquiry* 9.3 (1982): 41-516; *Matthew Arnold*, ed. Harold Bloom (New York, 1987).

[6] Matthew Arnold, *The Function of Criticism at the Present Time,* in *Critical Theory*, 583-95: 588.

[7] *The Study of Poetry*, in *Norton Anthology of English Literature*, M.H. Abrams et al. (New York & London, 1979): 1444-66.

teraturkritikers. Dessen Aufgabe ist es, den Weg für die progressive
Poetisierung der Kultur der Zukunft und ihre damit einhergehende
Humanisierung zu bereiten. Dem Kritiker kommt die Verantwortung
zu, zwischen niederen und hohen Literaturformen zu unterscheiden
und die Einsichten letzterer für die allgemeine Öffentlichkeit zugänglich zu machen, da dieser weitgehend die verfeinerte Sensibilität und
der ästhetische Geschmack fehlen, die den Kritiker für seine Aufgabe
qualifizieren. Vom Kritiker wird daher eine ähnlich außergewöhnli-
che Kompetenz in seinem Bereich erwartet wie vom Dichter in seiner
Literatur. Und als Multiplikator und Förderer ästhetischer und kultureller Wertestandards erhält er eine (fast) gleichermaßen wichtige
Rolle in der Gesellschaft zugeschrieben.

Aufgrund dieser besonderen Verantwortlichkeit des Kritikers ist es
wesentlich, daß die Interpretation und Wertung eines Textes nicht
mit irgendwelchen Vorurteilen oder polemischen Interessen vermischt wird. Das Ziel der Literaturkritik ist nach Arnolds berühmt
gewordener Formulierung das folgende:

> [...] a disinterested endeavour to learn and propagate the best that is
> known and thought in the world.[8]

Das Wort „disinterested" meint hier nicht den Rückzug des Kritikers
aus der Gesellschaft, sondern seine Weigerung, ästhetische Werturteile politischen oder praktischen Überlegungen unterzuordnen. Dies
sah Arnold in einem Großteil der englischen Literaturkritik seiner
Zeit als gegeben an, die er im Vergleich mit den anderswo in Europa
herrschenden Standards als provinziell und kleingeistig empfand.
Auch der Großteil der englischen Literatur seines Jahrhunderts einschließlich der romantischen Dichter litt nach Arnold an einem Mangel an Universalität und kosmopolitischem Geist.[9] Er verglich sie kritisch mit Dichtergestalten des Kontinents wie Goethe, der in seiner
Verbindung von Intuition und breitem Wissen, von Imagination und
Verstand, von persönlichen und universellen Themen Arnolds Ideal-
typus des modernen Autors verkörperte.

---

[8] *The Function of Criticism of the Present Time*, in *Critical Theory*: 594.
[9] *The Function of Criticism of the Present Time*, in *Critical Theory*: „[...] The
English poetry of the first quarter of this century, with plenty of energy, plenty of creative force, did not know enough. This makes Byron so empty of
matter, Shelley so incoherent, Wordsworth even, profound as he is, yet so
wanting in completeness and variety."(585)

Doch gerade in diesen konkreten Akten der Bewertung von Schriftstellern und ihrer Werke stellt sich für Arnold ein ernsthaftes und aus den Voraussetzungen seiner Position heraus letztlich unlösbares methodologisches Problem. Denn es erhebt sich die Frage, wie die ästhetischen Werturteile des Kritikers über die Ebene seiner bloß persönlichen Präferenzen hinausgelangen und jene allgemeine Gültigkeit erhalten können, die Arnold beabsichtigt. Als Mittel zu einer solchen ‚Objektivierung' der literarischen Bewertungsstandards offeriert Arnold, was er die *touchstones* der Literaturkritik nennt. Dies sind Passagen ‚unbestreitbar' hoher poetischer Qualität aus den Werken der größten Dichter der Literaturgeschichte, von denen Arnold explizit Homer, Dante, Shakespeare und Milton erwähnt (wir sehen hier, wie durch den Einfluß der Romantik der literarische *Kanon* sich seit den Zeiten des Klassizismus grundlegend geändert hat). All diese Autoren besaßen in herausragendem Maße, was Arnold als Merkmale wahrer dichterischer Größe betrachtet, nämlich „truth and seriousness".[10] Einer dieser gleichsam absolute Maßstäbe setzenden *touchstones* sind die folgenden Zeilen aus *Hamlet*, die vom sterbenden Hamlet zu Horatio gesprochen werden:

> If thou didst ever hold me in thy heart,
> Absent thee from felicity awhile,
> And in this harsh world draw thy breath in pain
> To tell my story [...][11]

Den Beispielen, die Arnold auswählt, spricht er den Status zu von „infallible touchstone[s] for detecting the presence or absence of high poetic quality, and also the degree of this quality, in all other poetry which we may place beside them".[12] Diese Beispiele sind aber von einem Ton des Erhabenen, des Heroischen und universell Bedeutsamen durchzogen, worin sich unmißverständlich Arnolds eigener ästhetischer Geschmack niederschlägt. Sein Versuch, die schwer faßbaren Begriffe der ‚Wahrheit' und ‚Ernsthaftigkeit' in mustergültigen Passagen aus klassischen Werken zu konkretisieren, verstrickt sich unvermeidlich in ein zirkuläres Argument, da er seinen *subjektiven Geschmack* als Kritiker einsetzen muß, um die Passagen aus den Texten auszuwählen, die die Werturteile der Kritik *objektivieren* sollen.

---

[10] *The Study of Poetry*: 1452. Im Vergleich zu diesen ‚wahren' Klassikern erscheinen die neoklassischen Autoren wie Dryden oder Pope, aber auch die Romantiker, als zweitrangig.

[11] *Hamlet*, V.2, 357-60.

[12] *The Study of Poetry*, 599.

Wie wir heute wissen, ist dieser Zirkel letztlich unentrinnbar. Tatsächlich illustriert er die charakteristische Prozedur bei der Interpretation literarischer Texte, wie sie in moderner hermeneutischer Theorie beschrieben wird (s.u. Kap. 21). Doch gerade die Art, in der Arnold aus diesem Zirkel in vermeintliche Objektivität auszubrechen versucht, verletzt den Objektivitätsanspruch auf zweierlei Weise. Zum einen isoliert er bestimmte Passagen aus Texten und mißachtet den Umstand, daß sie ihre Bedeutung und ästhetische Funktion nur in ihrer Beziehung zum Kontext erhalten. Und zum zweiten übersieht er den Aspekt der künstlerischen Evolution und Innovation, d.h. den Umstand, daß neue Werke in der Literaturgeschichte niemals einfach die Stilmodelle ihrer Vorgänger kopieren können. Obwohl Arnold die Vorstellung allgemeiner ‚Regeln‘ oder Normen poetischen Schreibens ablehnt, gibt er sich hier als Klassizist im moderneren Gewand zu erkennen, auch wenn seine Auffassung künstlerischer Vollendung verschieden ist von der der Klassizisten des 18. Jahrhunderts.[13]

Arnold nahm die Aufgabe der Kulturkritik ernst, die er mit der Verbreitung und Verfeinerung literarischer Sensibilität verband. Dies zeigt sich etwa, wenn er in *The Function of Criticism* die philisterhaften Eulogien auf den Status quo bei zeitgenössischen Intellektuellen attackiert und deren selbstgerechte Realitätsblindheit gegenüber der englischen Gesellschaft mit den harten Fakten sozialer Gewalt und Verelendung konfrontiert. Er demonstriert dies an einer Zeitungsmeldung über die Ermordung eines unehelichen Kindes durch seine Mutter – ein zweifellos höchst ungewöhnliches Beispiel in einem Diskurs über die Aufgaben der Literaturkritik. Das Schicksal dieses „girl named Wragg", von den Zeitungen ihres Vornamens beraubt und zum Opfer sozialer Ungerechtigkeit und moralischer Scheinheiligkeit geworden, wird von Arnold als realitätsbewußtes Gegenargument gegen die ideologische Selbstverklärung der viktorianischen Gesellschaft exemplarisch ins Feld geführt.[14] Und die Fähigkeit, diese Diskrepanzen und Defizite der Gesellschaft allererst wahrzunehmen, hängt nach Arnold wesentlich mit jener ‚interesselosen‘ und doch

---

[13] Vgl. Anderson, *Arnold and the Classical Tradition*. – Obwohl Arnold stärker von Aristoteles als von Platon beeinflußt war, gibt es eine gewisse Kontinuität mit platonischen Traditionen in seinem Denkansatz: Vgl. Peter R. Burnham, „*Culture and Anarchy* as a Platonic Solution to a Victorian Dilemma" *Arnoldian* 8,2 (1981), 6-19.

[14] *The Function of Criticism of the Present Time*, in *Critical Theory*: 590.

mit höchster moralischer Aufmerksamkeit ausgestatteten Art kritischer Reflexion zusammen, die aus der Erfahrung großer Literatur
hervorgeht und die sich weder durch persönliche Vorurteile noch
durch modische Denkweisen beirren läßt.

Dennoch war zweifellos auch Arnolds eigene Position nicht frei von
ideologischen Elementen. Seine Aufwertung der Literatur zum zentralen kulturellen Fortschrittsmedium war gleichzeitig der Versuch,
eine neue, adäquatere kulturelle Basis und Wertideologie für die englische Gesellschaft seiner Zeit zu finden, wie immer kritisch Arnold
den damaligen Zustand der Gesellschaft auch betrachtet haben
mochte. Er sah, daß die politische, ökonomische und moralische Ordnung vom inneren Auseinanderbrechen bedroht war durch scharfe
soziale Gegensätze, durch die entfremdenden Auswirkungen der Industriellen Revolution, und nicht zuletzt durch die Unfähigkeit der
Religion, angemessene Antworten auf die umwälzenden historischen
Veränderungen zu geben. Kunst und Literatur sollten diese Lücke
füllen. Sie hatten die Defizite eines politischen Systems zu kompensieren und zu korrigieren, dem sie dennoch im Prinzip unterstützend
gegenüberstehen sollten.

Diese Apotheose der Dichtung gewissermaßen zu einer neuen, säkularen Metaphysik für ein postreligiöses Zeitalter sollte, in mehr
oder weniger ausdrücklicher Form, von nachhaltiger Wirkung auf das
weitere Nachdenken über die Literatur bis in die erste Hälfte des 20.
Jahrhunderts hinein werden. Gleichzeitig wirkte auch der von Arnold
ausgehende Impuls einer Objektivierung dieses Nachdenkens fort,
auch wenn seine Ansätze hierzu heute nicht mehr vollgültig überzeugen können.[15]

[15] Was die mittlerweile schon fast ritualisierten Angriffe auf Arnold als den geistigen Vater der Institution der englischen Literaturkritik und des mit ihr
verknüpften Studienfachs Englische Literatur als eines Horts nationaler Ideologie betrifft, wie sie etwa Terry Eagleton, aber auch andere vorbringen, so
sind diese meist zu einseitig und pauschalisierend. Denn dabei wird nicht nur
die ausgeprägte sozialkritische Komponente von Arnolds Denken verkannt,
sondern auch der grundsätzlichere Umstand, daß *niemand* dem kulturellen
und intellektuellen Kontext und dem impliziten Wertvorstellungen seiner
Zeit entkommen kann – was die modernen oder postmodernen Kritiker in
ebensolcher Weise betrifft wie Arnold. Ebenso darf aufgrund der Unmöglichkeit absolut gültiger und objektivierbarer Werturteile nicht der Versuch
diskreditiert werden, *möglichst* vorurteilsfrei an ästhetische Texte und Problemstellungen heranzugehen, auch wenn dies stets nur im Modus der Annäherung und unter Rückbindung an intersubjektive Verständigungsprozesse
möglich ist.

17. FORMALISMUS

Der Mythos von Kunst und Literatur als höchster Sphäre menschlicher Selbstverwirklichung, wie er von der Romantik und später von Matthew Arnold kultiviert wurde, erfuhr im Zeitalter des sogenannten Modernismus, also in den Anfangsjahrzehnten des 20. Jahrhunderts, noch einmal eine eminent wirkungsmächtige Neuauflage. Autoren wie Ezra Pound und T. S. Eliot, aber auch James Joyce, Virginia Woolf oder D. H. Lawrence entwickelten ihre Kunstauffassungen in der Nachfolge jener säkularen Religion des Ästhetischen, die dem Künstler eine Sonderstellung in der Gesellschaft zuwies, in der sich die Rolle des sprachlichen Erneuerers mit der des Propheten und humanistischen Kulturbewahrers verband. Die Literatur wurde gerade dadurch, daß sie ihrer ästhetischen Eigengesetzlichkeit folgte, zum Gegenmodell einer gesellschaftlichen Entwicklung, die als zunehmende Entfremdung, Fragmentierung und Desintegration der menschlichen Realität empfunden wurde.

Der wohl bedeutendste Vertreter der englischen Literaturkritik, der in Anknüpfung an diese modernistische Position bis weit über die Jahrhundertmitte hinaus eine kulturkritische Auffassung der Literatur und Literaturkritik praktizierte, war F. R. Leavis. Leavis, der den bei T. S. Eliot wichtigen Begriff der *Tradition* (vgl. u. Kap. 18) mit der Besinnung auf die *nationale* Literaturgeschichte Englands verband und vor allem dem Werk von D. H. Lawrence verpflichtet war, war jedoch weniger Theoretiker als Praktiker.[1] Er führte eine persönlich engagierte, auf eigenständige ästhetische Werturteile und das Prinzip des *close reading* von Meisterwerken gegründete, damit aber gleichzeitig auch humanistische Maßstäbe für die Gesamtgesellschaft setzende Form der Literaturkritik bis in eine Zeit hinein fort, in der im ganzen betrachtet die einzelnen Kritikerpersönlichkeiten zuneh-

---

[1] Zur Literatur- und Kulturkritik von F. R. Leavis vgl. Eberhard Späth, „F. R. Leavis: ‚The Business of the Critic'", in *Englische und amerikanische Literaturtheorie II*, Hrsg. Rüdiger Ahrens und Erwin Wolff (Heidelberg, 1979): 460-80; Armin Paul Frank, „F. R. Leavis: Kritik als sorgfältiges Lesen aus leidenschaftlicher Überzeugung", *Einführung in die britische und amerikanische Literaturkritik und -theorie* (Darmstadt, 1983): 52-83; Meinhard Winkgens, *Die kulturkritische Verankerung der Literaturkritik bei F. R. Leavis* (Paderborn, 1988).

mend hinter den sich herausbildenden ‚Schulen' der Kritik und Literaturtheorie zurücktraten.

Wenn ich mich hier, mit dem Eintritt ins 20. Jahrhundert, hauptsächlich auf diese Schulen und Tendenzen beziehe, so soll damit nicht die Leistung individueller Kritiker herabgewürdigt oder gar jener Entpersönlichung und lebensfernen Anonymisierung der Literaturkritik das Wort geredet werden, die Leavis heraufziehen sah. Vielmehr ergibt diese Darstellungsform sich beinahe zwangsläufig aufgrund der kaum mehr überschaubaren Vielfalt der Positionen, aber auch aufgrund der nicht zuletzt durch Akademisierung und Institutionalisierung real sich verstärkenden Tendenz zu solchen personenübergreifenden Theoriebildungen. Daß sich dahinter trotzdem stets durchaus reale Individuen mit jeweils unterschiedlichen Denkansätzen verbergen, sollte bei aller Notwendigkeit zur Raffung dennoch zumindest in Umrissen erkennbar bleiben.

Im Blick auf die Geschichte der anglo-amerikanischen Literaturkritik fällt an der Entwicklung im 20. Jahrhundert weiterhin die allmähliche, aber unübersehbare Verlagerung des Schwerpunkts der Theoriebildung von England nach den USA ins Auge, die mit dem Aufstieg der dortigen Universitäten zu immer stärker auch international ausgerichteten Zentren geisteswissenschaftlicher Forschung zusammenhing. Dies zeigte sich zum ersten Mal markant im Falle des New Criticism, der in England entstand, aber in den USA erst zu seiner vollen und nachhaltig wirksamen Ausprägung kam. Dessen Gründerfigur I. A. Richards, der im Lauf seiner Karriere von Cambridge nach Harvard wechselte, illustriert in seiner Biographie selbst diesen Vorgang. Seit der Jahrhundermitte ist diese Tendenz noch stärker geworden, wobei die Theorien, die dabei Prominenz erlangten, auch weiterhin keineswegs immer in den USA selbst entwickelt wurden.

Wohl die einschneidendste Neuerung in der Entwicklung der Literaturtheorie im beginnenden 20. Jahrhundert war aber der Versuch, die Erforschung und das Studium der Literatur auf eine *wissenschaftliche* Stufe zu heben. Zwar gab es Ansätze hierzu schon im 19. Jahrhundert. Insbesondere aus positivistischer Sicht wurde die Literatur als historisches Phänomen betrachtet, in ihren Quellen und Einflüssen und ihrer Beziehung zur Biographie des Autors untersucht. Nach der Publikation von Darwins Evolutionsthese gab es Vorschläge, die literarischen Gattungen – Drama, Roman, Lyrik – analog zu den biologischen Gattungen zu betrachten. Auch die Ästhetik des Naturalismus implizierte zweifellos eine wissenschaftliche Auffassung der Lite-

ratur und folglich auch der Literaturkritik. Doch dies waren wie gesagt nur Ansätze, die erst im 20. Jahrhundert auf breiter Basis intensi-
viert und vor allem, gegen die Dominanz außerliterarischer Perspektiven, auf die *spezifischen Merkmale der Literatur selbst* konzentriert
wurden.

Die ersten solchen systematischen Beschreibungsversuche des Spezifischen der Literatur selbst und ihrer inneren ‚Gesetze‘ wurden von
den Schulen des Russischen Formalismus und des Prager Strukturalismus etwa in der Zeit vom Ende des I. Weltkriegs bis in die 30er Jahre geliefert. Obwohl dies zunächst kaum Auswirkungen auf die Diskussion in England und den USA hatte[2], muß hier in aller Kürze auf
einige Grundgedanken eingegangen werden, da ohne sie die spätere
Entwicklung der literaturtheoretischen Reflexion auch in diesen Ländern nicht adäquat verstehbar wäre. Zwei prominente Vermittler
zwischen den Ideen des Formalismus und der Diskussion im Westen
waren der in Prag geborene René Wellek und der aus Moskau stam-
mende Roman Jakobson, die beide in den 30er bzw. anfangs der 40er
Jahre in die USA übersiedelten und dort – Wellek relativ rasch, Jakobson erst mit Verzögerung – einen enormen Einfluß entfalteten.

Die Russischen Formalisten, die eng mit der avangardistischen
Dichtung ihrer Zeit verbunden waren, wiesen die bisherigen Verfahrensweisen der Literaturkritik als subjektiv, unsystematisch und im-
pressionistisch zurück.[3] Sie unternahmen den Versuch, eine ‚literarische Wissenschaft‘ zu begründen, und befaßten sich daher primär mit
der Untersuchung der poetischen *Sprache*. Sie waren nicht an der Beziehung der Texte zu ihrem Autor oder zu der in ihnen vorgeblich re-
präsentierten ‚Welt‘ interessiert, sondern konzentrierten sich auf diejenigen Aspekte, die nach ihrer Auffassung die distinktive literarische Qualität, die *Literarizität* von Texten im Unterschied zu anderen, nichtliterarischen Texten bedingen.

Einer der bekanntesten, dieser Schule entstammenden Essays ist
Victor Sklovskijs „Die Kunst als Verfahren", engl. „Art as Techni-

---

[2] Vgl. Lothar Fietz, „René Welleks Literaturtheorie und der Prager Struktu-
    ralismus", in *Englische und amerikanische Literaturtheorie II*: 500-523.

[3] Zur Einführung in den Russischen Formalismus und den Prager Strukturalis-
    mus vgl. Victor Ehrlich, *Russian Formalism: History – Doctrine* (The Hague,
    1955); Lothar Fietz, *Strukturalismus. Eine Einführung* (Tübingen, 1982),
    bes. 44-69; Ann Jefferson, „Russian Formalism", in *Modern Literary Theo-
    ry: A Comparative Introduction*, eds. A. Jefferson und David Robey (Lon-
    don, 1982): 16-37; Selden, *Contemporary Literary Theory*: 6-22; *Twentieth
    Century Literary Theory*: 21-38.

que".[4] Poetische oder literarische Sprache wird hier definiert als bestimmtes Verfahren der Sprachverwendung, das in erster Linie in der Technik der ‚Verfremdung'*(ostranenie)* bekannter und kulturell eingefahrener Muster des Sprachgebrauchs besteht. Poetische Sprache entfaltet sich gegenläufig zu den repetitiven Klischees der Alltagssprache und erneuert und differenziert beständig die menschliche Wahrnehmung, indem sie automatisierte Erfahrungs- und Interpretationsweisen aufbricht und verfremdet.

The technique of art is to make objects ‚unfamiliar', to make forms difficult, to increase the difficulty and length of perception, because the process of perception is an aesthetic end in itself and must be prolonged.[5]

Sklovskijs Ansatz und der anderer Formalisten ist insofern für Anglisten von besonderem Interesse, als er wiederholt an Beispielen aus der englischen Literatur demonstriert wird. So veranschaulicht Sklovskij sein Konzept der ‚Verfremdung', im englischen Sprachgebrauch als *defamiliarization* eingebürgert, in der Anwendung auf Laurence Sternes *Tristram Shandy*. Wir erinnern uns, welches ästhetische Ärgernis dieser Roman aufgrund seiner Widerständigkeit gegen konventionelle inhaltliche und poetologische Lesererwartungen für Samuel Johnson bedeutet hatte, durch den das Urteil der Kritiker über Sterne für lange Zeit bestimmt wurde. Nun, mit dem Formalismus und seiner Betonung der Kunst als ‚Verfahren', findet eine völlige Umwertung statt. *Tristram Shandy* wird für Sklovskij gar zum „typischsten Roman der Weltliteratur", eben weil in ihm die charakteristischen Kompositionsweisen der literarischen Fiktion freigelegt und zum eigentlichen Gegenstand werden.[6] Durch die abwechselnde Verlangsamung oder Beschleunigung des Erzähltempos und die ständigen reflexiven Unterbrechungen des Erzählflusses entstehen Verfremdungseffekte, die die Aufmerksamkeit des Lesers auf den Akt der ästhetischen Wahrnehmung als solchen lenken. Ein Beispiel hierfür ist die Beschreibung von Mr. Shandy, wie er, nachdem er von der gebrochenen Nase seines Sohnes Tristram erfahren hat, voller Verzweiflung auf sein Bett sinkt:

---

[4] Viktor Sklovskij, „Die Kunst als Verfahren", in *Russischer Formalismus, Bd. I: Texte zur allgemeinen Literaturtheorie und zur Theorie der Prosa* (München, 1969): 3-35; engl. „Art as Technique", in *Russian Formalist Criticism: Four Essays*, trans. and eds. Lee T. Lemon and Marion J. Reis (Lincoln, Nebrasca, 1965): 5-22.

[5] "Art as Technique", zit. aus *Twentieth-Century Literary Theory*: 24.

[6] Vgl. hierzu Christoph Bode, *Ästhetik der Ambiguität*: 25-27.

The palm of his right hand, as he fell upon the bed, receiving his forehead,
and covering the greatest part of both his eyes, gently sunk down with his
head (his elbow was giving way backwards) till his nose touch'd the quilt; –
his left arm hung insensible over the side of the bed, his knuckles reclining
upon the handle of the chamber pot[...][7]

Raman Selden erläutert anhand dieser Stelle Sklovskijs Konzept der
defamiliarization folgendermaßen: „By slowing down the description
of Mr. Shandy's posture, Sterne gives us no new insight into grief, no
new perception of familiar posture, but only a heightened verbal presentation. It is Sterne's very lack of concern with perception in the
non-literary sense which seems to attract Shklovsky's admiration.
This emphasis on the actual process of presentation is called ‚laying
bare‘ of one's technique. Many readers find Sterne's novel irritating
for its continual references to its own novelistic structure, but ‚laying
bare‘ its own device is, in Shklovsky's view, the most essentially *literary* thing a novel can do."[8]

Der formalistische Ansatz wurde in der Folgezeit in verschiedenen
Richtungen weiter ausdifferenziert und auch modifiziert, was hier nur
kurz angedeutet werden kann. Jurij Tynyanov legte den Akzent stärker auf den dynamischen Charakter des literarischen Werks als eines
Systems von Elementen, die in einer keineswegs harmonischen, sondern vielmehr höchst spannungsreichen Wechselbeziehung zueinander stehen. Die poetischen Organisationsverfahren deformieren dabei immer wieder die gewohnte Semantik der Wörter, wodurch
Mehrdeutigkeit und Unbestimmtheit zum kennzeichnenden Merkmal poetischer Texte werden.

Expliziter noch als Sklovskij und Tynyanov konzentrierte sich Roman Jakobson auf die spezifisch linguistischen Aspekte und die For-
malstruktur poetischer Sprache wie Metapher, Metonymie, Rhythmus, Klangmuster usw. Die metaphorische Sprechweise beruht auf
Ähnlichkeit oder Similarität, auf der Übertragung eines Erfahrungs-
phänomens auf ein anderes, zu dem keine wirkliche Beziehung besteht, aber das in eine wechselseitig erhellende und ästhetisch wirksame Analogie oder Korrespondenz zum Ausgangsphänomen rückt
(wie etwa in den Anfangszeilen von Byrons Gedicht: „She walks in
beauty, like the night/ Of cloudless climes and starry skies"). Die metonymische Sprechweise beruht auf Kontiguität, d.h. auf der Kombi-

---

[7] Zit. aus Raman Selden, *Contemporary Literary Theory*: 11.
[8] *Ibid.*

nation und gegenseitigen Substitution von Elementen, zwischen denen eine reale Beziehung besteht (wie zwischen dem Namen einer Sache und der Sache selbst, zwischen Teil und Ganzem o.ä., etwa in *stage* für *theatre*).[9] Für Jakobson lassen sich die Kategorien von ‚metaphorischem' und ‚metonymischem' Schreiben auf verschiedene Phasen und Stiltendenzen innerhalb der Literaturgeschichte anwenden, wie dies ganz markant im Fall von Romantik (metaphorischer Stil) und Realismus (metonymischer Stil) der Fall ist[10], aber nach David Lodge auch auf Parallelentwicklungen im 20. Jahrhundert anwendbar ist.[11]

Wie für Sklovskij und Tynyanov ist für Jakobson der poetische Vorgang wesentlich ein Vorgang der Durchbrechung gewohnter, automatisierter Sichtweisen der Welt und Verwendungsweisen der Sprache. Dies bezieht sich auch auf die Evolution der Literatur selbst, insofern auch hier die einmal etablierten Formprinzipien auf die Ebene des bereits Vertrauten absinken und in Gefahr stehen, automatisiert zu werden. Daher setzt der literarische Text Verfahren der Verfremdung auch gegen die Techniken ein, die er selbst verwendet. Literatur operiert so in einer ständigen Dialektik zwischen Vertrautheit und Fremdheit, zwischen Automatisierung und Desautomatisierung. Sie ist der stets von seiner eigenen Konventionalisierung bedrohte Versuch einer *Desautomatisierung* von Sprache und Kommunikation. Wie bei den anderen Russischen Formalisten ist poetische Sprache damit primär durch ihre Abweichung von der Normalsprache, vom kulturell oder poetologisch Erwarteten definiert. Sie wird im Umkreis einer ‚Deviationsästhetik' bestimmt, der aber bei Jakobson durch die Einbettung in ein differenziertes Kommunikations- und Funktionsmodell der Sprache ihre Einseitigkeit und bloße Negativität genommen wird. Jakobson unterscheidet im Anschluß an Ernst Bühlers Kommunikationsmodell (Sender-Botschaft-Empfänger) sechs verschiedene Funktionen der Sprache, von denen in verschiedenen Textformen jeweils eine dominant wird.[12] So kann u.a. der Bezug zum

---

9   Selden illustriert die metonymische Schreibweise an einem Dickens-Beispiel (65).

10 Roman Jakobson, „The Metaphoric and the Metonymic Poles", *Critical Theory*: 1113-16.

11 Vgl. David Lodge, *The Modes of Modern Writing: Metaphor, Metonymy, and the Typology of Modern Literature* (London, 1977).

12 Roman Jakobson, „Linguistics and Poetics", in *Style in Language*, ed. Thomas A. Sebeok (New York & London, 1960): 350-377.

Sprecher („Ich fühle mich krank" – ‚emotive' Funktion), zur intersubjektiven Wirklichkeit oder dem ‚Kontext' („Die Semesterferien gehen zu Ende" – referentielle Funktion) oder zum Empfänger („Du
mußt dich auf die Seminare vorbereiten" – appellative oder ‚konative'
Funktion) dominant sein. Die poetische Funktion zeichnet sich nun
dadurch aus, daß hier die Sprache nicht in erster Linie zum Verweis
auf etwas anderes über sie hinaus verwendet wird, sondern die Aufmerksamkeit auf sich selbst richtet, auf die eigene ‚Botschaft' und den
Prozeß der sprachlichen Zeichen, in dem sich alle Kommunikation ab-
spielt. Poetische Sprache ist somit nicht eine referentielle, sondern
eine *selbstreferentielle* Sprache, die die „Spürbarkeit der Zeichen" gegenüber deren Bedeutungsfunktion hervorhebt und damit ästhetische
Eigenwelten erzeugt.[13] In Fortführung dieser Ansätze des Formalismus hat später Jurij Lotman die Eigenstruktur literarischer Texte herausgearbeitet. Er sieht eine maximale Bedeutungsverdichtung der
Sprache und eine Multiplizierung der innertextuellen Kodes als Merkmal von Literatur, woraus ein Komplexitätsüberschuß gegenüber anderen Textformen resultiert, der den literarischen Text als „sekundä-
res modellbildenden System" von der natürlichen Sprache abhebt.[14]

Wir sehen, wir begegnen hier einem ganz neuen Ton und einer neu-
en Terminologie in der Sprache der Literaturkritik und -theorie, deren formalisierende Abstraktheit den wissenschaftlichen Geist des
20. Jahrhunderts atmet. Hierin scheint sie der kulturkritisch inspirierten Absicht etwa eines F. R. Leavis, der den vitalen Lebensbezug der
Literatur durch die kreative Vermittlungsleistung ihrer Interpreten
immer neu gegen institutionelle Erstarrungen zur Geltung bringen
will, diametral entgegenzustehen. Dazu ist jedoch zum einen festzuhalten, daß der Formalismus, wie schon gesagt, im Zusammenhang
mit der Entwicklung der Avantgarde-Kunst selbst, insbesondere der
Lyrik, zu sehen ist und von daher durchaus auch einen ästhetischen
Nerv seiner Zeit trifft. Zum anderen sind seine theoretischen Ergebnisse, wenn sie nicht verabsolutiert, sondern als deskriptive Annähe-
rungsversuche an das Problem der ‚Poetizität' gesehen werden, auch
in einem größeren literatur- und kulturwissenschaftlichen Diskussi-
onskontext der Gegenwart letztlich unverzichtbar. In seiner Insistenz
auf der Eigensinnigkeit literarischer Texte führt der Formalismus bereits in der Romantik einsetzende Autonomie-Vorstellungen der

[13] Vgl. Jürgen Habermas, *Der philosophische Diskurs der Moderne* (Frankfurt, 1985): 235.
[14] Vgl. Bode: 44 ff.

Kunst ebenso fort, wie er im Aspekt der Desautomatisierung von Kommunikation an den sprachlich-kulturellen Innovationsauftrag der Dichtung erinnert, der etwa schon von Shelley formuliert wurde.[15] Es verwundert nicht, daß im Zug des allgemein gewachsenen Interesses an der Sprache und dem sprachlichen Vermittlungscharakter aller Kultur- und Gesellschaftsphänomene in neuerer Zeit das Interesse am Formalismus gerade auch bei politisch orientierten Kritikern angestiegen ist.[16]

Bereits innerhalb des Russischen Formalismus gab es Tendenzen, die Formstruktur poetischer Texte auf deren gesellschaftlichen Kontext zu beziehen. So sah Michail Bachtin die Sprache als ihrem Wesen nach ‚dialogisch‘ an, als ein soziales Interaktionsgeschehen.[17] Er hob damit besonders die kommunikative Dimension der Literatur hervor, die er mit dem Begriff des ‚Karnevalesken‘ umschrieb. Die Literatur erhält in ihrer Durchbrechung des Bestehenden den Charakter eines anarchischen Kommunikationsspiels, das Hierarchien auf den Kopf stellt, Gegensätze vermischt und die „jolly relativity of all things" verkündet.[18] Dieser Ansatz, der das Aufbrechen verfestigter Kommunikationsformen zum allgemeineren Ausgangspunkt der These von der Literatur als eines *kulturell subversiven Mediums* nimmt und so den formalistischen Theorierahmen gleichsam von innen her sprengt, ist gerade für eine Reihe postmoderner Kritiker unserer Zeit von besonderer Anziehungskraft geworden.

Aber auch innerhalb des orthodoxeren Formalismus gab es Versuche eines Brückenschlags zur Geschichte und Gesellschaft. Dies gilt insbesondere für den Prager Strukturalismus und seinen Hauptvertreter, Jan Mukařovský.[19] Mukařovský setzte eine dynamische Spannung zwischen Literatur und Gesellschaft *innerhalb* des literarischen Werks selbst an. Sein Konzept der ‚ästhetischen Funktion‘ beleuchtet die unaufhebbare Abhängigkeit literarischer Qualitäten von den Wertsystemen und Erwartungshaltungen der jeweiligen soziokultu-

---

[15] Vgl. *Defence of Poetry*: „[Poetry] creates anew the universe, after it has been annihilated in our minds by the recurrence of impressions blunted by reiteration."(*Critical Theory*: 512)

[16] Vgl. z. B. Fredric Jameson, *The Prison-House of Language. A Critical Account of Structuralism and Russian Formalism* (Princeton, 1972).

[17] Vgl. Michail Bachtin, *Rabelais and His World*, trans. Hlene Iswolsky (Cambridge, Mass., 1968).

[18] Selden: 18.

[19] Vgl. hierzu Lothar Fietz, *Strukturalismus. Eine Einführung* (Tübingen, 1982).

rellen Textumwelt. Die Struktur der Literatur wird erst beschreibbar
von der Funktion her, die dem Text in dieser Umwelt zukommt.

Auch Roman Jakobson, der seit den 20er Jahren den Prager Strukturalisten zugehörte, regte zusammen mit Jurij Tynyanov eine Ausweitung des formalistischen Projekts in die sozio-historische Dimension an, indem er zwischen zwei ‚Reihen' unterschied, der ‚literarischen Reihe' und der ‚historischen Reihe'.[21] Die literarische Reihe ist
die Abfolge und Interaktion literarischer Werke und Stile im Prozeß
der literaturgeschichtlichen Evolution. Die historische Reihe ist die
Abfolge der politischen, sozialen und kulturellen Ereignisse im real-
geschichtlichen Prozeß. Die literarische Reihe kann nur unter Hinzu-
ziehung der historischen Reihe verstanden werden, doch muß sie
gleichzeitig als semi-autonomer Prozeß gesehen werden, der anderen
Gesetzen folgt als der historische Prozeß selbst. Zwar ist die Frage,
wie genau diese beiden Reihen – die nur idealtypische Konstrukte
darstellen – zueinander in Beziehung gesetzt werden können, bis heute ein offenes Problem. Wenn indessen der zunächst allzu schemati-
sierende Frageansatz konkretisiert und ausdifferenziert wird, liegt
hierin zweifellos weiterhin eine Aufgabe auch der gegenwärtigen Literaturwissenschaft.

---

[21] Jurij Tynyanov und Roman Jakobson, „Problems in the Study of Language
and Literature", in *The Structuralists from Marx to Lévis-Strauss*, eds. Richard and Fernande DeGeorge (Garden City, N.Y., 1972): 81-83.

18. T. E. HULME UND T. S. ELIOT

Die skizzierten Entwicklungen in Osteuropa hatten zunächst, wie gesagt, kaum Auswirkungen auf die anglo-amerikanische Literaturkritik. Dennoch ist interessant, daß die Herausbildung einer modernistischen Ästhetik und Literaturauffassung in vergleichbaren Bahnen verlief, auch wenn im angelsächsischen Raum kein solcher Grad an Formalisierung und Systematisierung der Literaturstudien zu beobachten ist. In England und den USA wurde eine stärker ‚wissenschaftliche' Betrachtungsweise der Literatur von einer Gruppe einflußreicher Schriftsteller gefördert, die zugleich Dichter und Kritiker waren, deren Haltung aber zu Anfang weniger wissenschaftlich-objektiv als vielmehr polemisch war. Sie griffen impressionistische und historisierende Verfahren der Literaturkritik an und wandten sich insbesondere gegen den Subjektivismus der Romantik, der ihrer Ansicht nach immer noch die vorherrschende Literaturauffassung ihrer Zeit bestimmte. Die beiden wichtigsten Übergangsfiguren in diesem Sinn waren T. E. Hulme und T. S. Eliot, die die ästhetische Modernismus-Diskussion wesentlich mitprägten.

Ein Schlüsseltext, der den Weg für das neue Interesse an den objektiven Strukturen anstelle des expressiven Potentials der Literatur bereitete, ist T. E. Hulmes (1883-1917) Essay „Romanticism and Classicism"(1913-14).[1] Hulme unterscheidet hier die romantische und die klassische Denkweise als zwei Grundhaltungen gegenüber dem Leben und als zwei fundamental unterschiedene philosophische und ästhetische Positionen, von denen er in deutlicher Parteilichkeit der klassischen Auffassung den Vorzug gibt. Tatsächlich ist Hulmes Essay eine durchgängige Kritik am exzessiven Selbstbezug und der pseudoreligiösen Exaltiertheit der Romantik und an ihrem Kult der ‚Unendlichkeit' – von Hulme als „infinite nothing" ironisiert.[2] Romantik erscheint in dieser Sicht als Krankheitszustand des Geistes, da sie nach etwas strebt, was per definitionem niemals erreichbar ist und daher unvermeidlich in Melancholie und Selbstzerstörung führt. Was den Romantikern fehlt, aber gerade das Merkmal großer Dichtung ausmacht, ist ein Sinn für Maß, Kontrolle und Proportion. In ihrer Su-

---

[1] T. E. Hulme, „Romanticism and Classicism", *Critical Theory*: 767-74.
[2] "Romanticism and Classicism", *Critical Theory*: 769.

che nach unendlichen Möglichkeiten vergessen sie die Grenzen menschlichen Wissens und menschlicher Existenz. Und in ihrer Inthronisierung des selbstbestimmten Individuums und ihrem illusionären Originalitätskult sind sie blind für die literarische Tradition und für die *trans*individuellen Bedeutungs- und Strukturmuster, die diese bereitstellt und dadurch individuellen literarischen Selbstausdruck überhaupt erst möglich macht.

Hulme verankert seine Unterscheidung zwischen Romantik und Klassik in den ihnen zugrundeliegenden unterschiedlichen Auffassungen von der menschlichen ‚Natur'. In der romantischen Einstellung wird die menschliche Natur als veränderlich und als grundsätzlich *gut* gesehen, so daß mit einer entsprechenen Umgestaltung der Gesellschaft im Sinn der Prinzipien dieser Menschennatur und mit der Abschaffung der sie unterdrückenden Sozialstrukturen die Übel der Welt beseitigt würden. Die klassische Einstellung ist diesem romantischen Glauben an die Perfektibilität des Selbst und der Welt entgegengesetzt. Die menschliche Natur wird als unveränderlich und als von Grund auf begrenzt und unvollkommen betrachtet.

> Man is an extraordinarily fixed and limited animal whose nature is absolutely constant. It is only by tradition and organization that anything decent can be got out of him.[3]

Anstelle der Variablen treten in dieser Sicht also die Konstanten der menschlichen Existenz und ihrer kulturellen Manifestationen hervor. Deutlich ist bei Hulme der klassizistische Glaube an Ordnung, Disziplin und Selbstkontrolle als notwendiger Voraussetzungen aller Kultur – und, implizit, auch aller Literatur – wiederzuerkennen. Und wiederum geht damit ein tiefsitzendes Mißtrauen gegen die prärationale, unbewußte und ‚magische' Dimension der Literatur einher, die die Romantiker so enthusiastisch wiederentdeckt und die sie dem in ihrer Sicht blutleeren Intellektualismus und den formalen Regulierungsversuchen der Dichtung in jenem Klassizismus entgegengesetzt hatten, der ihnen vorausgegangen war.

Selbstverständlich hatten Hulme oder Eliot nicht etwa eine Rückkehr zu den klassizistischen Auffassungen der vorromantischen Zeit im Sinn. Sie beabsichtigten auch keineswegs die Aufstellung neuer ‚Regeln' für das Verfertigen von Literatur. Und sie teilten auch letztlich nicht die rationalistische Haltung der Aufklärungszeit, von der etwa der Neoklassizismus eines Pope durchdrungen ist – obwohl sie ei-

---

[3] *Op. cit.*: 768.

niges zur Aufwertung dieser Epoche beitrugen. Gleichwohl propa-
gierten sie emphatisch eine neue, *postromantische* Dichtung, die nach
Hulme erhabene Emotion und abstraktes Pathos durch konse-
quente Konkretheit und Objektivität der Wahrnehmung und des Stils
ersetzen müsse und durch „dry, hard, classical verse" gekennzeichnet
sei.[4] An die Stelle der Trugbilder von Unendlichkeit und Spiritualität
habe ein Bewußtsein der weit nüchterneren Alltagsrealität zu treten,
„[of] finiteness, this limit of man".[5] Man kann im Rückblick sicherlich
sagen, daß ein beträchtlicher Teil der modernistischen Literatur und
Dichtung in den ersten Jahrzehnten dieses Jahrhunderts Hulmes Vor-
aussagen erfüllt hat. Ebenso deutlich ist, daß in seiner Haltung – wie
in der des literarischen Modernismus generell – noch stärker als in der
Romantik ein Moment tiefer historischer Desillusionierung steckt.
Was Max Weber die ‚Entzauberung der Welt' genannt hat, hat hier
seine unübersehbaren Spuren in der Literaturtheorie hinterlassen.
„A literature of wonder", sagt Hulme, „must have an end as inevita-
bly as a strange land loses its strangeness when one lives in it".[6]

Doch trotz aller selbstbewußten Verkündung objektiverer Maßstäbe für Dichtung und Kritik wird Hulmes Essay eigentümlich vage, ja
widersprüchlich, wo er auf die axiomatischen Punkte seiner eigenen
Theorie zu sprechen kommt. Wenn er fordert, daß es für die höchste
Dichtkunst notwendig sei „to get out *the exact curve of the feeling or
thing* you want to express"(m.H.)[7], so täuscht seine Metaphorik hier
Präzision und Klarheit vor, wo im Grunde nur sprachliche Ungreif-
barkeit und Unbestimmtheit vorliegen. Und die emotionalen Ver-
drängungs- und Verschiebungsvorgänge, die sich hinter Hulmes for-
scher Objektivitätsthese verbergen mögen, werden durch das „con-
crete example" beleuchtet, das er für eine „properly aesthetic emotion" gibt: Er stellt sich vor, daß der Künstler hinter einer Frau auf der
Straße hergeht und seine Aufmerksamkeit dabei ausschließlich gerichtet ist auf „the curious way in which the skirt rebounds from her
heels".[8] Hulmes Beispiel weist eine interessante Ähnlichkeit zu einer
berühmten psychoanalytischen Interpretation eines literarischen
Textes auf, Sigmund Freuds „Der Wahn und die Träume in W. Jen-

---

[4] *Op. cit.*: 772.
[5] *Op. cit.*: 769.
[6] *Op. cit.*: 774.
[7] *Ibid.*
[8] *Op. cit.*: 773.

sens *Gradiva*", die etwa zehn Jahre vor Hulmes Essay entstand.[9] *Gradiva* handelt von einem Archäologen, der unter dem Zwang leidet, alle Erfahrungen objektivieren zu müssen. Seine besondere Faszination gilt dem griechischen Relief einer schreitenden Frau mit geschürztem Rock, an der ihn besonders die Kurve ihrer Sohle und Verse fasziniert. Die Art, in der Freud die Fixierung auf diese ästhetische Phantasiefigur – die sich im Romanverlauf als reale Person materialisiert – als Verschiebung und symbolische Verdichtung unterdrückter erotischer Wünsche deutet, enthält eine überraschende Parallele zu Hulmes Beispielfall und läßt die Haltung ästhetischer Objektivität, der Hulme in seinem Essay ähnlich obsessiv anhängt wie der Archäologe in Jensens Roman, durchaus nicht ungebrochen erscheinen.

Wo aber Hulme und die von ihm propagierte Art der Literaturkritik in ihrem eigenen Argument inkonsistent und selbstwidersprüchlich werden, ist wo sie die Kunstauffassung, aus der heraus sie die Romantik attackieren, selbst auf zutiefst romantische Prämissen gründen. Denn wie Coleridge betrachtet Hulme das literarische Werk als organische Einheit, die nach ihren immanenten Maßstäben und nach der Korrespondenz der Teile zum Werkganzen beurteilt werden muß. Zwar wertet er Coleridges Opposition zwischen *imagination* und *fancy* um und zieht die *fancy* als den Aspekt des Konventionsbewußten und künstlerisch ,Gemachten' am Text dem quasi-mystischen Konzept der *imagination* und deren zaubergleicher Fähigkeit zur Synthetisierung einer Welt von Gegensätzen vor. Dennoch fundiert er seinen Literaturbegriff in der organischen Einheit oder der „vital complexity" des Kunstwerks, die sich nicht grundsätzlich von Coleridges Begriff der Imagination unterscheidet. Dies wird besonders klar, wenn Hulme sich auf Henri Bergsons Unterscheidung zwischen „intensiver" und „extensiver" Komplexität bezieht und erklärt:

> [...] the intellect can only deal with the extensive multiplicity. To deal with the intensive you must use intuition.[10]

Coleridges Imagination wird ersetzt durch Bergsons Intuition, d.h. durch eine erklärtermaßen irrationale, subjektive Kategorie, die die objektivistischen Prinzipien von Hulmes Literaturkritik von deren eigenem theoretischen Fundament her dementiert.

---

[9] Sigmund Freud, „Der Wahn und die Träume in W. Jensens *Gradiva*", in *Sigmund Freud Studienausgabe. Bd. X: Bildende Kunst und Literatur* (Frankfurt, 1969): 9- 85.
[10] *Op. cit.*: 774.

Trotz solcher logischer Schwierigkeiten und Beimengungen ästhetischer Ideologie wird indessen bei Hulme die neue Betonung der
Formalzüge literarischer Texte und ihrer spezifischen Verfahrensweisen unmißverständlich deutlich. Kunst erscheint als eigenständige
Form der Sprachverwendung und Erfahrungsperspektivierung, da sie
den Schleier zerreißt, der in unserer Alltagswahrnehmung aufgrund
von pragmatischen Zweckinteressen und von verinnerlichten kulturellen Stereotypien vor die Welt gezogen ist. Literarische Kunst
durchbricht die Schemata konventionalisierter Wahrnehmung und
stellt damit immer wieder den Bezug des Menschen zum vitalen Prozeß lebendiger Kreativität – Bergsons *élan vital* – her, der durch dessen
kulturelle Erstarrungen stets bedroht ist. Dieser Gedanke erinnert
ganz unmittelbar an die Russischen Formalisten und ihre Idee der
Kunst als Desautomatisierung kultureller Kommunikation. Doch wie
gesehen, sind Hulmes Auffassungen stärker von einem intuitionsthe-
oretischen Ansatz getragen, nämlich von Bergsons vitalistisch-orga-
nizistischer Konzeption der Welt und seiner Idee der Zeit und Erfahrung als eines kontinuierlichen *Fließens*, das für den Intellekt ungreif-
bar ist, das aber in seinen transitorischen ,Wellen' der Anschauungs-
kraft und Intuition des Künstlers zugänglich ist.[11]

T. S. Eliot (1888-1965) war eine weit stärker in der Öffentlichkeit
hervortretende und bekannte Figur der Literatur und Literaturkritik
als Hulme.[12] Doch sind seine Thesen nicht substantiell von denen
Hulmes unterschieden, von dem er stark beeinflußt war. Auch Eliot
wandte sich vehement gegen den romantischen Originalitätsgedanken
und gegen die Vorstellung, daß das Gedicht hauptsächlich Ausdruck
der Subjektivität des Autors sei. In seinem Essay „Tradition and the
Individual Talent"(1917) behauptet er, daß jedes große Dichtwerk das
Bewußtsein der Werke früherer Dichter enthält und daß der Künstler
daher vor allem einen geschärften Sinn für die ,Gegenwärtigkeit des
Vergangenen' besitzen muß. Der Dichter drückt nicht seine persönli-

---

[11] Vgl. T. E. Hulme, „Bergson's Theory of Art", *Critical Theory*: 774-82.

[12] Wichtige Kommentare zu Eliot sind etwa F. O. Matthiesen, *The Achievement of T. S. Eliot. An Essay on the Nature of Poetry* (London, 1972³); Northrop Frye, *T. S. Eliot* (Edinburgh, 1963); Armin Paul Frank, *T. S. Eliot Criticism and Scholarship in German: A Descriptive Survey, 1923-1980* (Göttingen, 1986); Lothar Hönninghausen, „Konservative Kulturkritik und Literaturtheorie zwischen den Weltkriegen: Yeats und Eliot", in *Englische Literatur und Politik im 20. Jahrhundert*, Hrsg. Paul Goetsch und H.- J. Müllenbrock (Wiesbaden, 1981): 95- 110; Albina S. Dale, *T. S. Eliot. The Philosopher Poet* (Wheaton, Ill., 1988).

chen Erfahrungen aus, sondern ein überpersönliches *Medium*, das
Medium der Sprache und Literatur, wie es von der Totalität der literarischen Werke der Vergangenheit herausgebildet wurde. Der moderne Dichter – und nicht zuletzt spricht Eliot hier von seiner eigenen
Dichtungskonzeption – muß folglich mit einem „historical sense" ausgestattet sein:

> [...] the historical sense compels a man to write not merely with his own
> generation in his bones, but with a feeling that the whole of the literature of
> Europe from Homer and within it the whole literature of his own country
> has a simultaneous existence and composes a simultaneous order.[13]

Der Schriftsteller muß sich der Autorität dieser literarischen Gesamtkultur unterordnen, die etwas repräsentiert, was „more valuable" ist
als seine eigene Persönlichkeit und seine subjektiven Emotionen.[14]
So wie Hulme Coleridges Entgegensetzung von *imagination* und *fancy* kritisch revidiert hatte, so revidiert Eliot Wordsworths Definition
der Dichtung als eines „spontaneous overflow of powerful feelings"
und als „emotion recollected in tranquillity". Für ihn entsteht Dichtung nicht aus intensiv empfundener Emotion oder aus deren bewußter Wiedererinnerung, sondern aus der *Konzentration* verschiedenar-
tiger Erfahrungen in einer Art transzendentalem ‚Sprachgehirn' des
Autors. Sie entspringt der „concentration [...] of a great number of
experiences [...] which does not happen consciously or deliberate-
ly".[15] Wenn Eliot hier von nichtbewußten Vorgängen spricht, so
meint er dies nicht im Freudschen Sinn, sondern im Sinn eines quasi-
objektiven Ereignisses im Geist des Dichters. Seine „impersonal theory of poetry"[16] bezieht sich dabei sowohl auf das Verhältnis des
Werks zur literarischen Vergangenheit, als auch auf jenes zur Individualität des Autors.

> Poetry is not a turning loose of emotion, but an escape from emotion; it is
> not the expression of personality, but an escape from personality.[17]

---

[13] T. S. Eliot, „Tradition and the Individual Talent", *Critical Theory*, 784- 87:
784.

[14] *Op. cit.*: 785.

[15] *Op. cit.*: 787.

[16] *Op. cit.*: 786.

[17] *Op. cit.*: 787. Eliot spricht hier sogar von einer „extinction of personali-
ty"(785), worin eine gewissermaßen klinisch oder hygienisch aufgefaßte
Selbstauslöschung der eigenen Person im poetischen Akt anvisiert wird.

Zur Beschreibung dieser depersonalen Dimension des dichterischen Schaffensakts gebraucht Eliot ausdrücklich eine naturwissenschaftliche Analogie. Er vergleicht den Geist des Dichters mit einem Streifen Platin, der durch eine chemische Reaktion Sauerstoff und Schwefeldioxyd in Schwefelsäure verwandelt, aber selbst in diesem Vorgang unverändert bleibt. Die ‚Elemente‘, die in der Dichtung als ihrem sprachlichen Katalysator zu solchen sie wechselseitig verändernden Reaktionen gebracht werden, sind die Ideen, Emotionen und Leidenschaften realer Erfahrung. Doch wie die Analogie zeigen soll, sind das Medium poetischer Kunst und der Akt ihrer Hervorbringung ihrer Natur nach *verschieden* von den Erfahrungen selbst, die ihr Material sind, ja *indifferent* gegen sie. Die Analogie zu einem (natur-) wissenschaftlichen Experiment ist von Eliot nicht zufällig gewählt. Er stellt sich die von ihm ins Auge gefaßte impersonale Kunst als quasi-wissenschaftliche Aktivität vor.

> It is in this depersonalization that art may be said to approach the condition of science.[18]

Die Konsequenz für die Literaturkritik besteht darin, daß auch sie weniger Aufmerksamkeit auf die Persönlichkeit der Schriftsteller, auf ihr Leben und auf die psychologischen oder sozialen Bezüge der Texte richten soll. Stattdessen ist die Struktur eines Werks zu betonen, und ineins damit sein Ort innerhalb des literaturgeschichtlichen Traditionsgeschehens als ganzem. Mit seiner „conception of poetry as a living whole of all the poetry that has ever been written"[19] nimmt Eliot dabei das Konzept der Intertextualität vorweg, das große Bedeutung in der gegenwärtigen literaturtheoretischen Diskussion gewonnen hat. Es hat hier allerdings noch nicht den durchaus problematischen und konfliktiven Sinn, den es bei postmodernen Kritikern erhält.

Entscheidendes Kriterium für die Bewertung des künstlerischen Erfolgs eines Werkes ist, in welchem Maß es das Rohmaterial der Emotionen und Erfahrungen in objektive poetische Bilder zu verwandeln vermag. Eliot exemplifiziert diese Art der Fragestellung in seinem Essay „Hamlet and His Problems".[20] In ihm prägt er den Begriff des *objective correlative*, der viel zitiert wurde, aber in seiner Bedeutung letztlich nicht ganz klar ist. Für Eliot scheint er zu besagen,

---

[18] *Op. cit.*: 785.
[19] *Op. cit.*: 786.
[20] T. S. Eliot, „Hamlet and His Problems", *Critical Theory*: 788-90.

daß ein literarisches Werk eine Emotion nicht direkt ausdrücken darf,
oder daß es kein gutes Werk ist, wenn es dies tut. Es muß alle subjektiven Elemente in objektive Bilder, Situationen und Ereignisfolgen
transformieren, die darüber hinaus funktional auf das Ganze des Textes bezogen sein müssen und in ihrem Zusammenwirken erst dessen
‚Struktur' ausmachen.

Hierin liegt nun der Grund, warum Eliot Shakespeares *Hamlet* als
mißlungene Tragödie bezeichnet. Denn das Stück gebe der Selbstinszenierung von Hamlets Subjektivität und seiner privaten Probleme zu
viel Raum, es fehle das sinnlich-konkrete Erfahrungskorrelat für die
geistigen Zustände und Probleme, mit denen das Drama sich ausein-
andersetze. Während etwa in *Macbeth* eine solche Objektivierung
psychischer Krisen gelungen sei, läge hier in *Hamlet* ein entscheidendes Defizit:

> Hamlet (the man) is dominated by an emotion which is inexpressible,
> because it is *in excess* of the facts as they appear.[21]

Darüber hinaus ist diese erfahrungsfern wuchernde Emotion auch
nicht überzeugend mit den anderen Teilen des Stücks integriert.
Hamlet sei aus heterogenen Stoffen früherer Texte zusammengesetzt,
ohne zu einer inneren Einheit zusammengefügt zu sein. Und der re-
sultierende Mangel an Proportion und Kohärenz beeinträchtige in
ganz fundamentaler Weise die künstlerische Qualität dieses – nach
Eliot weit überschätzten – Dramas.

Man muß sich hier daran erinnern, daß *Hamlet* einer der literarischen Hauptbezugspunkte der Romantiker gewesen war, die in der
reflektierend-rebellischen, aus vorgegebenen Handlungskonventio-
nen heraustretenden Subjektivität Hamlets eine Vorwegnahme ihrer
eigenen Position sahen. Ja man kann sagen, daß die ganze, mit der
Romantik zusammenhängende Shakespeare-Renaissance in *Hamlet*
ihr Zentrum und ihren Archi-Text hatte.[22] Eliot verwendet also dieses
Beispiel ganz bewußt, um gewissermaßen die romantische Ideologie
auf ihrem ureigensten Terrain zu widerlegen. Doch seine Kriterien

---

[21] *Op. cit.*: 789.

[22] Vgl. Malcolm Kelsall, „Hamlet, Byron, and an ‚age of despair'", in *Beyond
the Suburbs of the Mind: Exporing English Romanticism*, Hrsg. Michael
Gassenmeier und Norbert H. Platz (Essen, 1987): 40-54. Coleridge nannte
Hamlet „the darling of every country where literature was fostered"; Friedrich Schlegel bezeichnete ihn als „das tiefsinnige Meisterwerk des philosophischen Dichters" (zit. in Kelsall: 40).

vermögen heute, da die Vorstellung des perfekt durchkomponierten, allein an seiner immanenten Konsistenz zu messenden Kunstwerks und des jenseits aller persönlichen Verstrickungen arbeitenden Künstlers relativiert, wenn nicht gänzlich revidiert wurde, nicht mehr zu überzeugen. Abgesehen von dem Interesse, das inzwischen gerade den Brüchen, den inneren Spannungen und pluralen Bedeutungsvorgängen in Shakespeares Texten gilt, ist Eliots eigener Leitbegriff des *objective correlative* zu vage und undifferenziert, um seine ästhetischen Urteilsansprüche zu rechtfertigen. Auch seine Forderung, ‚dunkle' Problemkomplexe zu vermeiden und nur darzustellen, was geistig verarbeitet und somit „intelligible, self-complete, in the sunlight" sei, die zur Höherwertung von handlungsorientierten Stücken wie *Coriolanus, Antony and Cleopatra* oder *Othello* führt, bedeutet eine reduktive Sicht von Shakespeares Dramatik.[23] Denn deren Leistung und fortdauernde Bedeutung dürfte doch wohl nicht zuletzt gerade darin bestehen, daß sie vom Intellekt allein *nicht* zu bewältigende Probleme von allgemeinerer anthropologischer Relevanz konfrontiert. Hinter Eliots objektivierendem Zugang verbirgt sich hier ein ästhetisches Vorurteil, das sicher zum Teil aus konkreten Positionskämpfen im Zusammenhang mit der Etablierung seiner eigenen modernistischen Dichtung verstehbar ist. Es trägt aber auch deutlich die Spuren des platonisch-klassizistischen Vorbehalts gegen das Skandalon einer Literatur, die die Geltung von Vernunftkategorien sprengt und das Zutrauen in den festen Widerhalt einer objektiv repräsentierbaren Erfahrungswelt von Grund auf irritiert.[24]

Auch die wissenschaftliche Metaphorik, die Eliot in „Tradition and the Individual Talent" zur Beschreibung des Dichtungsvorgangs verwendet, kann bei näherer Überprüfung nicht den verläßlichen Grund für eine Theorie der Literatur liefern, den sie verspricht. Wenn Eliot von einer quasi-chemischen Verschmelzung von Elementen, einer „fusion of elements" in eine komplexere Organisationsform spricht, oder von der „intensity of the artistic process", die wichtiger sei als die „intensity of the emotions"[25], so bietet er hier keine wirkliche Erklä-

---

[23] "Hamlet and His Problems": 789.
[24] Übrigens liegt hier sicher eine gewisse Diskrepanz zwischen Dichtungstheorie und -praxis bei Eliot selbst vor – so ist *The Waste Land* als einer der Zentraltexte des Hochmodernismus etwa auch als Vorläufertext der Dekonstruktion gelesen worden: vgl. Ruth Nevo, „*The Waste Land*: The Ur-Text of Deconstruction", *New Literary History* 13.3 (1982): 453-461.
[25] "Tradition and the Individual Talent": 786.

rung an. Vielmehr bezieht er sich wiederum implizit auf ein Konzept
der ästhetischen Imagination, das wie im Falle Hulmes gar nicht so
weit von dem vermeintlich diskreditierten ‚mystischen' Imaginations-
begriff Coleridges und der Romantiker entfernt ist.[26]

Dennoch wiesen Eliot wie Hulme mit ihren Überlegungen die
Richtung, in der sich die anglo-amerikanische Literaturkritik des 20.
Jahrhunderts entwickeln sollte. Sie bereiteten den Boden für den
New Criticism, der in den 20er Jahren in England entstand und der
seine systematische Ausprägung in Amerika im Verlauf der 30er und
40er Jahre fand.

---

[26] Zur Beziehung zwischen Coleridge und Eliot und der modernen Literaturkritik vgl. z. B. A. H. Tak, *Coleridge and Modern Criticism* (New Delhi,
1985).

19. NEW CRITICISM

Wie schon gesagt, bestand eine der wichtigsten Veränderungen der Literaturkritik im Verlauf des 20. Jahrhunderts in ihrer zunehmenden Akademisierung. Die außerhalb der Universitäten in Zeitungen, Zeitschriften und Büchern produzierte Form journalistischer Kritik und die literaturtheoretischen Kommentare von Schriftstellern selbst blieben zwar im englischsprachigen Kulturraum weitaus wichtiger als etwa im deutschsprachigen. Dennoch hing auch hier das wachsende Interesse an einer stärkeren wissenschaftlichen Fundierung der Literaturstudien eng mit deren fortschreitender Institutionalisierung an den Universitäten zusammen.

Unter den ersten Versuchen in dieser Richtung in England waren die in den 20er Jahren von I. A. Richards in seinen Literaturkursen in Cambridge unternommenen ‚Labor'-Experimente von besonderer Bedeutung. Richards unterzog die Reaktion seiner Studenten auf ihnen nicht bekannte literarische Texte systematischen Tests und kam aufgrund der Resultate zu der Schlußfolgerung, daß der Grad an literaturkritischer Kompetenz, die an englischen Universitäten vermittelt wurde, höchst unterschiedlich war. Dem Studium der Literatur ermangelte es an einer verläßlichen Basis verbindlicher Standards, was in den weit voneinander abweichenden Interpretationen zum Ausdruck kam.[1] Als Konsequenz daraus forderte Richards, daß die Betrachtung der Literatur für eine gleichsam propädeutische Zwischenphase von extrinsischen Aspekten befreit und sich auf die Beschreibung und das *close reading* der Texte selbst beschränken solle. Auf diese Weise ebnete Richards, dessen eigentliche Interessen im Bereich der Literaturpsychologie und der ästhetischen Erfahrung des Lesers lagen, den Weg nicht nur für die bereits erwähnte Betonung des *close reading* auch in einer kulturkritisch ausgerichteten Literaturauffassung wie der seines Schülers F. R. Leavis, sondern eben auch für den New Criticism, der freilich die Beschränkung auf den Text aus einem notwendigen Zwischenschritt zum eigentlichen Hauptanliegen der Literaturkritik erhob.

Einen weiteren Anstoß in dieser Richtung bedeutete das Buch *Se-*

---

[1] Vgl. I. A. Richards, *Practical Criticism: A Study of Literary Judgement* (New York, 1929).

ven Types of Ambiguity von William Empson – ebenfalls einem Richards-Schüler –, in dem er das Spezifische literarischen Schreibens in der Erzeugung von Ambiguität bestimmt.[2] Empson zeigt die unterschiedlichen Formen, in denen eindeutige Sprachbedeutungen durch Verfahren wie Ironie oder Paradoxie unterlaufen und mit Mehrdeutigkeit aufgeladen werden. Die Aussagen eines poetischen Textes werden ständig modifiziert durch die neuen, oft gegenläufigen Bedeutungen der jeweils nachfolgenden Aussage. Empson gründet seine Analyse auf Richards' Auffassung literarischer Aussagen als *pseudostatements*, ,Als-Ob-Aussagen', die nur scheinbar auf etwas außer ihnen verweisen, in Wahrheit aber auf die fiktionale Welt des Textes als eines Gesamtsystems zusammengehöriger Aussagen bezogen sind.[3] Auch Empson meint damit aber nicht eine ausschließliche Beschränkung auf die innertextuelle Komponente der Literatur, wie sein späteres Buch, *The Structure of Complex Words*, zeigt.[4] Denn hier verortet er die Komplexität der Wörter, mit denen die Literatur operiert, nicht allein im Bezugssystem des Textes, sondern entziffert in ihr *in nuce* die Signatur maßgeblicher Denk- und Wertstrukturen ihrer Epoche.

Von Richards' und Empsons Konzeption der Dichtung als einer durch Pseudo-Aussagen und Ambiguitäten charakterisierten Form der Sprachverwendung und als einer Struktur konkurrierender, durch Ironie und Paradoxie gesteuerter Bedeutungsangebote bezog der amerikanische New Criticism entscheidende Anregungen. Vor allem war dies, stärker noch als bei seinen englischen Wegbereitern, die Sicht des literarischen Werks als einer *autonomen Struktur*, die unabhängig von anderen Faktoren nur für sich selbst betrachtet werden müsse. Der Text definiert sich nicht durch die Beziehung auf etwas außer ihm, sondern stellt eine quasi-ontologische Eigenrealität dar. Diese entsteht durch die Herstellung eines Höchstmaßes an sprachlicher Bedeutungsintensität und struktureller Komplexität, durch die eine paradoxe Einheit der konfligierenden Kräfte gestiftet wird, die der Text ins Spiel bringt. Führende Vertreter des New Criticism waren John Crowe Ransom, Allen Tate, W. K. Wimsatt, Robert Penn War-

---

[2] William Empson, *Seven Types of Ambiguity* (London, 1930).
[3] Vgl. I. A. Richards, *Science and Poetry* (London, 1926).
[4] William Empson, *The Structure of Complex Words* (London, 1951).

ren und Cleanth Brooks.[5] In ihrer Betonung der poetischen Sprache sowie der formalen Merkmale und der immanenten Struktur der Texte entwickelten diese Kritiker Einsichten, die denen der Russischen Formalisten und Prager Strukturalisten verwandt waren, auch wenn die amerikanischen New Critics sich stärker auf die Einzelanalyse individueller Texte beschränkten und das weitergehende soziokulturelle Interesse ihrer östlichen Kollegen nicht im gleichen Maß teilten.

Zumindest gilt dies für die spätere, akademisch institutionalisierte Praxis des New Criticism. Denn in seinen Anfängen entsprang er der intellektuellen Revolte gegen die explosionsartig sich beschleunigende Modernisierung und Industrialisierung Nordamerikas in den 20er und 30er Jahren. Die Gruppe wurde zunächst bekannt als *Southern Agrarians*, und die Kunst war für sie eine wesentliche Möglichkeit, dem drohenden Ausverkauf kultureller Werte und dem Sturz in den Abgrund eines nihilistischen Materialismus entgegenzuwirken oder mindestens mahnend entgegenzutreten. Und es war in diesem Kontext, in dem Allen Tate die Eigenart literarischer Erkenntnis als diametral entgegengesetzt zum Erkenntnisanspruch des wissenschaftlichen Positivismus als dem vorherrschenden Geist der Epoche definierte.[6] Tates Position weist hier deutlich romantische Züge auf, wenn er das geistige Überleben der Menschheit von der Rolle und dem Gewicht abhängig macht, die der Literatur als eigenständiger Form menschlicher Erkenntnis innerhalb der Gesamtkultur zukommen. Dichtung ist für ihn wie für die anderen New Critics eine vollständigere Art der Repräsentation des vielgestaltigen Charakters unserer Erfahrung, als dies in einer wissenschaftlichen Perspektive möglich wäre. Denn die literarische Sprache aktualisiert in ihrer imaginativ-analogischen Komponente, die Tate ihre *mythical order* nennt, gerade solche Dimensionen, die in den utilitaristischen Denkformen der Wissenschaft oder – in anderer Weise – der Politik systematisch ausgeblendet bleiben.

---

[5] Zur Einführung in den amerikanischen New Criticism vgl. Ulrich Halfmann, *Der amerikanische ,New Criticism'. Ein Überblick über seine geistesgeschichtlichen und dichtungstheoretischen Grundlagen mit einer ausführlichen Bibliographie* (Frankfurt, 1971); John Crowe Ransom, *The New Criticism* (Westport, Conn, 1979); vgl. als allgemeinere Auseinandersetzung Karl-Ludwig Pfeiffer, *Sprachtheorie, Wissenschaftstheorie und das Problem der Textinterpretation. Untersuchungen am Beispiel des New Criticism und Paul Valérys* (Amsterdam, 1974).

[6] Allen Tate, „Literature as Knowledge", *Critical Theory*: 928-941.

Hierin wird aber nun wieder die charakteristische Doppelgesichtigkeit des New Criticism erkennbar, die oben schon im Hinblick auf den
Dichtungsbegriff bei Hulme und Eliot erwähnt wurde. Einerseits
schreibt er, in deutlicher Kontinuität zu einem romantisch-humanisti-
schen Dichtungsidealismus, der Literatur eine kompensatorische
Oppositionsrolle gegenüber der Wissenschaft zu. Andererseits verbindet er damit aber gleichzeitig das Programm, die Beschäftigung mit
Literatur zu verwissenschaftlichen. Elder Olson sagt hierzu: „[The]
New Criticism seems to be almost universally regarded as having at last
brought literary study to a condition rivaling that of the sciences".[7]
Oberstes methodologisches Prinzip dieser neuen ‚wissenschaftlichen‘
Verfahrensweise ist die Konzentration auf das einzelne Werk selbst als
dem genuinen, je für sich bestehenden und in seiner Eigengesetzlichkeit zu untersuchenden Gegenstand modernen Literaturbetrachtung.

Was sind nun genauer die kennzeichnenden Merkmale des ästhetischen ‚Objekts‘, als das der New Criticism den Text betrachtet? Es gibt
durchaus verschiedene Antworten seiner Vertreter, die keineswegs
eine homogene Gruppe bildeten. In der Begrifflichkeit von John
Crowe Ransom, einem der führenden Repräsentanten der Schule, besteht der Text aus zwei aufeinanderbezogenen Ebenen, die er *structure*
und *texture* nennt. Die ‚Struktur‘ eines Dichtwerks ist sein „prose
core", sein logischer Gehalt, der in Prosaform paraphrasiert werden
kann. Die Struktur bestimmt, mit Hilfe der signifikativen und denotati-
ven Seite der Sprache, den logischen Gegenstand des Textes.[8] Die
‚Textur‘ bezeichnet diejenige Dimension eines Gedichts, die logischer
und diskursiver Paraphrase nicht zugänglich ist. Sie wird durch die kon-
notative Seite der Sprache konstituiert, die im literarischen Werk in besonderer Weise genutzt wird. Ransom illustriert die Beziehung zwischen Struktur und Textur durch eine architektonische Metapher. Das
Gedicht, so Ransom, ist wie ein Haus. Seine Struktur ist der Rohbau,
seine Textur sind die Farben, die Einrichtung, die äußere Ausgestal-
tung etc. Und es ist die Textur, die die poetische Sprache von nichtpoe-
tischer, insbesondere von wissenschaftlicher Sprache unterscheidet.

Die Textur wird dabei aber nicht nur als dekorativer Zusatz gesehen – und hier ist die architektonische Metapher unzulänglich –, sondern letztlich als eine im Literaturwerk selbst wirksame *Gegenkraft*
zur Struktur, die deren gewohnte Dominanz durchbricht und den

---

[7] Halfmann, *op. cit.*: 6.
[8] John Crowe Ransom, *The World's Body* (New York & London, 1938; Baton
Rouge, 1968): 349.

fraglosen Überlegenheitsanspruch der Logik und des abstrakten Denkens dementiert. Jeder Text inzeniert gewissermaßen auf neue Weise diesen epistemologischen Grundsatzkonflikt. Die Dichtung wird zu einem Medium, das die konkrete Partikularität und die „rich contingent materiality" menschlicher Erfahrung[9] in einer Weise entfaltet, daß sie als das gegen schematische Allgemeinbegriffe *Widerständige*, nicht in ihnen Subsumierbare zur Geltung kommt.

> Poetry intends to recover the denser and more refractory original world which we know loosely through our perceptions and memories. By this supposition it is a kind of knowledge which is radically or ontologically distinct.[10]

In einem höchst aufschlußreichen Beispiel beleuchtet Ransom die Differenz eines poetischen Kunstwerks von einem Prosatext anhand des Unterschieds zwischen einem demokratischen und einem totalitären Staat:

> A poem is, so to speak, a democratic state, whereas a prose discourse – mathematical, scientific, ethical or practical and vernacular – is a totalitarian state. The intention of a democratic state is to perform the work of state as effectively as it can perform it. Subject to one reservation of conscience: that it will not despoil its members, the citizens, of the free exercise of their own private and independent character. But the totalitarian state is interested solely in being effective, and regards the citizens as no citizens at all; that is, regards them as functional members whose existence is totally defined by their allotted contributions to its ends; it has no use for their private characters, and therefore no provision for them. I indicate of course the extreme or polar opposition between two polities, without denying that a polity may come to us rather mixed up.
>
> In this trope the operation of the state as a whole represents of course the logical paraphrase or argument of the poem [=structure]. The private character of the citizens represents the particularity asserted by the parts in the poem. And this last is our X [=texture].[11]

Dieser Vergleich zeigt, daß trotz des formalistischen Zugangs des New Criticism der Dichtung hier eine im weiten Sinn utopisch-politische Dimension zuerkannt wird. Sie wird zu einer herausgehobenen Sphäre innerhalb der Gesamtkultur, in der humanistische Ideale (Freiheit, Demokratie, Individualität) durch ihre ästhetische Auto-

---

[9] *The World's Body*: 126.
[10] Ransom, *The New Criticism*: 281.
[11] John Crowe Ransom, „Criticism as Pure Speculation", *Critical Theory*, 881-890: 886; hier zit. aus Halfmann, *op. cit.*: 48.

nomisierung eine gleichsam exemplarische Ausprägung erhalten. In der freien Entfaltung der Pluralität und konkreten Differenz der ins Spiel gebrachten Einzelelemente wird das Kunstwerk zur impliziten Kritik jedes ideologischen Totalitätsdenkens. Dies sollte allerdings wiederum nicht in Bezug auf irgendwelche bestimmten ‚Inhalte' der Texte mißverstanden werden. Vielmehr meint es die formalen Prinzipien ihrer inneren Organisation selbst. Es meint die Art und Weise, in der die Teile aufeinander und auf das Textganze bezogen sind und in der gerade die Spannungen, Differenzen und Widerstände am sprachlich verarbeiteten Erfahrungsmaterial zur Geltung kommen und sich, gegen jede ‚totalitäre Zensur', in ihrem Eigencharakter ausspielen. Hierin liegt zweifellos eine Vorwegnahme von Positionen postmoderner Literaturtheorie, in denen gleichfalls die Freisetzung der ‚Differenzen' von Sprache, Erfahrung und Individualität aus logozentrischen Systemzwängen zum kulturkritischen Potential des literarischen Diskurses im Vergleich mit anderen Diskursformen wird.[12]

Diese kulturkritische Implikation des New Criticism wurde jedoch, wie gesagt, in dessen weiterer Entwicklung und akademischer Praxis nahezu vollständig zugunsten einer rein textimmanenten Form- und Strukturdiskussion zurückgedrängt. Am dezidiertesten wurde diese formalistische Engführung des Ansatzes vom jüngsten seiner Vertreter, Cleanth Brooks, betrieben. Seine Überlegungen können hier als kurze pointierende Zusammenfassung jener Position der Literaturtheorie dienen, die die Literaturkritik an amerikanischen – und bis zu einem gewissen Grad an britischen – Universitäten von den 30er bis in die 60er Jahre dieses Jahrhunderts bestimmt hat.

Brooks' bekannteste Essays sind „The Heresy of Paraphrase", „Irony as a Principle of Structure", und „My Credo: The Formalist Critics".[13] Die Titel bezeichnen bereits zentrale Anliegen von

---

[12] Freilich ist diese Konsequenz beim New Criticism auf das Einzelwerk beschränkt, während sie in der Postmoderne auf einen größeren Zusammenhang von Kultur und Textualität ausgeweitet wird. Zitate wie das obige dürften jedoch klar machen, daß auch zwischen dem New Criticism und den ihm nachfolgenden Positionen in vielerlei Hinsicht Kontinuitäten wirksam sind, die unter dem anfänglichen Eindruck absoluter Diskontinuität zunächst verdeckt blieben.

[13] Cleanth Brooks, „The Heresy of Paraphrase", in *The Well-Wrought Urn: Studies in the Structure of Poetry* (New York, 1947); „Irony as a Principle of Structure", in *Literary Opinion in America*, ed. M. D. Zabel (New York, 1951): 729-41; „My Credo: The Formalist Critics", *Kenyon Review* 13 (1951): 72--81.

Brooks. Daß der Versuch der Paraphrase ‚Heresie' sei, mit anderen Worten daß die Übersetzung des Dichtwerks in einen logisch-diskursiven Inhalt ein fundamentaler Irrtum sei, der die Seinsweise eines literarischen Textes völlig mißversteht, ist eines der Axiome der New Critics, das bei einer ganzen Generation von Akademikern zu einer Unterordnung von Fragen des Inhalts und der Bedeutung unter Fragen der Form und der Komposition führte. „A poem should not mean/ But be", lautet das Ende des Gedichts *Ars Poetica* von Archibald MacLeish, das in diesem Zusammenhang immer wieder zitiert wurde.[14] Die Essenz eines Textes ist seine Form, wie Brooks' ‚Credo' deutlich macht. Sie wird bestimmt durch die Prinzipien seiner inneren Organisation, die Brooks, stärker noch als die anderen New Critics, im Sinn einer alle Textelemente absorbierenden *Einheit* auffaßt (auch hier unübersehbar an Coleridge erinnernd), in der letztlich die Unterscheidung von Form und Inhalt, oder auch von ‚Textur' und ‚Struktur' im Sinne Ransoms hinfällig wird.

Diese Einheit des Kunstwerks ist nicht eine logische Einheit, sondern eine Einheit von Gegensätzen. Sein Wahrheitsmodus ist nicht der einer ‚algebraischen Formel', sondern paradoxer Natur. Das Paradox wird von Brooks definiert als „a statement which seems on the surface contradictory, but involves an element of truth"; es ist „the assertion of the union of opposites".[15] Wenn die Paradoxie den supralogischen Modus poetischer Wahrheit darstellt, so ist die Ironie diejenige Kraft, die den Prozeß des Gedichts steuert. Sie hält den Text zusammen, indem sie die verschiedenen Teile aufeinander bezieht und sie im Fortgang des Gedichts in ständig neuem Licht erscheinen läßt.[16] Die Ironie ist hier also nicht primär ein rhetorisches Mittel, sondern ein Strukturprinzip. Sie lenkt das Spiel der Ambiguitäten, die fortwährend im Text produziert werden, und verhindert gleichzeitig seine Übersetzbarkeit in eine logisch paraphrasierbare Bedeutung. Das sprachliche Kunstwerk wird aufgefaßt als *Drama konfligierender Kräfte, das seinen Grund, seine Bedeutung und seinen Zweck in sich selbst hat.*

---

[14] Archibald MacLeish, *Ars Poetica*, in *Norton Anthology of American Literature II* (New York & London, 1979): 1284. – Der Titel des Gedichts spielt direkt auf Horazens *Ars Poetica* an.

[15] Cleanth Brooks und Robert Penn Warren, *Understanding Poetry* (New York, 19603): 691, zit. in Halfmann, *op. cit.*: 71.

[16] Vgl. Halfmann, *op. cit.*: 72f.

Auf diese Weise wird es dem New Criticism möglich, den dyna-
misch- prozessualen mit dem statisch-strukturalen Aspekt eines Textes zu verbinden und doch das einzelne Werk als autonome, integrier-
te Ganzheit zu betrachten, die in methodischer Isolation analysiert
werden kann. Was in dieser Sicht ausgeblendet bleibt, sind Fragen
des soziokulturellen Kontexts, der Psychologie (des Autors wie der
Charaktere), der Leserreaktion, der Beziehung von Literatur und
Philosophie – kurz, alle über den einzelnen Text hinausgehenden ‚interdisziplinären' Fragestellungen, die die Literatur in den größeren
Rahmen einer allgemeineren Kulturwissenschaft rücken. Diese Ausweitung der theoretischen Perspektiven und Pluralisierung des me-
thodologischen Spektrums der Literaturstudien ist nun genau das,
was sich seit den 60er Jahren vollzogen hat. Und in den folgenden Kapiteln sollen einige dieser neuen Entwicklungen nach dem New Criticism charakterisiert werden.

20. STRUKTURALISMUS

Ein wichtiger Impuls zur Ausweitung eines werkimmanent orientierten New Criticism ging vom Strukturalismus aus. Dieser entsprang der Anwendung linguistischer Ansätze auf die Literaturwissenschaft, wie sie bereits im Russischen Formalismus und im Prager Strukturalismus versucht worden war. Doch diese neue Art von Strukturalismus, die weitgehend auf französischen Theoriemodellen fußte und in ihren Grundannahmen und Verfahrensweisen durch die Kooperation von Linguistik und Anthropologie geprägt wurde, war universaler orientiert als ihre Vorläufer. Obwohl sie in ihren Ursprüngen keine ‚anglo-amerikanische' Literaturtheorie war, hat sie doch dort seit den 60er und 70er Jahren direkt oder indirekt einen beträchtlichen Einfluß ausgeübt, auch wenn sie vielfach nur als Durchgangsstadium zu poststrukturalen Ansätzen rezipiert wurde. Ohne zumindest eine gewisse Kenntnis des Strukturalismus ist aber auch der Poststrukturalismus nicht adäquat zu verstehen.[1]

Die Basisannahmen des Strukturalismus gehen zurück auf den Schweizer Linguisten Ferdinand de Saussure und seinen *Cours de linguistique générale*.[2] Saussure unterschied zwischen der Sprache als einem abstrakten System und dem konkreten Akt der Sprachverwendung, wofür er die Begriffe *langue* und *parole* einführte. Damit stellte er die allgemeinen Regeln sprachlichen Verhaltens deren je situativer Anwendung gegenüber. Aufgabe der modernen Linguistik war nicht länger nur, wie im 19. Jahrhundert, die historische Betrachtung der

---

[1] Textsammlungen und Einführungen in den Strukturalismus sind etwa *Structuralism*, ed. Jacques Ehrmann (New York, 1970); *Strukturalismus in der Literaturwissenschaft*, Hrsg. Hans Blumensath (Köln, 1972); Helga Gallas, *Strukturalismus als interpretatives Verfahren* (Darmstadt, 1972); Robert Scholes, *Structuralism in Literature. An Introduction* (New Haven & London, 1974); Terence Hawkes, *Structuralism and Semiotics* (London, 1977); Lothar Fietz, *Strukturalismus. Eine Einführung* (Tübingen, 1982); Richard Harland, *Superstructuralism. The Philosophy of Structuralism and Post-Structuralism* (London, 1987).

[2] Ferdinand de Saussure, *Cours de linguistique générale*, eds. C. Bally und A. Schechehaye (Lausanne & Paris, 1916), dt. H. Lommel, trans., *Grundfragen der allgemeinen Sprachwissenschaft* (Berlin, 1931), engl. W. Baskin, trans. *Course in General Linguistics* (London, 1960).

Sprache und ihrer Entwicklung, sondern die systematische Untersuchung ihrer Struktur. Saussure stellte dem diachronen Aspekt den
synchronen Aspekt kultureller Zeichensysteme gegenüber. Und die
Konzentration auf den synchronen Aspekt der Sprache – ebenso wie
anderer Kulturphänomene – eröffnete neue Wege zu deren wissenschaftlicher Beschreibung als ein je sinnhaft strukturiertes Feld auf-
einanderbezogener Zeichen. Für Disziplinen wie Literaturwissenschaft oder Anthropologie wurde vor allem Saussures Unterscheidung zwischen dem *paradigmatischen* und dem *syntagmatischen*
Aspekt der Sprache bedeutsam. Sprachliches Handeln besteht aus
zwei Grundoperationen: (1) der Selektion bestimmter Elemente aus
dem Repertoire ähnlicher Elemente, d.h. dem jeweiligen ‚Paradigma‘ , im System der Sprache; und (2) der Kombination dieser Elemente, auf der Ebene des ‚Syntagmas‘, mit Elementen aus anderen
Paradigmen zu kohärenten Bedeutungsabfolgen. Die Art und Weise,
in der die Achse der Selektion auf die Achse der Kombination, die paradigmatische auf die syntagmatische Dimension der Sprache und anderer Zeichensysteme bezogen sind, wurde dabei zum zentralen Frageansatz für eine strukturalistische Literaturwissenschaft.

Dies zeigt sich etwa bei Roman Jakobson, einer Schlüsselfigur des
früheren wie des späteren Strukturalismus. Seine berühmte Definition der ‚poetischen Funktion‘ knüpft deutlich an Saussures Kategorien an: „*The poetic function projects the principle of equivalence from
the axis of selection into the axis of combination.*“[3] Was heißt dies? Im
gewöhnlichen Sprachgebrauch wählen wir die sprachlichen Zeichen
aus dem Bereich ähnlicher oder äquivalenter Wörter/Bedeutungen
aus und kombinieren sie auf eine Weise mit aus *anderen* Äquivalenz-
reihen ausgewählten Zeichen, daß sie semantisch und syntaktisch ko-
härente Sätze bilden. Ein beliebiges Beispiel wären Sätze wie: „Liebe
ist blind. Sie kann daher zerstörerisch sein.“ ‚Liebe‘ ist hier aus einem
bestimmten Paradigma, dem der Emotionen, ausgewählt, ‚blind‘ aus
einem anderen, dem der möglichen Attribute der gewählten Emotionen. Sie könnten, um sinnvolle Sätze zu bilden, auch durch ‚Leidenschaft‘, ‚Eifersucht‘ oder ‚Lust‘ bzw. durch ‚naiv‘, ‚wild‘, ‚süß‘ etc.
ersetzt werden. Die Kombination von Elementen aus dem gleichen
Paradigma zu einer Aussagefolge ergäbe alltagssprachlich keinen
Sinn – es ergäben sich Sequenzen wie „Leidenschaft Eifersucht Lust“
oder „naiv wild süß“, mithin keine Sätze, sondern allenfalls

---

[3] Roman Jakobson, „Closing Statement: Linguistics and Poetics“, in *Style in
Language*, ed. T. Sebeok (Cambridge, Mass., 1960): 350-59.

in experimentell-‚poetischen' Zusammenhängen denkbare Wort-
folgen.

Hier wird nun die Eigenart poetischer Sprache im Sinne Jakobsons
sichtbar. Denn in poetischer Sprache kommt der syntagmatischen
Achse der Kombination und Sequenz der ausgewählten Sprachzei-
chen eine quasi-paradigmatische Bedeutung zu, d.h. sie werden in
ihrer horizontalen Abfolge selbst noch einmal in Ähnlichkeits- oder
Kontrastbeziehungen gebracht, die die normalsprachlichen Satzbe-
züge übergreifen und überformen. Der poetische Text bindet Worte
zusammen „which are semantically or rhythmically or phonetically or
in some other way equivalent". Er arrangiert sie mit besonderer Betonung der „patterns of similarity, opposition, parallelism created by
their sound, meaning, rhythm and connotations."[4] Dieser Gesichtspunkt spielt in dem oben gegebenen Alltagsbeispiel keine Rolle, und
genau deswegen stellt es auch einen ganz und gar prosaischen Text
dar. Ein eindrucksvolles Kontrastbeispiel ist William Blakes dichterische Version der sinistren Seite der Liebe in „The Sick Rose":

> O Rose, thou art sick!
> The invisible worm
> That flies in the night
> In the howling storm,
> Has found out thy bed
> Of crimson joy;
> And his dark secret love
> Does thy life destroy.[5]

Ich kann hier nicht adäquat auf die differenzierte Struktur und Bedeutung dieses Gedichts eingehen. Aber abgesehen von der äußeren
Anordnung in Versform und der rhythmisierten Sprache fällt unmittelbar auf, wie sehr die Bewegung der Bedeutung durch die Äquiva-
lenzbeziehungen bestimmt wird, die in der Abfolge der Wörter enthalten sind: durch die Ähnlichkeitsbeziehungen zwischen *Rose, bed,
crimson, joy, love* und *life*, und deren Opposition zu einer konkurrierenden Kette von Ähnlichkeitsbeziehungen, die durch *sick, worm,
night, howling, storm, destroy* gebildet wird. Und die semantische und
strukturelle Spannung des Gedichts wird durch die Art und Weise gestiftet, in der diese gegensätzlichen Kräfte, die mit dem weiblichen
und männlichen Prinzip assoziiert sind, zu einer provozierenden Syn-

---

4 Jakobson, „Linguistics and Poetics": 358.
5 William Blake, „The Sick Rose", in *The Penguin Book of English Romantic
   Verse*, ed. and intr. David Wright (Harmondsworth, 1968): 73-74.

these geführt werden, in der das Sichtbare und das Unsichtbare, das Schöne und das Häßliche, Liebe und Zerstörung miteinander verschmelzen (übrigens klanglich unterstrichen durch den einzigen ‚reinen' Reim des Gedichts, *joy* und *destroy*).

Eine weitere bahnbrechende Idee Saussures für die Zukunft der Humanwissenschaften war seine These von der arbiträren Natur des sprachlichen Zeichens. Im 19. Jahrhundert hatte man versucht, Korrespondenzen zwischen den Wörtern und den Dingen zu finden, die sie bezeichneten – etwa in onomatopoetischen Ähnlichkeiten wie im Wort *cuckoo*. Doch der Vergleich verschiedener Sprachen und ihrer unterschiedlichen Zeichen für die gleichen Gegenstände ließ nur den Schluß zu, daß es keine notwendige Beziehung zwischen Zeichen und Bezeichnetem gibt. Daraus folgt, daß das Zeichen nicht mehr in seiner Beziehung zu einer außer ihm befindlichen Wirklichkeit, sondern in seiner Beziehung zu anderen Zeichen betrachtet wird. Ein Zeichen erhält seine Bedeutung nicht durch seinen Inhalt, sondern durch seine Differenz und Opposition zu anderen Zeichen innerhalb eines gegebenen Zeichensystems. Dies läßt sich im kleinen in der Phonologie sehen, wo phonetische Elemente ihre Bedeutungsfunktion durch ihre Opposition zu anderen phonetischen Elementen gewinnen, ohne notwendigerweise selbst etwas inhaltlich zu bedeuten. So haben *cold* und *fold* völlig verschiedene Bedeutungen, obwohl sie nur durch einen Konsonanten („c" bzw. „f") voneinander abweichen, der für sich genommen nichts bezeichnet.

Das Zeichen selbst hat zwei Seiten. Es besteht aus dem Signifikanten (*signifiant*), d.h. der konkreten physischen Manifestation des Zeichens (im Fall eines Sprachzeichens also ein bestimmtes Lautmuster bzw. dessen schriftliches Äquivalent), und dem Signifikat (*signifié*), d.h. dem Konzept oder Bild, das konventionell mit dem Signifikanten verbunden ist. Dies läßt sich am Beispiel *tree* in folgender Weise illustrieren:[6]

---

[6] Vgl. Saussure, „Course in General Linguistics", in *The Structuralists from Marx to Lévi- Strauss*, eds. Richard und Fernande DeGeorge (Garden City, 1972): 59-79, 71. Eine allgemeinere Illustration von Saussures Zeichenkonzeption ist diese:

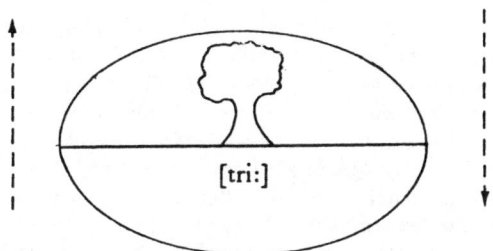

Wie hieraus zu ersehen ist, gehören die zwei Seiten des Zeichens nach Saussure unauflöslich zusammen. Er vergleicht sie mit zwei Seiten eines Blatts Papier. Das Zeichen wird somit hier abgeschnitten von der äußeren Realität. Der Referent wird ‚internalisiert' zum mentalen Konstrukt und in die symbolische Ordnung des Sprachsystems integriert. An die Stelle unmittelbarer Erfahrung tritt eine unhintergehbare Sphäre der Zeichen, durch die alle Phänomene der kulturellen Welt vermittelt sind. Diese Emanzipation und Autonomisierung des Zeichens und eines semiotischen Kulturbegriffs gegenüber allen vorsprachlich-unvermittelten Realitätsbegriffen stellt wohl den Kern der strukturalistischen Revolution dar, die Saussures Ideen ausgelöst haben.[7]

Ein weiterer wichtiger Einfluß auf den literarischen Strukturalismus ging von dem Anthropologen Claude Lévi- Strauss aus. Dieser unterzog archaische Kulturen einer strukturalistischen Analyse und betrachtete ihre Mythen, aber auch ihre Eßgewohnheiten, Sitten, Heiratsformen oder Stammesbeziehungen als Zeichensysteme, die quasi-linguistischen Regeln folgten.[8] Die Attraktivität eines solchen Zugangs war, daß er die *Gesamtheit* einer Kultur einer wissenschaftlichen Erfassung zugänglich zu machen versprach. Kultur war der Selbstausdruck des Menschen als eines symbolverwendenden Lebewesens. Und diese vielfältige Aktivität der Symbolisierung der Welt folgte bestimmten Gesetzmäßigkeiten, die potentiell – natürlich mit

---

[7] Das Problem und ein häufiges Mißverständnis im Zusammenhang der These von der ‚arbiträren' Natur der Zeichen dürfte allerdings darin liegen, daß zwar arbiträre Lautfolgen zur Bezeichnung bestimmter Phänomene gewählt werden, aber die Beziehung zwischen dem einmal so festgelegten Zeichen und dem Bezeichneten für den individuellen Sprecher keineswegs mehr arbiträr ist, sondern vielmehr *konventionell* relativ streng festgeschrieben.

[8] Vgl. Lévi-Strauss, *Structural Anthropology* (London, 1968).

den notwendigen Modifikationen – auf *alle* Erscheinungsformen dieser symbolischen Tätigkeit anwendbar waren. Was insbesondere für Literaturwissenschaftler an Lévi-Strauss' Methode interessant war, war seine Analyse mythologischer Erzählungen aus unterschiedlichen Kulturen, die er als *ein* miteinander zusammenhängendes Textkorpus behandelte. Aus den Mustern der Ähnlichkeit und Opposition, die er in ihnen aufspürte, filterte er das ‚Strukturalgesetz' des jeweiligen Mythos heraus.[9] Nun sind literarische Texte in unserem modernen Sinn weit komplizierter als solche mythologischen Erzählungen oder auch als die russischen Märchen, die etwa Vladimir Propp in ihren archetypischen Elementen analysierte.[10] Eines der Hauptprobleme des Strukturalismus, das lange Zeit seine Akzeptanz in der akademischen Welt bremste, bestand daher darin, daß die Textbeschreibungen so formalisiert, abstrakt und überdetailliert wurden, daß sie praktisch unbrauchbar wurden. Die beabsichtigte Erhellung der Texte wurde zunichte gemacht durch den exzessiven analytischen Apparat, den man ihnen überstülpte.

Dies gilt allerdings nicht für solche im weiteren Sinn ‚strukturalistisch' verfahrenden Kritiker wie den Amerikaner Northrop Frye, der in seinem auch als *myth criticism* bezeichneten Verfahren archetypische Strukturzüge der Literatur herausarbeitete. Dabei entwickelte er auf der Grundlage einer – teilweise recht spekulativ anmutenden – Korrespondenzannahme zwischen Literatur, Natur und kollektivem Unbewußten u. a. eine Typologie literarischer Helden und eine Theorie der literarischen Gattungen.[11] Nach dieser sind die Komödie dem Frühling, die Romanze dem Sommer, die Tragödie dem Herbst, und Ironie und Satire dem Winter zuzuordnen, woraus wiederum bestimmte Gattungsmerkmale ableitbar sind. Dies wird möglich, weil Literatur der privilegierte kulturelle Ort ist, an dem die archetypischen Kräfte der menschlichen Psyche sich in Analogie zu den ihnen entsprechenden Naturkräften artikulieren können. Frye ist hierin neben William Blake deutlich von C. G. Jung und seiner Vorstellung des

---

[9] Lévi-Strauss, „The Structural Study of Myth", in *Myth: A Symposium. Journal of American Folklore* 78.270 1955): 428-444.

[10] Vladimir Propp, *The Morphology of the Folktale* (Austin & London, 1968). Propp unterscheidet 31 ‚Funktionen', auf welchen Märchen aufgebaut sind, und er leitet diese Funktionen aus den grundlegenden ‚syntaktischen' Elementen des Narrativen ab.

[11] Northrop Frye, *Anatomy of Criticism: Four Essays* (New York, 1967), bes. Teil 3, „Mythical Criticism: Theory of Myths".

kollektiven Unbewußten beeinflußt, das eine gleichsam vorsprachliche Symbolsprache des Menschen und seiner Kultur darstellt. Literatur wird, jenseits des einzelnen Textes, zu einem Universum aller möglichen Texte, die miteinander zusammenhängen, sich gegenseitig beeinflussen und gemeinsamen Regeln ihrer mythographischen ‚Tiefenstruktur' folgen. Frye geht damit entschieden über den textimmanenten Ansatz des New Criticism hinaus und ist nicht zufällig der erste Kritiker, den Frank Lentricchia in *After the New Criticism* als Repräsentanten einer neuen Epoche der Kritik diskutiert.[12] In einer stark psychologisierten Form ist hier gleichzeitig auch eine Affinität zum anthropologischen Strukturalismus eines Lévi-Strauss erkennbar, insbesondere was den Versuch der Systematisierung der Literatur als *eines* zusammenhängenden, den Einzeltext erst situierenden Motiv-, Themen- und Strukturkomplexes betrifft, wie ihn Lévi-Strauss im Bereich der Mythen unternommen hatte.

Die archetypische Literaturkritik hatte seit 1957, dem Erscheinen von Fryes *Anatomy of Criticism*, durchaus einen spürbaren, wenngleich niemals einen dominierenden Einfluß auf die amerikanische und englische Literaturkritik.[13] Auch wenn in jüngster Zeit unter dem Vorzeichen des *Archetypalism* ein gestiegenes Interesse an solchen Frageansätzen zu verzeichnen ist, kam doch die Ablösung der Dominanz des New Criticism erst durch jene Version des Strukturalismus zustande, wie sie seit den 60er Jahren von Frankreich her massiv auf die englischsprachige Literaturkritik einwirkte. Wichtige Übermittler dieser Theorieansätze in den englischsprachigen Raum waren Robert Scholes und Jonathan Culler. Scholes legte eine einführende Darstellung des literarischen Strukturalismus vor, während Culler zum wohl profiliertesten Vorreiter einer systematischen und hochgradig reflektierten Aneignung strukturaler – und poststrukturaler – Ansätze in den USA wurde.[14] Inzwischen fehlt der Strukturalismus in nahezu keiner der einführenden Darstellungen zeitgenössischer Literaturtheorie, wie sie im anglo- amerikanischen Bereich im Zuge der neuen Theoriefreudigkeit der letzten Jahre auf den Markt kamen.

---

[12] Lentricchia, *After the New Criticism*, „The Place of Northrop Frye's ‚Anatomy of Criticism'": 3-26.

[13] Zum *myth criticism* vgl. Bernhard Ostendorf, *Der Mythos in der Neuen Welt. Eine Untersuchung zum amerikanischen Myth Criticism* (Frankfurt, 1971).

[14] Scholes, *Structuralism in Literature*; Jonathan Culler, *Structuralist Poetics* (London, 1975).

162   Strukturalismus

Ein prominenter Vertreter des französischen Strukturalismus, der relativ pragmatisch und textbezogen vorgeht, ist Tzvetan Todorov. Todorov stammt aus Rußland, lebt in Frankreich und publiziert sehr stark im anglo-amerikanischen Raum. Er ist damit ein weiteres Beispiel für jene ‚Internationalisierung' der englischsprachigen Literaturtheorie, die im 20. Jahrhundert verstärkt zu beobachten ist. Eines der verschiedenen Modelle, die er für die Analyse literarischer Texte vorschlägt, ist das sogenannte ‚homologische Modell', das er von Lévi-Strauss herleitet und das hier aufgrund seiner relativen Prägnanz kurz vorgestellt sei.[15] Wie der Anthropologe ordnet Todorov die paradigmatischen und syntagmatischen Elemente eines Textes auf eine solche Weise an, daß ihr zugrundeliegendes Strukturalgesetz sichtbar wird. Todorov verdeutlicht sein Modell in einer Analyse von Choderlos de Laclos' Roman *Les Liaisons Dangereuses* (1782). Ich möchte es hier kurz an einem der bekanntesten amerikanischen Nachkriegsromane, J. D. Salingers *Catcher in the Rye* (1951), illustrieren.[16]

Wir müssen uns hierfür noch einmal die Grundunterscheidung zwischen dem paradigmatischen und dem syntagmatischen Aspekt von Sprache, Mythos, Literatur und anderen Kulturphänomenen vergegenwärtigen. Das Symbol ‚Rotes Kreuz' beispielsweise ist eine Kombination zweier Elemente aus zwei verschiedenen Paradigmen, dem Paradigma möglicher Farben (rot, blau, grün etc.) und dem Paradigma möglicher religiöser Symbole (Kreuz, Halbmond, jüdischer Stern etc.).[17] Analog dazu wird ein literarialer Text konstituiert durch die Transformation eines semiologischen *Systems* (paradigmatische Ebene) in einen semiologischen *Prozeß* (syntagmatische Ebene), wobei, wie bei Jakobson gesehen, das Besondere an der ‚Literarizität' eines Textes darin liegt, daß der syntagmatialen Abfolge der Textelemente ihrerseits noch einmal paradigmatische Bedeutung zukommt. In diesem Sinn wird in Todorovs homologischem Modell eine Interdependenz bestimmter konstitutiver Elemente eines narrativen Textes angenommen, die in ähnlicher Konfiguration im Verlauf der Geschichte wiederkehren. Diese Interdependenz nimmt häufig die Gestalt einer Homologie an, d.h. einer proportionalen Beziehung von vier Ele-

[15] Tzvetan Todorov, „Die Kategorien der literarischen Erzählung", in *Strukturalismus*, Hrsg. Blumensath: 263-94.
[16] Ich stütze mich hier auf meinen Artikel „Logical Action in Salinger's *Catcher in the Rye*", *College Literature* 12.3 (1985): 266-71.
[17] Das Beispiel ist aus Roland Barthes, *Literatur oder Geschichte*? (Frankfurt, 1969): 36ff.

menten in der Form *A:B :: a:b*. Um solche möglichen Homologien herauszufinden, werden die Handlungselemente eines Textes in verschiedenen Spalten angeordnet, in denen die ähnlichen Elemente vertikal aufgeführt werden (paradigmatischer Aspekt), während die horizontale Anordnung von links nach rechts die tatsächliche Abfolge der Elemente in der Geschichte wiedergibt (syntagmatischer Aspekt). Wird die nachstehende Tabelle also von links nach rechts über die verschiedenen Spalten hinweg gelesen, so ergibt sich die syntagmatische Abfolge des Geschehens in *Catcher in the Rye*. Wird sie von oben nach unten gelesen, also jede Spalte für sich, so ergeben sich die Paradigmen der Romanhandlung. Das Ergebnis eines solchen ,Filterungsprozesses' sieht im Fall von *Catcher in the Rye* etwa folgendermaßen aus:

Holdens naive Idealität	seine Angeberei Slang, Kettenrauchen	Konflikt mit den Normen der Schule	Verweis von der Schule
Will Janes Unschuld verteidigen	geheime sexuelle Wünsche	Kampf mit Stradlater	Verhältnis zu Jane nicht realisiert
will nach Hause zu Phoebe	geht in Hotels, Bars usw.	stößt sich an *phoniness*	wird als Kind behandelt
	läßt Prostituierte aufs Zimmer kommen	schickt sie wieder weg	wird vom Zuhälter zusammengeschlagen
ruft frühere Freundin Sally an	Sehnsucht nach sexueller Erfahrung (will eigentlich Jane anrufen)	Fluchtvorschlag an Sally	Zurückweisung des Fluchtvorschlags
Treffen mit früherem Schulkameraden	in dubiose Bar, übermäßiges Trinken	geht trotz Angst vor Eltern zu Phoebe: *Catcher-in-the-Rye*-Gedanke	Zurückweisung von Holdens Fluchthaltung durch Phoebe/ Rückkehr der Eltern
Besuch bei früherem Leher Antolini	vermutet dessen Homosexualität	weist sie zurück	seine Unterstellung wird von Antolini zurück gewiesen
will nach Westen fliehen	lehnt Phoebes Absicht ab mitzukommen	... Bewußtseins Wandel/Krise	

Was ist nun der gemeinsame Nenner der verschiedenen Spalten? Die erste Spalte zeigt Beispiele von Holden Caulfields übertriebenem Sichklammern an einen Zustand vergangener Unschuld, d.h. sie zeigt ein starkes Bedürfnis der Rückkehr in die Kindheit. Die zweite Spalte besteht aus einer diametral entgegengesetzten Reihe von Haltungen/ Handlungen, die Holdens – ebenso übersteigert wirkendes – Verlangen nach Erfahrung, sein Erwachsenseinwollen widerspiegelt. Die dritte Spalte enthält Beispiele, die Holdens Zurückweisung der Welt der Erwachsenen zeigen; während die vierte Spalte kontrastiv hierzu solche Fälle aufführt, in denen Holden seinerseits von der Welt der Erwachsenen zurückgewiesen wird (seine Zurückweisung durch Sally hängt mit deren ‚erwachsener' Scheinheiligkeit zusammen, und Phoebes Ablehnung seiner Fluchthaltung beruht auf ihrem frühreif wirkenden Wissen um die Realität, das auch sie ‚erwachsener' als ihren älteren Bruder erscheinen läßt). Nach dem homologischen Modell ergibt sich also die folgende Formel für die Handlungslogik von *Catcher in the Rye*:

Überbetonung der Kindheit	:	Überbetonung des Erwachsensein-wollens	::	Zurückweisen der Erwachsenwelt	:	Zurückgewie-senwerden von der Erwachse-nenwelt

In dieser Formel, die die Tiefenstruktur der Romanhandlungen ausdrückt, erkennen wir die typischen Probleme und Widersprüche der Adoleszenz. Was hier deutlich wird ist, daß diese Probleme nicht nur das zentrale Thema von *Catcher in the Rye* darstellen, sondern gleichzeitig auch das Strukturprinzip bestimmen, das die narrative Logik des Romans reguliert.

Das Beispiel mag zeigen, daß der Strukturalismus durchaus heuristischen Wert für die Klärung der Kompositionsweise eines Textes besitzen und daher auch zu dessen Interpretation beitragen kann. Es ist keineswegs so, daß er vor die ausschließliche Entscheidung einer grundsätzlichen Annahme oder Ablehnung stellt, wie dies zu Beginn seines Aufstiegs scheinen mochte. Er markiert ein Feld eines vielfach variierbaren methodischen Zwischenschritts zwischen traditioneller philologischer Textanalyse und hermeneutischer Kontextreflexion. Zugleich ist aber klar, daß er keine sich selbst genügende Theorie oder Methodologie der Literaturstudien liefern kann, da er stets auf einen bereits vorausgesetzten größeren Rahmen kultureller *Bedeutungen* angewiesen bleibt, aus dem heraus jede noch so deskriptive Textanalyse erst möglich wird. In der Tat zeigt der Fall von *Catcher in the Rye*, daß die Strukturbeschreibung erst auf der Grundlage solcher vorgängiger Bedeutungsannahmen und der aus ihnen entwickelten Textkonstruktion möglich wird.

Dieser lebensweltlich verankerte und in kulturell vermittelte Kommunikationszusammenhänge eingebettete Bedeutungsaspekt der Literatur aber führt uns zu einer anderen grundlegenden Theorie, die zur Zeit des größten Erfolgs des Strukturalismus in den 60er Jahren mit diesem um die Vorherrschaft in den Literatur- und Geisteswissenschaften stritt, nämlich zur Hermeneutik.

21. HERMENEUTIK UND KULTURKRITIK

Wenn der Strukturalismus ein Einflußfaktor in der anglo-amerikanischen Literaturtheorie war, der seine intellektuellen Ursprünge in Osteuropa und Frankreich hatte, so entstammt die unter dem Namen ‚Hermeneutik' bekannte Theorie, die in den vergangenen Jahrzehnten nicht weniger einflußreich gewesen ist, einer überwiegend aus Deutschland kommenden Denktradition.[1] Die wachsende Rezeption der Hermeneutik zeigt sich etwa darin, daß deutschsprachige Werke, die aufgrund ihrer Neigung zum abstrakten philosophischen Sonderdiskurs zunächst unübersetzbar schienen, ins Englische übersetzt wurden. Ihr erstaunlicher Erfolg in der englischsprachigen akademischen Welt schlägt sich vor allem auch indirekt darin nieder, daß ihre Begriffe und Terminologien inzwischen in kaum erwartbarem Ausmaß die Sprache philosophischer und literaturwissenschaftlicher Publikationen mitgeprägt und damit deutlich deren Abstraktionsfreudigkeit verstärkt haben. Beispiele hierfür sind neben dem nicht zuletzt durch Jacques Derrida wiederentdeckten Martin Heidegger etwa die Ansätze von Hans-Georg Gadamer, Theodor W. Adorno, Hans-Robert Jauß, Wolfgang Iser oder Jürgen Habermas, die deutliche Spuren in der zeitgenössischen Kultur- und Literaturtheorie der USA und Großbritanniens hinterlassen haben.

In ihren Anfängen geht die Hermeneutik zurück auf das Studium der Bibel am Beginn der Neuzeit. Sie bildete sich heraus als Antwort auf das Problem, daß die Heilige Schrift als Quelle unbezweifelbarer Offenbarung zugleich durchaus verschiedene Deutungen zuließ, je nach der Betonung des einen oder anderen Elements im Text, und je nach der Perspektive und historischen Position des Interpreten. Bis zum Beginn des 19. Jahrhunderts war die Hermeneutik zu einer differenzierten Kunst der Textauslegung weiterentwickelt worden, die die

---

[1] Darstellungen hermeneutischer Theorie sind u.a. Richard E. Palmer, *Hermeneutics: Interpretation Theory in Schleiermacher, Dilthey, Heidegger and Gadamer* (Evanston, Ill., 1969); Paul Ricoeur, *Hermeneutik und Strukturalismus* (München, 1973); T. K. Seung, *Semiotics and Thematics in Hermeneutics* (New York, 1982); Eagleton, *Literary Theory*: 54-90. Im deutschsprachigen Bereich sind hier vor allem die Bände der Konstanzer Reihe *Poetik und Hermeneutik* relevant (München: Fink).

Bestimmung der Textbedeutung durch philologische Genauigkeit und durch Berücksichtigung der historischen Herkunftsbedingungen zu präzisieren suchte. Der erste führende Theoretiker war Friedrich Schleiermacher (1768-1834), der die historische Dimension aller Interpretation erkannte und von daher die Rekonstruktion des ursprünglichen Kontexts als Voraussetzung für ein adäquates Verständnis eines Textes forderte.[2] Doch es war Wilhelm Dilthey (1833-1911), der die Hermeneutik zu einer allgemeinen Theorie und epistemologischen Fundierung der Human- oder Geisteswissenschaften im Gegensatz zu den Naturwissenschaften entwickelte.[3]

Dilthey betrachtet als grundlegend für die Geisteswissenschaften den Akt des *Verstehens*, während für die Naturwissenschaften die Methode des *Erklärens* charakteristisch sei. Die Geschichte als der Gegenstand der Geisteswissenschaften kann nicht in der gleichen Weise auf die Form allgemeiner Gesetze gebracht werden wie die Gegenstände der Naturwissenschaften, da geschichtliche und kulturelle Vorgänge durch einen irreduziblen Anteil an Subjektivität und Unvorhersagbarkeit gekennzeichnet sind. Um Ereignisse des geschichtlichen Lebens und deren Manifestation in Texten zu verstehen, ist es daher notwendig, die *Intentionen* der menschlichen Subjekte mitzuberücksichtigen, die an ihnen konstitutiv beteiligt sind. Es gilt, den lebendigen Erfahrungszusammenhang nachzuvollziehen, der in die Produktion von Texten eingeht. Der subjektiv-intentionale Charakter der Texte kann nicht auf eine Kette objektiver Fakten oder auf eine Ursache-Wirkungs-Kausalität reduziert werden. Das hermeneutische Verstehen ist so ein kognitiver Akt, der die ursprüngliche Bedeutungsintention und ihre historischen Bedingungen wiederzuentdecken sucht. Er ist ein *inter*-subjektiver Akt, der kategorial von der nur deskriptiven oder erklärenden Vorgehensweise der Naturwissenschaften unterschieden ist. Dennoch sieht Dilthey in der Auffindung der ,ursprünglichen Bedeutung' eines Textes eine wissenschaftliche Basis für die Geisteswissenschaften. Obwohl er diesen eine distinktive Methode und eine eigenständige Epistemologie zuspricht, bleiben dabei die Naturwissenschaften und ihre Ideale der Exaktheit und Objektivität prinzipiell das Vorbild seiner Theorie.

Ein wichtiger zeitgenössischer amerikanischer Kritiker, der an die

---

[2] Friedrich Schleiermacher, *Hermeneutik*, nach den Handschriften hrsg. von Heinz Kimmerle (Heidelberg, 1959).

[3] Wilhelm Dilthey, *Der Aufbau der geschichtlichen Welt in den Geisteswissenschaften, Gesammelte Schriften*, Bd.7 (Stuttgart, 1965⁴).

Ideen von Schleiermacher und Dilthey anknüpft, ist E. D. Hirsch. Hirsch besteht gegen relativistische Tendenzen auf der Notwendigkeit der Annäherung an die ursprüngliche Bedeutung eines Textes.[4] Die Rekonstruktion der *original meaning* im Unterschied zu der aus historischer Distanz in den Text hineinprojizierten *anachronistic meaning* ist mit hohem Annäherungswert möglich, wenn man alle relevanten Faktoren zum Verständnis der Bedeutungsintention des Autors einbezieht. Hirsch favorisiert also eine objektivierende, deskriptiv-wertfrei verfahrende Literaturwissenschaft. Andererseits betrachtet er aber die Respektierung der Autorintention und der zu rekonstruierenden ursprünglichen Werkbedeutung als eine *ethische Maxime*, die die Praxis der Literaturinterpretation bestimmen müsse und die gleichzeitig einen Modellfall für intersubjektives Verstehen und ethisches Verhalten generell abgebe.[5] Um der Differenz zwischen ursprünglicher Textbedeutung und späterer Auslegung gerecht zu werden, unterscheidet Hirsch auch zwischen *meaning* und *significance*, wobei die erstere textinhärent und konstant bleibt, während die letztere mit den jeweils verschiedenen Auslegungsperspektiven und -interessen variiert.[6]- Auch P. D. Juhl steht in der Kontinuität einer ‚objektivierenden' Hermeneutik, doch betont er noch stärker den Aspekt des literarischen Werks als Produkt menschlicher Intentionalität. Erst aufgrund dieser Annahme, die eine rein zufallsbestimmte Gestalt ihres Gegenstands ausschließt und diesen vielmehr absichtsvoll hergestellt und durchgestaltet weiß, kann Interpretation überhaupt sinnvoll stattfinden.[7] Die Rede vom Tod des Autors oder von einer Schrift ohne Subjekt, wie sie ein poststrukturalistisches Denken kultiviert, ist nach Juhl daher nicht nur eine logische, sondern eine interpretationspraktische Unmöglichkeit.

Wir sehen an solchen Kontinuitäten wie zwischen Schleiermacher und Dilthey einerseits und den Amerikanern Hirsch und Juhl andererseits, daß der Verlauf der Geschichte der Literaturtheorie im 20. Jahrhundert nicht mehr einfach als Nacheinander, sondern zuneh-

[4] E. D. Hirsch, Jr., *The Aims of Interpretation* (Chicago, 1976).
[5] E. D. Hirsch, „Three Dimensions of Hermeneutics", *New Literary History* 3 (1971-72): 246-60; rpt. *Twentieth-Century Literary Theory*: 109-114, hier 113.
[6] Hirsch. *op. cit.*: 110ff.
[7] P. D. Juhl, „The Appeal to the Text: What Are We Appealing to?", in *Twentieth-Century Literary Theory*: 114-117. Juhl zeigt dies hier an einem der „Lucy"-Gedichte Wordsworths.

mend als Nebeneinander verschiedener konkurrierender Positionen gesehen werden muß. Dies gilt auch innerhalb der Hermeneutik, in der Martin Heidegger (1889-1976) mit seiner Schrift *Sein und Zeit* (1927) eine radikale Wende gegen jeden Objektivismus der Interpretation vollzog und damit eine andere, heute ebenfalls nachwirkende Variante der Hermeneutik begründete. Nachdem Heidegger in den 50er Jahren als eine der philosophischen Leitfiguren des Existentialismus galt, dann im Zug der sozial- und ideologiekritisch motivierten Abkehr vom Existentialismus in den späten 60er Jahren überholt schien, hat er in den letzten Jahrzehnten in den USA als Antizipator einer postmodernen Literaturtheorie und -ästhetik neue Aktualität gewonnen.[8] Heidegger spitzt den bei Dilthey bereits erkennbaren Gegensatz zwischen Natur- und Geisteswissenschaften bis zum Punkt der Unvereinbarkeit zu.[9] In Heideggers Version der Hermeneutik ist Interpretation nicht nur ein literarisches oder philosophisches Verfahren, sondern eine zentrale Bestimmung des Lebensvollzugs selbst. Menschliche Existenz ist wesentlich ein Prozeß der Fremd- und Selbstinterpretation, in den alles Denken und alle noch so abstrakten Begriffe eingebunden sind. Kein Akt des Verstehens kann die Grenzen der konkreten historischen Existenz übersteigen, der er entspringt. Eine am Exaktheitsideal der Naturwissenschaften orientierte Geisteswissenschaft ist von daher einer technologischen Illusion der Transparenz und der Verfügbarkeit der Sprache und des Denkens verfallen. Sie verkennt, daß alles Erkennen unaufhebbar mit der zeitlichen, prozessualen Struktur unserer Existenz und d.h. mit deren Endlichkeit und Vergänglichkeit verknüpft ist. Interpretation wird zum existenziellen Statement, das sich niemals wirklich aus der Subjektivität des Sprechers und aus seinem historischen Standort befreien kann und so ein konstitutives Element der ‚Blindheit' enthält.

Diese existentielle Radikalisierung der Hermeneutik mag als Weg in den Relativismus, in die Spekulation, ja in die Zurücknahme jedes intersubjektiven Geltungsanspruchs geisteswissenschaftlicher Erkenntnis gesehen werden. Doch sie hat gerade in der amerikanischen Postmoderne einflußreiche Anhänger gefunden. Dies gilt etwa für

---

8 Allerdings hat die erneute Diskussion um Heideggers Rektoratszeit in Freiburg zu Anfang der nationalsozialistischen Herrschaft zu einer spürbaren Dämpfung der Euphorie geführt. Vgl. Martin Heidegger, *Die Selbstbehauptung der deutschen Universität* (Frankfurt, 1983 [Nachdruck der Rektoratsrede von 1933]).

9 Martin Heidegger, *Sein und Zeit* ([1927] Halle, 1972).

William V. Spanos, den Herausgeber der avantgardistischen Zeitschrift *Boundary 2*. Spanos nimmt Heidegger als Kronzeugen für die
Destruktion einer ‚onto-theologischen' Tradition des westlichen
Denkens, das beständig darauf aus gewesen sei, die Endlichkeit und
Zeitlichkeit der Erfahrung in illusionäre Dauerhaftigkeit und Über-
zeitlichkeit zu transformieren. Die Hauptstrategie war dabei die *spa-
tialization of time*, die Verräumlichung der Zeit.[10] Diese führte auch
im Bereich der Ästhetik zur Herausbildung geschlossener Systeme
und symbolisch-kreishafter Denkmodelle, die ein festes Zentrum besaßen und exemplarische geistige Stabilität ausstrahlten. Es ist nicht
verwunderlich, daß Spanos in schärfsten Gegensatz zum New Criticism, aber auch zum Strukturalismus geraten muß, die er als letzte,
dogmatisierte Ausläufer jener langen Denktradition ansieht. T. S.
Eliots *objective correlative*, aber auch jede werkzentrierte, den literarischen Text privilegierende Strukturauffassung werden hier als Beispiele einer solchen falschen Verräumlichung von Erfahrung gesehen. Sie werden dechiffriert als Restbestand einer logozentrischen
Seinsillusion, die erst in den radikal offenen, fragmentarisch-prozeß-
haften und jeder ‚objektiven' Repräsentation von Wirklichkeit entge-
genarbeitenden Texten der postmodernen Literatur endgültig über-
wunden sei. Spanos' Position ist hier deutlich von dekonstruktivisti-
schen Ideen beeinflußt. Doch setzt er sich etwa von Paul de Man explizit darin ab, daß er auch diesem noch eine falsche Bevorzugung der
Literatur – nämlich als einer gleichsam archetypischen Form der Dekonstruktion selbst – vorwirft (vgl. hierzu u. Kap. 22, 23). Spanos fordert folgerichtig auch noch die Auflösung dieser Form der Hierarchi-
sierung kultureller Diskurse und damit – in seinen Augen – der letzten
Spuren eines obsoleten, verräumlichend-sinnkonstruierenden und
damit metaphysisch verblendeten Denkens.
    Wird in dieser radikal die Zeitlichkeit von Erfahrung herausstellen-
den, unmittelbar an Heidegger anknüpfenden Richtung die postmoderne Variante einer ‚negativen Hermeneutik' deutlich, die sich auf
die Destruktion kultureller Illusionen spezialisiert, so gibt es eine andere und insgesamt vorherrschende zeitgenössische Variante der
Hermeneutik, die sich stärker auf das ‚positive' Potential bezieht, das
in der *Intersubjektivität* der Sprache impliziert ist. In dieser nämlich
sieht sie ein vorgängiges Sinn- und Wahrheitsgeschehen angelegt, das
der Subjektivität der einzelnen vorausgeht und deren Selbstartikula-

---

[10] Vgl. William Spanos, „Breaking the Circle: Hermeneutics as Dis-Closure",
in *Twentieth-Century Literary Theory*, ed. Newton: 196-202.

tion trägt. Die Sprache steht damit im Zentrum dieses Hauptstrangs hermeneutischer Theorie. Sie ist diejenige Instanz, die die Kommunikation der Menschen über die Zeiten und über ihre partikularen Einzelinteressen hinweg erst ermöglicht. Zwar besteht eine nie ganz aufzulösende Spannung zwischen den überpersönlichen Bedeutungen der Sprache und der je persönlichen Sinnintention der einzelnen, also ein Zustand, den Jürgen Habermas als ‚gebrochene Intersubjektivität' der Sprache umschreibt. Doch ist gerade aus dieser nie ganz aufzulösenden *Spannung* heraus Kommunikation – auch literarische Kommunikation – überhaupt erst möglich. Man kann hier also von einer *kommunikativen Hermeneutik* sprechen, die die Sprache als kulturelles Traditionsgeschehen sieht, das von einem impliziten Vernunft- und Verständigungsprinzip beherrscht ist. Von hier aus muß einerseits der postmoderne Ausbruchsversuch in authentisch-subjektivistischen Selbstausdruck als illusionär erscheinen. Gleichzeitig wird aber auch die strukturalistische Vorstellung der Sprache als eines gewissermaßen autonomen, rational funktionierenden Systems zurückgewiesen. Sie wird durch ihre Konzeption als eines Mediums lebendiger Intersubjektivität ersetzt, das zugleich die einzig ‚authentische' Quelle historischer und ästhetischer Wahrheit darstellt.

Diese Position wurde am prägnantesten von Hans-Georg Gadamer in seiner großangelegten Darstellung der Hermeneutik in *Wahrheit und Methode* formuliert. [11] Gadamers Buch ist eine philosophische Grundlegung ästhetischer Erkenntnis, die die verschiedenen Entwicklungsstränge hermeneutischer Theoriebildung zusammenführt. Gleichzeitig universalisiert es, trotz aller subtilen Differenziertheit der Argumentation, den Geltungsanspruch der Hermeneutik in einem Maß, daß sie zur umfassenden Theorie der Geisteswissenschaften wird. Der Titel deutet bereits auf das zentrale Spannungsverhältnis zwischen der ‚Wahrheit' als dem Ziel philosophischer Hermeneutik und den ‚Methoden' der Erkenntnis, wie sie in den Naturwissenschaften eingesetzt werden. Da diese ihr Material unter reproduzierbaren experimentellen Bedingungen isolieren und objektivieren, entstellen sie in ihrer Übertragung auf die Kulturwissenschaften die Geschichtlichkeit, Unwiederholbarkeit und relationale Komplexität menschlicher Phänomene. Gegen die Fixierung und methodische Funktionalisierung humanistischer Gegenstände sieht Gadamer sie – im Anschluß an Heidegger – eingebunden in einen geschichtlich-exi-

---

[11] Hans-Georg Gadamer, *Wahrheit und Methode. Grundzüge einer philosophischen Hermeneutik* (Tübingen, 1960, 1972³).

stentiellen Prozeß, der niemals der Reflexion völlig transparent sein kann. Gadamers Realitätssicht ist dabei deutlich geprägt von einem aristotelischen Bewußtsein der Veränderung, des prozessualen statt des bloß statischen Aspekts der Wahrheit, und der erfahrungsbedingten Grenzen reiner Rationalität gegenüber dem Allwissenheitsanspruch jenes ‚sokratisch-platonischen Intellektualismus‘, als dessen geistiges Erbe Gadamer die moderne Wissenschaftsgläubigkeit sieht. Doch Gadamer vermeidet, anders als Heidegger und dessen postmoderne Nachfolger, den Rückgang auf einen begriffs- und abstraktionsfeindlichen Subjektivismus oder Existentialismus. Er betrachtet vielmehr, wie gesagt, die Sprache als unhintergehbare Bedingungsinstanz und intersubjektives Ausdrucksmedium, das alle Erfahrungen und Aussagen über die Realität trägt und zugleich übergreift. ‚Wahrheit‘ kann nicht außerhalb oder jenseits der Sprache aufgefunden werden, sondern nur im geschichtlichen Entfaltungsprozeß des kulturellen Interpretationsgeschehens selbst, das sie in Gang hält.

Welches ist nun genauer der Charakter der ‚Interpretation‘, die in hermeneutischer Sicht konstitutiv für Sprache und alles kulturelle Leben ist? Sie ist wesentlich der Versuch der *Übersetzung* der Äußerung einer anderen, fremden Subjektivität, aus deren Horizont in den Horizont der eigenen Subjektivität. Dies geschieht in jedem Dialog, wo wir die Perspektive der anderen Person zumindest bis zu einem gewissen Grad verstehen müssen, um adäquat auf sie zu reagieren. Dies heißt nicht, daß wir ihren Standpunkt übernehmen müssen, sondern daß wir versuchen müssen, ihre Bedeutungsintentionen so weit wie möglich nachzuvollziehen, um überhaupt sinnvoll und kohärent kommunizieren zu können.[12] ‚Verstehen‘ ist in diesem Sinn nicht eine empathetische, sondern eine epistemische Kategorie, die für das praktische Gelingen jeder Kommunikation notwendig ist. Was dieses pragmatische Verstehen in Alltagssituationen erleichtert, ist ein gemein-

---

[12] Gadamer betont dies nachdrücklich in seiner Auseinandersetzung mit Jacques Derrida über die Begriffe ‚Verstehen‘ und ‚Mißverstehen‘, die dokumentiert ist in *Text und Interpretation*, Hrsg. Philippe Forget (München, 1984): Hans-Georg Gadamer, „Text und Interpretation"(24-55); Jacques Derrida, „Guter Wille zur Macht (I). Drei Fragen an Hans-Georg Gadamer" (56-58); Hans- Georg Gadamer, „Und dennoch: Macht des guten Willens" (59-61); Jacques Derrida, „Guter Wille zur Macht (II). Die Unterschriften interpretieren (Nietzsche/Heidegger)" (62--77). – Die Beziehung von Hermeneutik und (Post-)Strukturalismus wird auch diskutiert von T. K. Seung, *Structuralism and Hermeneutics* (New York, 1982), einer Kritik fundamentaler Annahmen des Strukturalismus.

samer Bestand an Normen und Überzeugungen, der es erlaubt, die Äußerung des andern auf einen Kontext des Vertrauten zu beziehen. Dies ist nun vergleichbar mit der Interpretation eines literarischen Textes, der ebenfalls die Äußerung eines personalen Subjekts im überpersönlichen Medium der Sprache darstellt. Indessen wird hier die Sachlage kompliziert durch den Umstand, daß wir es nicht nur mit bedeutungsmäßig besonders dichten, sondern oft mit Texten aus einer fernen Vergangenheit oder einer fremden Kulturwelt zu tun haben. Wir können nicht einfach auf unsere eigenen Werte und Realitätsbegriffe als Maßstab für das Textverstehen zurückgreifen, sondern sind gehalten, so konkret wie möglich den Horizont des Textes zu rekonstruieren. Doch dies ist eine Aufgabe, die nie wirklich erreichbar ist, und daher spricht Gadamer vom hermeneutischen Vorgang als einer ‚Horizontverschmelzung‘, als stets nur annäherungsweiser Konvergenz zwischen dem Horizont des Interpreten und des Textes.[13] Diese Art der Begegnung mit dem Text transzendiert die Grenzen der eigenen Subjektivität und des eigenen historischen Standorts, *ohne* je den falschen Anspruch der Objektivität zu erheben. Jede endgültige ‚Objektivierung‘ des Textes und der in ihn eingeschriebenen fremden Subjektivität käme einem Akt intellektueller Gewalt gleich, ebenso wie jedes interkulturelle Verstehen, das die vermeintlichen Charakteristika der fremden Kultur endgültig objektivieren wollte, einem Akt der Gewalt gleichkäme.

Interpretation und Verstehen sind nur möglich, weil wir Teil einer Sprache sind, Teil einer kulturellen Geschichte, in der wir sozialisiert wurden. Die Prägung durch diese Geschichte nennt Gadamer das ‚Vorverständnis‘, das wir an jeden Text oder Kommunikationspartner herantragen und das unvermeidlich unsere erste Reaktion bestimmt. Und doch besteht der Akt des Verstehens im Bemühen, diesen kulturellen Vorurteilen entgegenzuwirken. Indem wir den andern zu uns sprechen lassen, können wir unser Vorverständnis beständig modifizieren und ein adäquateres, wenn auch nie definitives Verständnis des anderen – bzw. des Textes – herausbilden. Die hermeneutische Aktivität operiert so in einer prekären Balance zwischen eigenem und fremdem Selbst, zwischen Interpreten und Text. Diese Abhängigkeit der Interpretation von einer Vorstruktur des Verstehens, die das Ergebnis des Verstehensprozesses mitbedingt, ist als ‚hermeneutischer Zirkel‘ bekannt. Doch ist dies kein *circulus vitiosus*, in dem nichts Neues entsteht und kein Erkenntnisfortschritt mög-

---

[13] Gadamer, *Wahrheit und Methode*: 289f., 356f.

lich ist, sondern eher im Bild einer Spirale vorzustellen, in der das
Vorverständnis in der Begegnung mit dem Anderssein des Textes
ständig korrigiert und reflexiv weiterentwickelt wird.[14]

Was ist der spezifische Ort und Charakter der Literatur in einer solchen hermeneutischen Sicht? Zunächst kann man sagen, daß hier vorweggenommen wird, was auch die poststrukturale Wendung des philosophischen Denkens kennzeichnet: nämlich daß der Kunst und Literatur eine Schlüsselrolle für den Geltungsanspruch der philosophischen Theorie selbst zugeschrieben wird. Denn in ihr wird die enge
Wechselbeziehung zwischen Leben und Wissen, Imagination und
Reflexion, Erfahrung und Sprache, auf die es Gadamer ankommt, in
voller Bewußtheit und ästhetischer Konkretheit zum Ausdruck gebracht. In ihrer zeitlichen Struktur und ihrem Wesen als überpersönliches ,Spiel' – dem kreativen Urelement aller kulturellen Aktivität –
bringen Kunst und Literatur den symbolischen Selbstauslegungspro-
zeß kulturellen Lebens exemplarisch zum Vorschein.[15] Gleichzeitig
verliert aber damit die Literatur ihren autonomen Status, da sie nur
einen wenn auch besonders wichtigen Spezialfall der allgemeinen
Wirkungsweise der Sprache darstellt. Sie ist eine Form kultureller
Aktivität, die nicht in ästhetischer Abstraktion, sondern in Kontinuität zum Erfahrungsprozeß des Alltagslebens gesehen werden muß.
Gadamer gibt die Idee des Kunstwerks als einer geschlossenen, zeit-
los für sich bestehenden Einheit auf, wie sie im New Criticism und
dessen deutscher Variante, der ,werkimmanenten Interpretation',
vertreten wurde. Stattdessen verlagert er die Aufmerksamkeit auf die
ästhetische Erfahrung, die das Werk vermittelt. Damit rückt der Leser
in den Blickpunkt der Theorie. Indem dieser sich dem Anderssein des
Textes und dem von ihm entfalteten kommunikativen Bedeutungs-
spiel aussetzt, kann er seine Wahrnehmung und Kreativität in einzig-
artiger Weise erweitern und intensivieren.

---

[14] Vgl. hierzu Gadamer, *op. cit.*, 250f., wo er den hermeneutischen Zirkel folgendermaßen beschreibt: „[...] es gilt, den Blick auf die Sache durch die ganze Beirrung hindurch festzuhalten, die den Ausleger unterwegs ständig von
ihm selbst her anfällt. Wer einen Text verstehen will, vollzieht immer ein
Entwerfen. Er wirft sich einen Sinn des Ganzen voraus, sobald sich ein erster
Sinn im Text zeigt. Ein solcher zeigt sich wiederum nur, weil man den Text
schon mit gewissen Erwartungen auf einen bestimmten Sinn hin liest. Im
Ausarbeiten eines solchen Vorentwurfs, der freilich ständig von dem her relativiert wird, was sich bei weiterem Eindringen in den Sinn ergibt, besteht
das Verstehen dessen, was dasteht."(251)

[15] Gadamer, *op. cit.*: 97ff.

Mit der Verortung der Literatur im intersubjektiven Wahrheitsgeschehen der kulturellen Tradition wird zugleich jede formalistische
Verengung des Literaturbegriffs aufgegeben. Der Begriff Literatur
verliert seinen exklusiven oder esoterischen Sinn und wird auch auf
historische, philosophische, politische, theologische u.a. Texte erweitert.[16] Das Kriterium für die Literarizität eines Textes ist nicht mehr
wie im Formalismus eine spezifische Art der Sprachverwendung oder
Kompositionsweise. Es gibt keine Form ohne Inhalt, wie auch immer
sich dieser Inhalt hinter dem scheinbar souveränen Gestus ästhetischer Autonomie verbergen mag. Die Erfahrung literarischer Kunst
ist niemals ‚rein‘ ästhetisch, sondern stets ein kommunikativer und er-
kenntnisrelevanter Akt:

> Die Erfahrung der Kunst darf nicht in die Unverbindlichkeit des ästheti-
> schen Bewußtseins abgedrängt werden. Diese negative Einsicht bedeutet
> positiv: Kunst ist Erkenntnis und die Erfahrung des Kunstwerks macht die-
> ser Erkenntnis teilhaftig.[17]

Da sie von den Kontingenzen und Variablen äußerer Bedingungen
befreit sind, können menschliche Erfahrungen in der Kunst in ihrer
(ideal-)typischen Gestalt hervortreten. Form und Inhalt, Stil und
Thematik, Rhetorik und Bedeutung werden im literarischen Text zur
Einheit gebracht. Damit illustriert die Literatur die wechselseitige
Abhängigkeit und Durchdringung von Sprache und Erfahrung, Medium und Botschaft im Modus ihres eigenen Diskurses. Der literarische
Text ist wie jeder andere zunächst ein Akt der Interpretation. Doch
aufgrund seines Charakters als sprachlich verdichtetes ‚Nachah-
mungsspiel‘ von Erfahrungen [18] stellt er einen besonders komplexen
und selbstreflexiven Akt der Interpretation dar und wird damit zum
Modellfall für Kulturstudien generell.

Mit dieser doppelten Betrachtung der Literatur sowohl als ästhetischer Sonderstruktur wie als Gestaltungsmedium allgemeinerer kultureller Inhalte wurde die Hermeneutik insbesondere seit den 60er
Jahren einflußreich. Sie wurde zum Ausgangspunkt für Versuche, Literatur in nichtreduktiver Weise auf die Gesellschaft zu beziehen und
gleichzeitig Verfahrensweisen für eine reflektierte, Vulgärtheorien
vermeidende Kulturwissenschaft zu entwickeln. In ihrer Verbindung
mit Ansätzen der Frankfurter Schule der Kritischen Theorie führte

---

[16] Gadamer, *op. cit.*: 156.
[17] Gadamer, *op. cit.*: 92.
[18] Gadamer, *op. cit.*: 97ff.

sie zur Entwicklung verschiedener Konzeptionen, die die Einbeziehung anderer Disziplinen wie Soziologie oder Psychologie in das Studium der Literatur anstrebten, ohne die ästhetische Eigendimension
der Texte den positivistischen oder ideologischen Vorgaben jener
Disziplinen zu opfern.

    Ein markanter Bezugspunkt hierfür war die *Ästhetische Theorie*
von Theodor W. Adorno.[19] Diese gehört zwar nicht eigentlich in den
Umkreis der Hermeneutik, hat jedoch im Zusammenhang mit der
Frage von ‚Kunst als Ideologiekritik‘ im germanistischen, neuerdings
aber auch im englischsprachigen Bereich, einen beträchtlichen Einfluß ausgeübt.[20] Adorno postuliert aus einer Marx und Freud verbin-
denden Position heraus die dialektische Negativität der Kunst, ihre
immanente Widerständigkeit gegen die dominante Ideologie und ‚falsche‘ Totalität der Gesellschaft, durch die sie gleichwohl ins Innerste
mitgeprägt ist. Adorno konzentriert sich dabei jedoch nicht auf vor-
dergründige Inhaltlichkeit, sondern auf die Kunst als *symbolische
Form*, auf die Art und Weise, in der ihre innere Organisation und
Komposition zum indirekten Bedeutungsträger wird. Er ist in seiner
Ästhetik-Auffassung stark durch die Neue Musik mitgeprägt, deren
avantgardistische Experimente er nicht nur förderte, sondern aktiv
mitbetrieb. Es verwundert daher wenig, daß einer der von ihm am
stärksten bewunderten Gegenwartsschriftsteller Samuel Beckett ist,
der eine sprachliche ‚Ästhetik der Negativität‘ par excellence praktiziert, bei der er darüber hinaus auch offensichtlich von musikanalogen Kompositionsprinzipien ausgeht, die der Atonalität der modernen Musik nach Schönberg geistig verwandt sind.[21] Die Aufmerksamkeit für die ästhetische Form ist bei Adorno jedoch, anders als etwa
im New Criticism, kein Selbstzweck, sondern stets auf gesellschaft-
lich-kulturelle Inhalte zurückbezogen. Die Form des Kunstwerks, die
in ihren Brüchen und Deformationen die Selbstentfremdung des
Menschen in der Moderne reflektiert, bewahrt in dieser Negativge-
stalt zugleich symbolisch die Utopie der Versöhnung der Gegensätze,
die im geschichtlichen Prozeß unversöhnlich bleiben.

    Mit seiner Parteinahme für die Kunst der Avantgarde ist bei Ador-
no gleichzeitig eine starke Aversion gegen die trivialisierenden Ten-

---

[19] Theodor W. Adorno, *Ästhetische Theorie* (Frankfurt, 1970).

[20] Vgl. Selden, *Contemporary Literary Theory*: 33ff; *Modern Literary Theory*,
      eds. Jefferson und Robey: 187-91.

[21] Zu dieser musikanalogen Gestaltungsweise vgl. Leo Truchlar, „Zur Kompositi-
      onstechnik Samuel Becketts", *Sprache im technischen Zeitalter* 87 (1983): 220-24.

denzen der modernen Massen- und Kommerzkultur verbunden. Er steht hierin, was in der aktuellen englischsprachigen Adorno-Rezeption nicht immer klar genug gesehen wird, in schärfstem Gegensatz etwa zu Walter Benjamin, der der technologischen Massenkultur gerade eine potentiell emanzipatorische Funktion zuspricht, da sie durch die unbegrenzte Reproduzierbarkeit des Einzelwerks dessen mystifizierende Aura auflöst und den elitären Status der Kunst zugunsten ihrer Demokratisierung durchbricht.[22] Benjamin hat mit dieser Idee, die ähnlich auch von dem eminent einflußreichen Raymond Williams vertreten wurde[23], zu einer Neuorientierung der Literatur- und Kulturwissenschaften beigetragen, die eine Aufwertung der *popular culture* und ihrer verschiedenen modernen Ausprägungen mit sich brachte. Ihr Ergebnis ist nicht zuletzt jener vor allem in Großbritannien sich nachdrücklich zu Wort meldende, von neomarxistischen Ideen inspirierte *Cultural Materialism*, der die Hierarchie von Hoch- und Trivialkunst aufhebt und prinzipiell alle kulturellen Äußerungs- und Kommunikationsformen der Menschen wie etwa Politik, Werbung, Rockkultur, Film, Fernsehen oder Videoclips als gleichermaßen wichtig und untersuchenswert betrachtet.

Im Zusammenhang mit dieser Ausweitung der Literatur- zur Kulturtheorie ist auch die ‚soziologische Hermeneutik' zu erwähnen, wie sie von Jürgen Habermas vertreten wird. Diese rückt das gesamte Spektrum der Gesellschaft als System symbolischer Handlungen in den Blick, von dem die Literatur ein Teil ist, wobei soziologische Aspekte mit Fragen von Kommunikation, Identität und psychoanalytischer Selbstreflexion verknüpft werden. Die Akte des Verstehens, die die Sprache ermöglicht, funktionieren nicht in ungebrochener, transparenter Weise, wie die traditionelle Hermeneutik dies annahm, sondern sind verzerrt und mit Mehrdeutigkeit aufgeladen durch Elemente der Verdrängung, des Mißverstehens und der (Selbst-)Täuschung. Diese gilt es aufzudecken und bewußtzumachen, um den kommunikativen Diskurs von unbewußten Mechanismen der Entfremdung und Fehldeutung zu befreien. In Analogie zum Ausdruck ‚Tiefenpsychologie' bezeichnet Habermas dieses Verfahren als ‚Tiefenhermeneutik', die sich nicht auf das direkt Gesagte und vermeintlich unmittelbar Intendierte an Texten beschränkt, sondern das

---

[22] Walter Benjamin, *Schriften I* (Frankfurt, 1955). Insbes. „Das Kunstwerk im Zeitalter seiner technischen Reproduzierbarkeit"(Frankfurt, 1976[9] [1963]).

[23] Vgl. Raymond Williams, *Marxism and Literature* (Oxford, 1977); ders., *Problems in Materialism and Culture: Selected Essays* (London, 1980).

Nichtgesagte, nicht bewußt Intendierte als bedeutungskonstitutiv einbezieht.[24] Damit will er zur Revision konservativerer Versionen der Hermeneutik zugunsten einer kritischen und interdisziplinär ausgerichteten Konzeption der Kulturwissenschaften beitragen. In dieser ideologiekritischen Variante der Hermeneutik, die die maßgebliche Rolle des jeweiligen Erkenntnisinteresses (*knowledge interest*) für die Ergebnisse wissenschaftlicher Forschung einbezieht, ist wiederum eine deutliche Nähe zu politisch orientierten zeitgenössischen Ansätzen der anglo-amerikanischen Literaturkritik zu erkennen.

Auch Fredric Jamesons Konzept des *Political Unconscious*, das er in dem gleichnamigen Buch zur Analyse von Literatur vorschlägt, ist auf einer ideologiekritischen Theorie der Texte aufgebaut, die diese von geschichtlich bedingten inneren Widersprüchen beherrscht sieht.[25] Gerade in dem, was die Texte aussparen, sieht Jameson ein kollektives politisches Unbewußtes am Werk, das immer wieder die historisch-gesellschaftspraktische Brisanz der Konflikte entschärft, aus denen es gleichwohl seine Energie bezieht. So ist das weitgehende Fehlen der amerikanischen Realität in Ernest Hemingways ‚realistischer' Literatur Symptom einer Flucht vor dem Komplexitätsdruck der kapitalistisch-technologischen amerikanischen Industriegesellschaft, deren Präsenz gleichwohl indirekt im Ausweichen des Autors auf andere Kulturen und in seiner Vorliebe für konkret-‚naturhafte' Aktionsszenarien spürbar bleibt.

Schließlich kann man bei einigen neueren Ansätzen einer kulturwissenschaftlich ausgeweiteten Literaturtheorie auch von einer ‚anthropologischen Hermeneutik' sprechen. Diese betrachtet die Literatur als Ort der symbolischen Inszenierung der je historisch akuten Krisenpunkte menschlicher Selbsterfahrung und -interpretation und als Versuch ihrer semiotischen Bewältigung. Die Dynamik ihrer Strategien ergibt sich dabei aus den Spannungen, die der Versuch der literarischen Artikulation anthropologischer Grundbedürfnisse im geschichtlichen Umfeld ihrer Kultur hervortreibt. Die Literatur wird zum ‚kulturökologischen' Sensorium des Geistes, zum Entfaltungsspielraum einer *mental ecology*. In ihr wird der Problemdruck der Wirklichkeit ästhetisch reinszeniert und im Licht der Defizite strukturiert, die er in der Perspektive konkreter Aktion und Erfahrung offenbart. In diesem Kontext ist etwa die Aufwertung des ‚Körpers' in

---

[24] Vgl. Jürgen Habermas, *Erkennntis und Interesse* (Frankfurt, 1968): 129ff.

[25] Fredric Jameson, *The Political Unconscious: Narrative as a Socially Symbolic Act* (Ithaca, 1981).

der neueren Literaturbetrachtung zu sehen, aber überhaupt auch die verstärkte Aufmerksamkeit für die Strategien ästhetischer *Rekonkretisierung* von Erfahrung, die die Literatur im Angesicht einer zunehmend abstrakten soziokulturellen Umwelt zu leisten vermag. Die Rufe nach einer historischen Anthropologie der Literatur, nach einer *literary anthropology*, nach Literatur als einer „konkreten Anthropologie ihrer Zeit" deuten die in dieser Richtung anvisierten Ziele an.[26]

---

[26] Vgl. Wolfgang Iser, „Towards a Literary Anthropology", in *The Future of Literary Theory*, ed. Ralph Cohen (New York & London, 1989): 208-28; Pfeiffer, *Sprachtheorie*: 227ff.

22. REZEPTIONSTHEORIE

Wie wir aus der vorstehenden Umrißskizze ersehen haben, ist die Hermeneutik eine recht allgemein angelegte Theorie, die sich auf die erkenntnis- und kulturtheoretischen Implikationen der Literaturstudien bezieht und erst in zweiter Linie deren spezifische Fragestellungen ins Auge faßt. Sie formuliert generelle Rahmenbedingungen, die immer wieder der Komplementierung durch Reflexionsansätze bedürfen, die explizit auf die Literatur selbst ausgerichtet sind.

Ein wichtiger Aspekt, der zur Herausbildung einer solchen literaturspezifischen Fragestellung geführt hat, ist die Verlagerung der Aufmerksamkeit im Prozeß literarischer Kommunikation vom Autor oder Text zum *Leser*. Diese Akzentverlagerung ist keineswegs auf die Hermeneutik beschränkt, sondern kennzeichnet die gesamte neuere Entwicklung der Literaturtheorie. Doch hat sie von der Hermeneutik wohl ihre entscheidenden Impulse erhalten, auch wenn es innerhalb der USA im dortigen *reader-response criticism* auch eigenständige Ansätze hierzu gegeben hat.[1] Literatur wird nicht länger im vermeintlich überzeitlich fixierbaren Objekt des Textes verortet, sondern als Kommunikationsprozeß aufgefaßt, in welchem dem Leser eine wichtige, ja konstitutive Rolle zukommt. Die prozessuale Natur des Ästhetischen bleibt dabei nicht auf den individuellen Rezeptionsakt beschränkt. Sie kennzeichnet vielmehr die Geschichte der Literatur selbst, die weniger als Abfolge von Werken denn als Abfolge der *Wirkungen* aufgefaßt wird, die diese Werke durch jeweils verschiedene Epochen hindurch ausgeübt haben.[2]

Der führende Vertreter dieser ‚Rezeptionsgeschichte' ist Hans Robert Jauß, der nicht zuletzt die Revision der Literaturgeschichts-

---

[1] Zur Rezeptionstheorie vgl. vor allem *Rezeptionsästhetik. Theorie und Praxis*, Hrsg. Rainer Warning (München, 1975); *Literatur und Leser. Theorien und Modelle zur Rezeption literarischer Werke*, Hrsg. Gunter Grimm (Stuttgart, 1975); *The Reader in the Text: Essays on Audience and Interpretation*, eds. Susan Suleiman und Inge Crosman (Princeton, N.J., 1980); *Reader-Response Criticism: From Formalism to Post-Structuralism*, ed. Jane Tompkins (Baltimore, 1980); Robert C. Holub, *Reception Theory: A Critical Introduction* (London, 1984).

[2] Vgl. zum Prinzip der Wirkungsgeschichte Gadamer, *Wahrheit und Methode*: 284ff.

schreibung, wie sie etwa in der in dieser Hinsicht maßgeblichen amerikanischen Zeitschrift *New Literary History* vertreten wird, mit inspiriert hat. Jauß führt den Begriff des historisch-ästhetischen ‚Erwartungshorizonts‘ ein, der die Leserreaktion auf einen Text präformiert, aber auch umgekehrt die Reaktion des Textes auf seine intendierten Leser mitbestimmt.[3] Die Erwartungen des Lesers können
vom Text erfüllt, modifiziert oder völlig desillusioniert werden. Jauß
erläutert dies unter anderem am Fall von Flauberts Roman *Madame
Bovary*, der die Erwartungen seines ersten Publikums schockierte, da
sich sein provokativ unpersönlicher Stil in bis dahin völlig ungewohnter Weise jedes moralischen Urteils enthielt. Der Protest gegen den
Roman gipfelte in einem Prozeß, der mit dem kuriosen Ergebnis endete, daß der Autor zwar freigesprochen, sein Stil aber als ‚amoralisch‘ verurteilt wurde. Später indessen wurde genau dieser Stil seinerseits zu einer akzeptierten Norm, die den ästhetischen Geschmack
des Publikums veränderte und so die Rezeption der nachfolgenden
Generation französischer Romanciers mitbedingte.[4] Die Rezeptionsgeschichte eines literarischen Werks wird von Jauß aufgefaßt als beständig fortschreitender und geschichtlich sich wandelnder Vollzug
jener ‚Horizontverschmelzung‘, wie sie Gadamer als grundlegend für
die hermeneutische Begegnung zwischen Interpret und Text angesetzt hatte. Jauß definiert die Rezeptionsgeschichte als die „sukzessive Entfaltung eines im Werk angelegten, in seinen historischen Rezeptionsstufen aktualisierten Sinnpotentials, das sich dem verstehenden Urteil erschließt, sofern es die ‚Verschmelzung der Horizonte‘ in
der Begegnung mit der Überlieferung kontrolliert vollzieht."[5]

Dieser Ansatz hat sich inzwischen insofern als produktiv erwiesen,
als er allein schon quantitativ einen ganz neuen Zweig von Literaturgeschichte hervorgebracht hat. Dennoch nimmt es nicht Wunder, daß
die real praktizierte ‚Rezeptionsgeschichte‘ oftmals doch wieder auf
die vermeintlich überwundene positivistische Stufe zurückfällt, da sowohl die genannte ‚Horizontverschmelzung‘ wie auch der tragende
theoretische Begriff des ‚Erwartungshorizonts‘ relativ vage und spekulativ bleiben. Insbesondere ist klar, daß letzterer mit zunehmender
Annäherung an die Gegenwart noch mehr an Prägnanz verliert, da hier
die Pluralisierung und Individualisierung der ästhetischen Stile und
folglich auch der Erwartungshaltungen so weit fortgeschritten sind,

---

[3] Hans-Robert Jauß, *Literaturgeschichte als Provokation* (Frankfurt, 1970).
[4] Jauß, *op. cit.*: 186.
[5] *Ibid.*

daß nicht mehr von *einer* dominierenden Richtung gesprochen werden kann.

Dieser Situation der Moderne weitaus stärker gerecht wird die ‚Rezeptionsästhetik' von Wolfgang Iser, die sich expliziter noch auf die künstlerisch-fiktionale Dimension der Literatur in ihrer Kommunikation mit dem Leser bezieht. Iser etablierte den Begriff des ‚impliziten Lesers' als Kategorie der Literaturkritik. Diese bestimmt er nicht im Sinn eines konkreten, historischen Lesers, sondern als die charakteristische *Aktivität* des Lesens, wie sie in die Appellstruktur literarischer Texte einkomponiert ist.[6] Eine Grundannahme seiner Rezeptionsästhetik, die von eminenter Bedeutung für die gesamte gegenwärtige Literaturkritik geworden ist, ist die *Unbestimmtheit* des literarischen Textes, die auch in ihrer englischen Variante der *indeterminacy* ungeahnte Konjunktur erfahren hat. Der Text präsentiert sich für den Leser nicht als fertiges Ganzes, sondern in Form von „schematisierten Ansichten".[7] Er besteht nur aus reduzierten, unvollständigen Umrissen und sprachlich angedeuteten Teilstücken einer imaginären Welt, die erst im Bewußtsein des Lesers ergänzt und zusammengesetzt werden muß, um für ihn Realität zu gewinnen. Da Literatur eine hochgradig indirekte, nichtreferentielle Weise der Sprachverwendung darstellt, entsteht eine dauernde Spannung zwischen den expliziten Aussagen an der Textoberfläche und den impliziten Konnotationen, symbolischen Querverweisen und ironischen Gegenströmungen, die, obwohl nicht direkt formuliert, die eigentlich ‚literarische' Qualität eines Textes ausmachen. Literarische Kommunikation ist daher definiert durch die Spannung zwischen Gesagtem und Nichtgesagtem, zwischen Formuliertem und Ausgelassenem. Und es ist gerade die Dimension des Nichtgesagten, die die Leseraktivität entscheidend stimuliert. „Thus by reading", sagt Iser, „we uncover the unformulated part of the text, and this very indeterminacy is the force that drives us to work out a configurative meaning while at the same time giving us the necessary degree of freedom to do so."[8]

---

[6] Wolfgang Iser, *Der implizite Leser. Kommunikationsformen des Romans von Bunyan bis Beckett* (München, 1972): 8.

[7] Dieses Konzept leitet Iser von Roman Ingarden her, *Das literarische Kunstwerk* (Tübingen, 1960³).

[8] Wolfgang Iser, „The Reading Process: A Phenomenological Approach", *New Literary History* 3 (1971): 279-99. – Isers eigene Rezeption in den USA unterstreicht erneut die Internationalisierung der anglo-amerikanischen Literaturtheorie: seine Position fehlt in keiner Darstellung zeitgenössischer Literaturtheorien im englischsprachigen Raum.

Literarische Kommunikation ist so ein offener Prozeß, der im Sinn einer ständigen Feedback-Reaktion zwischen der Unbestimmtheit der textuellen Signifikanten und dem immer neue Signifikate konstruierenden Respons des Lesers verläuft. Literatur schafft einen emanzipatorischen Spielraum, in dem die potentiellen Bedeutungen des Textes erst durch die aktive Beteiligung des Leserbewußtseins hergestellt werden. Dieser kybernetische Prozeß der Text-Leser-Interaktion[9] erhält dadurch relative Autonomie, daß der referentielle Aspekt der Sprache ebenso wie der Situationskontext pragmatischer Sprechakte in ihm suspendiert sind. Folglich wird die Verwendung moralischer, kultureller und sprachlicher Konventionen im fiktionalen Text autoreflexiv. Dies bedeutet, daß die Konventionen gleichzeitig das Medium und das Thema des Textes darstellen. Konventionen, deren Bedeutungen in der Alltagskommunikation gewöhnlich klar festgelegt sind, werden in der Literatur in ungewohnte Kontexte versetzt und so *als Konventionen* deutlich gemacht. Da sie durch ihre Fiktionalisierung gleichzeitig ‚entpragmatisiert‘ werden, öffnen sich vermeintliche denotative Gewißheiten auf eine Pluralität konnotativer Bedeutungen, die eine große Bandbreite möglicher Konkretisationen des Textes durch den Leser ermöglichen. Der Akt des Lesens ist ein besonders intensiver Prozeß der Selbsterfahrung und Selbstreflexion, da er das ansonsten unausgeschöpfte Potential persönlicher und kultureller Erfahrungen aktualisiert und diese gleichzeitig von ihrer Überfremdung durch unmittelbar pragmatische oder ideologische Zwecke befreit. Sie werden fiktional distanziert und damit einer (selbst-)kritischen Perspektive zugänglich gemacht, indem der Text interpretatorische Gewißheiten unterläuft, vertraute Reaktionsmuster aufbricht und jeder konventionell-affirmativen Sichtweise der Kultur, aber auch des eigenen Selbst, konstitutiv entgegenwirkt.[10]

Es ist von hier aus nicht verwunderlich, daß einer der Kronzeugen für Isers Theorie Samuel Beckett ist, dessen Texte zweifellos hochgradig unbestimmt und widerständig gegen konventionelle Be-

---

[9] Vgl. Wolfgang Iser, „Die Wirklichkeit der Fiktion. Elemente eines funktionsgeschichtlichen Textmodells der Literatur“, in *Rezeptionsästhetik*: 277-324, bes. 295ff.

[10] Eine Kurzdarstellung und praktische Anwendung von Isers Ansatz – kontrastiv ergänzt durch die Leserpsychologie von Sigmund Freud – finden sich in meinem Artikel „Reflection vs. Daydream: Two Types of the Implied Reader in Hemingway‘s Fiction“, in *New Critical Approaches to the Short Stories of Ernest Hemingway*, ed. Jackson J. Benson (Duke University Press, 1990): 96-111.

deutungserwartungen sind. Isers Ansatz hat eine innere Affinität zum offenen Textbegriff der literarischen Moderne und zu der von ihr produzierten Reflexionsliteratur. Dennoch wird literarische Kommunikation von Iser nicht, wie einige Kritiker meinten, in ein historisches Vakuum ausverlagert, noch wird sie auf die bloß arbiträre Reaktion des subjektiven Lesers verkürzt. Die Entfaltung der Text-Leser-Interaktion wird vielmehr als Vorgang aufgefaßt, der den Leser gleichsam vom Innern seiner Subjektivität her mit den vorherrschenden historisch-kulturellen Konventionen und Wertsystemen konfrontiert, durch die sein eigenes Bewußtsein – und seine Begegnung mit dem Text – zutiefst mitgeprägt ist. In diesem Sinn versetzen die Strategien, mit denen die Literatur den Leser in die Erfahrung des Textes verstrickt, ihn gleichzeitig in eine tiefgreifende Auseinandersetzung mit seiner Zeit und Kultur.

,Fiktion' wird hier nicht länger in ontologischer Differenz oder als binärer Gegenbegriff zur ,Wirklichkeit' gesehen, sondern steht in *funktionaler* Beziehung zu ihr. „Das ontologische Argument", sagt Iser, „muß durch ein funktionalistisches ersetzt werden".[11] Der Text ist weder eine zeitlos-autonome Gegebenheit, noch eine bloß mimetische Reflexion der historischen Wirklichkeit. Er ist vielmehr eine kommunikative Struktur, die eine *mehrdimensionale* Antwort auf diese Wirklichkeit in Form der imaginativen Öffnung und Reorganisation ihrer dominanten Selbstinterpretationen impliziert. Der Text strukturiert unsere Wirklichkeitswahrnehmung in einer Weise um, daß er die Geltungsdefizite der kulturellen Sinnsysteme bilanziert, in denen unsere Erfahrungen vorgängig interpretiert sind. Als Beispiel führt Iser hierfür u.a. den englischen Roman des 18. Jahrhunderts ins Feld, dessen auffällige Betonung moralischer Fragen als ausgleichende Gegenreaktion gegen die lebensweltlichen und kulturellen Defizite lesbar ist, die durch die Vorherrschaft der empiristischen Philosophie als dem zentralen Deutungssystem der Zeit entstanden.[12] Isers

---

[11] Iser, „Die Wirklichkeit der Fiktion": 277.

[12] Iser, op. cit.: 303ff. – Iser zeigt dies genauer an Laurence Sternes Roman *Tristram Shandy*, der eine unmittelbare Reaktion auf und Subversion von John Lockes Prinzip der *association of ideas* ist. Dieses Prinzip wird im Text zu einer fixen Idee übersteigert und dadurch in seinen vernachlässigten oder unterdrückten menschlichen Implikationen herausgestellt. Fieldings *Tom Jones* ist hingegen eine indirektere Antwort, insofern es konfligierende Wertsysteme innerhalb des Romans selbst thematisiert und diese gegenseitig in ihren Defiziten und Blindstellen aufdeckt.(306ff.)

Projekt einer (anthropologischen) Funktionsgeschichte der Literatur, das auf ein differenziertes Modell der Text-Leser-Interaktion gegründet ist, erscheint nach wie vor vielversprechend. Es macht die Literatur an interdisziplinäre Fragestellungen anschließbar, ohne indessen eine Einebnung des Spannungsverhältnisses von Fiktion und Geschichte, Literatur und Gesellschaft zuzulassen, wie sie teilweise allzu reduktivistisch im Namen einer falsch verstandenen, unmittelbar historisch-politischen Relevanz der Literaturstudien betrieben wird.

Im Vergleich zu der von einem stark intellektuellen Literaturbegriff geprägten ,deutschen' Rezeptionsästhetik ist der in Amerika entstandene *reader-response criticism* durch eine größere Betonung der psychologischen und emotionalen Faktoren literarischer Kommunikation, und im Zusammenhang damit durch eine weit radikalere Individualisierung der Leserreaktion gekennzeichnet. Dies gilt etwa für die von David Bleich betriebene Form eines *subjective criticism*, der u.a. an Experimenten im Seminarraum den subjektiven Charakter aller Literaturdeutung demonstriert.[13] Bleich beruft sich dabei auf den späten Freud, der sich von seinem früheren Glauben an den objektiv-wissenschaftlichen Charakter seiner Psychoanalyse auf die Erkenntnis hin entwickelt habe, daß die Rationalität selbst ein subjektives Phänomen sei. Auch den modernen Naturwissenschaften haftet ein ,subjektives' Element an, insofern der Beobachter unaufhebbarer Bestandteil des Beobachteten ist. In der Literaturwissenschaft jedoch, die es nicht mit realen, sondern mit symbolischen Objekten zu tun hat, ,gibt' es den Gegenstand erst mit der Rezeption durch den Beobachter. „A symbolic object is wholly dependent on a perceiver for its existence."[14] Bleich gibt damit aber den Wissenschaftsanspruch nicht auf. Vielmehr möchte er ihn neu begründen in der Erforschung dieser subjektiven Struktur der Interpretation, in der Art und Weise, wie im Geist des Rezipienten ein Text als Bedeutungszusammenhang konstruiert wird. Hierfür aber ist eine Einbeziehung der an der literarischen Kommunikation beteiligten *Persönlichkeiten* notwendig – der des Autors im Verhältnis zum Werk, das eine Antwort auf seine individuelle Lebenserfahrung ist; und der des Lesers im Verhältnis zur

---

[13] David Bleich, *Subjective Criticism* (Baltimore, 1978). – Neuerdings ist aber auch bei Bleich der Schritt zur ,intersubjektiven' Kritik erkennbar: „Intersubjective Reading", *New Literary History* 17 (1986): 401-21.

[14] David Bleich, „The Subjective Character of Critical Interpretation", *College English* 36 (1975): 739-55, rpt. *Twentieth-Century Literary Theory*: 231-235, hier 233.

Erfahrung des Textes, auf die er mit seiner Interpretation reagiert. „The personalities involved in the literary transaction are of primary importance; the properties of the work of art, while necessary, are insufficient and of secondary importance".[15]

Aus dem Ansatz einer kognitiven Psychoanalyse heraus betreibt, noch systematischer, Norman N. Holland eine Transaktionsanalyse der Reaktion des Lesers auf Literatur. Holland untersucht, wie das Interpretationsverhalten gegenüber Texten stets durch ein persönlichkeitsgebundenes Reaktionsmodell gesteuert wird, das eng mit dem Identitätskonzept des Interpreten zusammenhängt. Holland überwindet die kindheits- und komplexzentrierten Ansätze früherer Psychoanalyse und ersetzt sie durch das Konzept der Identität, das nicht als fixe Größe aufgefaßt wird, sondern als bestimmte, habituell stabilisierte Strategie der Fremd- und Selbstdeutung im Spannungsfeld zwischen den Bedürfnissen des Ichs und den Anforderungen seiner Umwelt. Die Reaktion zwischen Text und Leser wird als Feedback-Prozeß gesehen, in dem der Akt der Textdeutung zugleich eine subjektive Problemverarbeitung des Lesers impliziert, der die verschiedensten Texte in jeweils charakteristische Deutungskonfigurationen bringt. Holland nennt diese gleichbleibende, wiederkehrende Struktur des Leserverhaltens das *identity theme*, von dem aus die verschiedenen, noch so differenzierten und im Detail variierenden Aussagen des Interpreten über Texte im Innersten zusammengehalten werden. „[...] we actively transact literature so as to re-create our identities".[16] Holland unterteilt dieses Transaktionsmodell in verschiedene Stufen – *defence, expectation, fantasy, transformation*, abgekürzt als DEFT – , an denen der psychische Konflikt- und Selbsthauptungscharakter der Leserreaktion deutlich wird. Und der wichtige Punkt ist für Holland, daß diese selbsterzeugende Rückkopplungsstruktur des *identity theme* nicht auf die (Primär-)Rezeption beschränkt bleibt, sondern alle, auch die vermeintlich rein akademischen Interpretationsakte mitbestimmt (was er u.a. auch an Literaturprofessoren getestet hat).

Holland hat diesen Ansatz in jüngster Zeit noch stärker auf die Erforschung der kognitiven Prozesse erweitert, die in literarischer Kommunikation in Gang gesetzt werden. In *The Brain of Robert Frost*

---

[15] Bleich, *op. cit.*: 234.

[16] Norman N. Holland, „Reading and Identity: A Psychoanalytic Revolution", *Academy Forum* 23 (1979): 7-9, rpt. *Twentieth-Century Literary Theory*: 204-209, hier 206.

verknüpft er sein psychoanalytisches Identitätsmodell mit bestimmten neurologischen Vorgängen, die durch Literatur in besonders dichter und vieldimensionaler, d.h. kognitiv produktiver Weise aktiviert werden.[17] Hierin liegt ebenfalls ein interessantes Forschungsfeld, das sicher in Zukunft neue Einsichten erbringen wird. Allerdings gilt wie im Fall von Bleich, daß die Betrachtung der Leserreaktion für sich selbst genommen niemals hinreichend sein kann, wenn man der Charakteristik und spezifischen Leistungsfähigkeit der *Literatur* auf die Spur kommen will. Zu diesem Zweck muß vielmehr der Zusammenhang zwischen solchen Reaktionsprozessen und bestimmten Vorgaben im Text ins Auge gefaßt werden. In Hollands Seminaren, in denen er die jeweiligen Assoziationen von – studentischen oder professoralen – Lesern als eigentlichen Diskussionsgegenstand nimmt und von ihnen her die persönliche Selbsterkenntnis der Beteiligten anstrebt, steht deutlich das psychologische und nicht das literarische Interesse im Mittelpunkt. Dies ist völlig legitim, sollte jedoch in literaturtheoretischer Perspektive auch klar festgehalten werden.

Zu erwähnen ist im Zusammenhang des amerikanischen *reader-response criticism* auch Stanley Fish. Fish schlug zunächst unter dem Begriff einer ‚affektiven Stilistik‘ eine Analyse der Leserreaktion vor, die sich am zeitlichen Verlauf der Leseerfahrung orientieren sollte. Damit war ein neuer methodischer Zugang gewonnen, der gegenüber voreiligen Verallgemeinerungen den linearen Aspekt des Textes als sukzessiv entfaltetes „Bedeutungserlebnis" berücksichtigte. „Die Grundlage dieser Methode", sagt Fish, „ist eine Einbeziehung des *zeitlichen* Flusses des Leseerlebnisses, und es wird angenommen, daß der Leser entsprechend den Bedingungen dieses Flusses reagiert und nicht auf die Aussage in ihrer Gesamtheit."[18] Damit lassen sich Aspekte zutagefördern, die von der „hohen Ebene der Abstraktion" aus, auf der die meisten Interpretationen arbeiten, nicht in derselben Weise ins Blickfeld rücken.[19]

Hält Fish hier noch am Text als eigenständiger linguistischer Gegebenheit und sprachlicher Auslöseinstanz der Leseraktivität fest, so

---

[17] Norman Holland, *The Brain of Robert Frost. A Cognitive Approach to Literature* (New York, 1988).

[18] Stanley Fish, „Literatur im Leser: Affektive Stilistik", in *Rezeptionsästhetik*: 200. – Ich habe diese prozeßanalytische Methode angewandt in dem Aufsatz „Die Leserrolle in Ernest Hemingways ‚The Short Happy Life of Francis Macomer", *Arbeiten aus Anglistik und Amerikanistik* 11.1 (1986): 19-39.

[19] Fish, *op. cit.*: 203.

gibt er diesen Gegenhalt des Werks später auf und betrachtet es ganz
und gar als Produkt der interpretativen Tätigkeit des Lesers. Um aber
der Annahme vollständiger Willkür in der Literaturbetrachtung zu
entgehen, greift Fish auf den Begriff der *interpretive community* zurück. Da wir alle einer solchen *interpretive community* angehören,
sind unsere vermeintlich nur individuellen Reaktionen durch überin-
dividuelle Muster mitbestimmt. Dadurch hält sich der Grad der Abweichung zwischen verschiedenen Textdeutungen dergestalt in Grenzen, daß ihre Kommunizierbarkeit zumindest innerhalb der jeweiligen *interpretive community* aufrechterhalten bleibt.[20] Fish versucht
also das Vakuum, das durch die vollständige Entmaterialisierung des
Textes als eigenständiger Gegebenheit entsteht, durch die intersubjektive Instanz der Interpretationsgemeinschaft auszufüllen. In diesem Angewiesensein auf die Sozialisierung in und die Zugehörigkeit
zu einer solchen Interpretationsgemeinschaft als Bedingung des Lite-
raturverstehens liegt sicher ein richtiger Punkt. Doch ist seine Verabsolutierung ebensowenig überzeugend wie ein reiner Subjektivismus
der Literaturrezeption. Denn auch eine Gemeinschaft von Interpreten bleibt, so wie jeder einzelne Interpret, auf das lebendige und sich
ständig verändernde Austauschverhältnis mit jenem ‚Gegebenen‘ angewiesen, worauf die Interpretationen sich beziehen – wie sehr auch
immer dieses Gegebene vermittelt sein mag.

[20] Stanley Fish, *Is There a Text in This Class? The Authority of Interpretive
Communities* (Cambridge, Mass., 1980).

23. POSTSTRUKTURALISMUS UND DEKONSTRUKTION

Die bei weitem durchschlagendste Wirkung in der anglo-amerikanischen Literaturtheorie der vergangenen Jahrzehnte hatte der sog.
Poststrukturalismus. Dieser betrat in den späten 60er Jahren auf
spektakuläre Weise die internationale Bühne der Literaturdebatten
und entwickelte – zunächst insbesondere in den USA – eine Dynamik, die bis in die 80er Jahre zu einer tiefgreifenden Umgestaltung
der Landschaft der anglo-amerikanichen Literaturkritik führte.
Nachdem es hierbei anfangs zu heftigen Kontroversen und persönlichen Polemiken in den Literaturdepartments gekommen war, läßt
sich inzwischen sagen, daß der Poststrukturalismus in seinen verschiedenen Mischformen – mit der Dekonstruktion, der Psychoanalyse,
dem Feminismus, der historischen Diskursanalyse u.a. – zu einem der
vorherrschenden Theorieansätze aufgestiegen ist.

Wie der Strukturalismus und die Hermeneutik ist der Poststrukturalismus eine intellektuelle Strömung, die nicht auf die Literaturkritik
beschränkt ist, sondern die Gesamtheit der Humanwissenschaften
betrifft. Sie hat, wie eingangs bereits angesprochen, auch in Disziplinen wie Philosophie, Geschichtsschreibung, Soziologie oder Theologie Fuß gefaßt. Wenn man aus der Sicht der Literaturtheorie den
Blick auf diese Fächer richtet, so fällt ein eigentümlicher Zwiespalt
der poststrukturalen Revolution ins Auge. Denn in diesen Fächern
hat sie bewirkt, daß das Modell der Literatur als einer sprachbewuß-
ten, mehrdimensionalen Form kultureller Erkenntnis neue Aktualität gewann. Zum anderen aber ist der poststrukturale Theorieimpuls
innerhalb der Literaturkritik selbst teilweise gerade darauf gerichtet,
bisherige Grundannahmen über die Literatur und deren eigenständigen Charakter zu demontieren und sie bruchlos an andere ‚Diskurse'
anzuschließen. Zwischen der Ausweitung des Literaturbegriffs auf
andere Disziplinen und seiner inneren Entsubstantiierung und Dezentrierung entsteht so gewissermaßen ein Vakuum, das einer Vielfalt möglicher Zugänge Raum gibt, aber durch keine autoritative
Letztinstanz (Text, Autor, Leser) mehr gefüllt werden kann. Gerade
die Unmöglichkeit einer kohärenten oder definitiv-widerspruchs-
freien Bestimmung von Literatur – so wie jedes anderen Kulturphä-
nomens – ist ein Kern poststrukturalen Denkens.

Noch in einer anderen Hinsicht präsentiert sich der Poststrukturalismus als zwiespältiger, paradoxer Theorieansatz. Wir haben innerhalb der Hermeneutik eine Tendenz zu deren kritischer, politischer Anwendung gesehen, die eine rein textimmanente Philologie auf eine kulturkritisch erweiterte Hermeneutik öffnete. Der Poststrukturalismus kann nun gleichzeitig als Radikalisierung dieser *kritischen* Wendung der Humanwissenschaften und als Radikalisierung der epistemologischen *Skepsis* gesehen werden, mit der die Hermeneutik das strukturalistische Vertrauen in eine objektiv-wissenschaftliche Fundierung der Literatur- und Kulturstudien erschüttert hatte. Auf der einen Seite ist der Poststrukturalismus ein Projekt der Abschaffung der letzten Reste metaphysischen Denkens und der Demontage aller tradierten Muster von ideologischer Hierarchie und diskursiver Macht. Auf der anderen Seite zieht er sich auf die reine Selbstreferentialität der Sprache und die Leugnung einer außersprachlichen Bedeutung oder aussertextuellen Wirklichkeit zurück – was mit jeder Absicht ernsthafter Kulturkritik kollidieren muß. Und obwohl die jüngste Phase der Theoriebildung genau durch den Versuch beschreibbar ist, diese Kluft zwischen epistemologischer Reflexion und gesellschaftlicher Realität, zwischen einem alle Bereiche erfassenden textuellen Nihilismus und den praktischen Imperativen sozialen Handelns zu überbrücken, bleibt das Problem bestehen und ist, soweit ich sehe, bisher noch nicht überzeugend gelöst worden. Doch gerade die Ambivalenz zwischen revolutionärem Denkgestus und hochreflektiertem Desillusionsbewußtsein scheint zur Attraktivität dieser Theorie beigetragen zu haben, da sie entgegengesetzte Positionen miteinander zu verbinden und so deren Schwächen wechselseitig zu kompensieren verspricht.

Nach diesen allgemeineren Bemerkungen sei nun der Begriff des Poststrukturalismus etwas näher betrachtet. Zunächst ist klar, daß es mittlerweile so viele Varianten gibt, daß hier nur höchst selektiv einige Grundaspekte skizziert werden können.[1] Von seinem Namen her ist

---

[1] Einführungen in den Poststrukturalismus sind etwa Klaus W. Hempfer, *Poststrukturale Texttheorie und narrative Praxis* (München, 1976); Lentricchia, *After the New Criticism*: 156-210; Ulrich Horstmann, *Parakritik und Dekonstruktion. Eine Einführung in den amerikanischen Poststrukturalismus* (Würzburg, 1983); Eagleton, *Literary Theory*: 127-50; Selden, *Contemporary Literary Theory*: 72-105; *Twentieth-Century Literary Theory*: 147ff.; Harland, *Superstructuralism*; Madan Sarup, *An Introductory Guide to Post-Structuralism and Postmodernism* (Athens, 1989).

der Poststrukturalismus unmittelbar als Nachfolgeerscheinung des Strukturalismus erkennbar. Er impliziert ein Element der Kontinuität wie der Diskontinuität. Was beiden Ansätzen gemeinsam ist, ist die fundamentale Bedeutung der Sprache für die Konstituierung von ‚Wirklichkeit‘; die Auffassung der Welt als einer Welt der Zeichen, aus der es keinen Weg in eine vorsemiotische Erfahrung gibt; der arbiträre Charakter dieser Zeichen; die Sicht des individuellen Textes als Bestandteil einer größeren kulturellen Textumwelt. Während indessen der Strukturalismus diese Einsichten zu einer quasi-naturwissenschaftlichen Grundlegung der Geisteswissenschaften auszubauen versuchte und nach den Konstanten und Grundgesetzen forschte, die die symbolische Tätigkeit des menschlichen Geistes determinierten, gibt der Poststrukturalismus diesen Versuch völlig auf und kritisiert ihn als logozentrische Illusion, die der gleichen ontologischen Selbsttäuschung verhaftet ist wie das abendländische Denken seit seinen Anfängen. Insofern die Strukturalisten noch immer der Idee der Kultur als eines der Sprache nachgebildeten Systems zentrierter Strukturen mit relativ klar zuschreibbaren Bedeutungen anhingen, befanden sie sich in stillschweigender Komplizenschaft mit der metaphysischen Tradition, von der sie sich befreit zu haben glaubten. Der Poststrukturalismus resultiert so in hohem Maß aus der Selbstkritik strukturalistischer Positionen, und es überrascht nicht, daß eine Reihe führender Poststrukturalisten frühere Strukturalisten sind. Dies gilt etwa für Julia Kristeva oder Roland Barthes, die den „old euphoric dream of scientificity" aufgegeben haben[2] und die radikale Auflösung aller systematisierenden und zentralisierenden Denkansätze, einschließlich dem des Strukturalismus selbst, betreiben.

Ein wesentlicher Punkt, der den Unterschied zwischen beiden Ansätzen schlaglichtartig beleuchtet, ist die poststrukturale Auffassung eines *Bruchs* zwischen Zeichen und Referent, oder genauer zwischen dem, was Saussure Signifikant und Signifikat nannte. Saussure hatte die Beziehung zwischen Zeichen und Wirklichkeit durch die Beziehung zwischen Signifikant und Signifikat ersetzt, also zwischen dem materiellen Zeichenträger (z.B. einer Lautfolge) und dessen mentalem Erfahrungskorrelat (einer dazugehörigen Bedeutungsvorstellung), die er als zwei miteinander zusammenhängende Aspekte eines Zeichens sah. Während nun Saussure Signifikant und Signifikat als untrennbare Einheit betrachtete (vergleichbar den zwei Seiten einer Münze), sieht der Poststrukturalismus eine unüberbrückbare Kluft

---

[2] Harland, *Superstructuralism*: 167.

zwischen ihnen, einen Bruch oder Riß, der von vornherein jeden Versuch einer adäquaten Repräsentation von Erfahrung in den von uns verwendeten Zeichen zum Scheitern verurteilt. Der Signifikant als der materielle Zeichenträger, also der konkret-mediale Aspekt der kulturellen Zeichenvorgänge, rückt in den Mittelpunkt der Aufmerksamkeit, wodurch gleichzeitig die Seite des Signifikats, des Bedeuteten und Bezeichneten, in höchstem Maße problematisiert wird. Die Zeichen verlieren ihre Transparenz auf eine außer ihnen bestehende Erfahrungswelt, zu der sie eine illusionäre Zugänglichkeit suggerieren. Sie folgen nicht einer nach außen gerichteten Logik der Mimesis, sondern beziehen sich in vielfältiger und letztlich nicht kontrollierbarer und überschaubarer Weise aufeinander.[3] Die Praxis kultureller Zeichenverwendung verweist nicht über sich hinaus, sondern expliziert nur ihren eigenen Prozeß, ihre eigene Aktivität.

Die metaphysikkritische Intention des Poststrukturalismus ist hierin deutlich spürbar. Der traditionelle Textbegriff, der den materiellen Zeichenprozeß zum bloß äußeren Vehikel abwertet und auf eine ‚innere‘, immateriell bestehende Bedeutung abfragt, trägt noch immer die Spuren einer theologischen Sinnkonstruktion. Diese Suche nach einem ‚transzendentalen Signifikat‘ wird im Poststrukturalismus aufgegeben. Es gibt kein Inneres mehr ohne ein Äußeres, kein Immaterielles ohne materielle Manifestation, kein Signifikat jenseits der Signifikanten, keine Bedeutung losgelöst vom Prozeß der Zeichen. Das Äußere der Zeichen, ihre sinnlich-materielle Gestalt, wird in poststruktural er Sicht aufgefaßt in Analogie zum ‚Körper‘, der aus seiner langen Zwangsherrschaft durch den ‚Geist‘ befreit werden muß. Im Fall der Literaturkritik heißt dies, daß der Text von den logozentrischen Bedeutungsansprüchen befreit werden muß, denen er durch das traditionelle Verfahren der Interpretation unterworfen wird. Es gilt vielmehr, die materielle Seite der Texte ernstzunehmen, ja diese als konventionelle *Bedeutungsstrukturen unlesbar zu machen* und in ihrer reinen, jede eingrenzbare Bedeutungszuschreibung sprengenden *Textualität* zum Vorschein zu bringen. Dem entspricht insgesamt und in Analogie dazu eine radikale Umwertung der ererbten Werthierarchie von Geist und Körper, Struktur und Prozeß, Sprache und Schrift, Bewußtem und Unbewußtem, Logos und Eros, Mann und Frau. Diese werden nicht mehr als bloße Gegensatzpaare, als ‚binäre Oppositi-

---

[3] Raman Selden gibt das Beispiel des Wörterbuchs, wo das endlose Aufschieben und Weiterverweisen von Bedeutung unmittelbar illustriert sei (*op. cit.*: 73).

onen' aufgefaßt, sondern als vielfältig aufeinander wirkende Kräfte in einem offenen Prozeß der Semiose, in dem sich die Kultur stets befindet, der aber durch logozentrische Systemkonstruktionen immer wieder gewaltsam stillgestellt wird. Gerade die Auflösung solcher starren System- und Oppositionsmuster des Denkens in einen konkreten, hierarchiefreien Prozeß der Zeichenexplikation, der die rückhaltlose Anerkennung von Vielfalt, Widerspruch und Differenz beinhaltet, ist das Ziel der Dekonstruktion tradierter Denkmuster, die angestrebt wird. Hier wird die weitergehende kulturkritische Implikation erkennbar, die hinter dem Projekt der Materialisierung kultureller Kommunikation steht und an die die verschiedensten Varianten des Poststrukturalismus angeknüpft haben.

Der metaphysikkritische Zug des Poststrukturalismus zeigt sich auch in seiner Geschichtsauffassung. Diese muß jede teleologische Annahme eines Fortschritts oder einer sinnhaften Aufwärtsbewegung der Geschichte ausschließen, da eine solche nur aufgrund logozentrischer Extrapolation möglich ist. Geschichte ist ein undurchschaubarer, von Macht- und Zufallsfaktoren beherrschter Prozeß, der durch keinen höheren Sinnplan bestimmt ist. An die Stelle der Gesetzmäßigkeiten der Geschichte oder des Geistes setzt der Poststrukturalismus die Vorstellung eines universalen *Spiels*, das sich im Prozeß der Texte manifestiert, in dem sich Geschichte vollzieht. Nun ist auch für die Hermeneutik der Geschichtsprozeß von Texten bestimmt und nur in deren Vermittlung denkbar. Doch wird hier Textualität als zumindest potentiell für das Verstehen transparent gesehen und so einem intersubjektiven Kommunikationsgeschehen eingeordnet. Im Poststrukturalismus hingegen sind die geschichtsbestimmenden Texte und ihre Wechselwirkung letztlich jedem ‚adäquaten‘ Verstehen entzogen, weil es weder eine intersubjektiv geteilte Erfahrungswelt gibt, als deren Interpretationen sie gelten könnten, noch eine ‚Mitte‘, durch deren Ordnungskraft das Spiel der Textualität kontrollierbar wäre. Spiel bedeutet für Derrida die ‚Abwesenheit eines Zentrums‘, und diese Annahme einer *Abwesenheit* dessen, was in traditionellem Denken als präsent und substantiell gesetzt wurde, ist eine grundlegende Wendung des poststrukturalen Denkens. An die Stelle der ‚transzendentalen Intersubjektivität‘ der Hermeneutik[4], so könnte man sagen, tritt eine ‚transzendentale Intertextuali-

---

[4] Vgl. hierzu Karl-Otto Apel, „Die Entfaltung der sprachanalytischen Philosophie und das Problem der ‚Geisteswissenschaften‘", *Philosophisches Jahrbuch* 72 (1964-65): 239-89.

tät', aus der die Spuren jeder anthropozentrischen Sinnerwartung getilgt sind und die einzig ihrem eigenen indifferenten Prozeß der Hervorbringung und Zerstörung temporärer Bedeutungsfiktionen folgt.

Der Poststrukturalismus ist hierin deutlich als (Über-)Reaktion auf
den Wissenschaftsglauben seiner strukturalistischen Vorläufer und
auf die optimistische Zukunftsgläubigkeit politischer, insbesondere
neomarxistischer Theoriemodelle erkennbar. Das Vertrauen in mensch-
liches Wissen und in die Kraft der Vernunft, die Welt sinnvoll zu ge-
stalten und zu kontrollieren, ist hier zutiefst gebrochen, worin sich ein
allgemeinerer Wandel von der Moderne zur Postmoderne manifestiert. Damit geht aber keineswegs ein Abdriften in einen blanken
Pessimismus einher. Vielmehr ist das poststrukturale Denken in
seinen überwiegenden Manifestationen gerade durch eine emphatische *Affirmation* der rationalen Unergründlichkeit der Existenz und
des Mangels an begrifflich erschließbarem Sinn gekennzeichnet. Melancholie und Euphorie, Negation und Utopie greifen eigentümlich
ineinander, da die Zerstörung bisheriger Scheingewißheiten und har-
monisierender Sinnkonstruktionen des Denkens gleichzeitig als eine
bisher nicht dagewesene *Befreiung* ungebundener Denk- und Lebens-
energien aufgefaßt wird, die gegen die Systemzwänge traditioneller
Wissenschaft, die Machtstrukturen der Gesellschaft, die Rollenmu-
ster der Geschlechter oder die Interpretation von literarischen Texten
gleichermaßen mobilisierbar sind.

Eine ähnlich radikale Vernunftkritik, die ihren metaphysischen
und erkenntnistheoretischen Pessimismus mit einer utopischen, ja re-
ligiös anmutenden Diesseitsaffirmation verband, war bereits im 19.
Jahrhundert von Friedrich Nietzsche vertreten worden. Nietzsche
hatte die Sterilität des abstrakten sokratischen Denkens, wie er es
nannte und wie er es typisch für den Großteil der abendländischen
Philosophie sah, vehement kritisiert. Und er hatte dies im Namen
einer neuen Art des ,dionysisch' inspirierten Denkens getan, in der
Wissenschaft und Imagination, Philosophie und Literatur, Wahrheit
und Fiktion nicht länger künstlich getrennt gehalten wurden, sondern
eine kreative Verbindung eingingen. Wahre Wissenschaft war keine
lebensfremde, blutleere Veranstaltung, sondern ein Fest der Erkenntnis, das das Negative nicht ausgrenzte, sondern bewußt einbezog. Auch Nietzsche polemisierte gegen den seiner Meinung nach illusionären Humanismus von Christentum und Aufklärung, und darüber hinaus gegen jede teleologische, d.h. metaphysische Geschichts-
deutung, der er den aller Kreatur inhärenten ,Willen zur Macht' als
innerste Abtriebskraft aller geschichtlichen Entwicklung gegenüber-

stellte. Der paralysierenden Überfrachtung mit übermächtigen Bedeutungsansprüchen der Vergangenheit, wie er sie für den modernen, historisierenden Bildungsbegriff als charakteristisch sah, setzte
er die je gegenwärtige, vitale, alle moralisch-konventionellen Tabu-
grenzen sprengende Aktivität eines Geistes entgegen, der sich des eigenen Eingebundenseins in die Körperlichkeit und in das Zufallsspiel
des sinnlichen Daseins in einer Haltung desillusionierter Lebensbeja-
hung bewußt war. Mit diesen Ideen ist Nietzsche die wohl wichtigste
philosophische Einflußfigur des Poststrukturalismus geworden –
während für die Strukturalisten etwa Hegel oder Marx mit ihrem systematisierenden Denkansatz attraktiver waren.

Dieser Einfluß gilt insbesondere auch für Nietzsches Sicht des menschlichen *Subjekts* als bloßer Verstandesfiktion, die nur das Faktum verbirgt, daß menschliche Subjekte *keine* einheitliche individuelle Identität besitzen.[5] Sie sind, wie Sigmund Freud später im Bereich des Unbewußten zeigte, ein *mixtum compositum* verschiedener Rollen- und
Identitätsentwürfe, die oft im Konflikt zueinander stehen. Was die
traditionelle Philosophie personale Identität nennt, verschleiert für
Nietzsche und die Poststrukturalisten nur eine Vielzahl von Masken,
die niemals auf einen vermeintlich realen oder authentischen Charakter reduzierbar sind. Unser individuelles Selbst ist zusammengesetzt
aus den verschiedenen Selbstbildern, die eine Kultur bereithält, und
aus den Träumen, den Wunsch- und Zerrbildern des Selbst, die wir in
unserer Psyche entwickeln. Unsere ‚Identität' ist so eine plurale Identität; sie ist keine zentrierte Struktur, sondern ein Ort des Spiels verschiedener Bilder des Selbst ohne festen Grund und ohne festes Zentrum. Der Poststrukturalismus geht hier aber noch weiter als Nietzsche, denn für ihn ist das Selbst nicht bloß durch das Spiel verschiedener Selbstbilder, sondern bis in sein Innerstes hinein durch das Spiel
von *Texten* bestimmt. Das Subjekt wird zum *multiple text*, der keine
innere Kohärenz und Einheit besitzt und aus divergenten Elementen
jenes Universums der kulturellen Intertextualität zusammengesetzt
ist, in dem sich das (fiktive) Selbst bewegt.

---

[5] Vgl. z. B. folgende Passage aus *Der Wille zur Macht* (Stuttgart, 1964 [1906]):
„Es gibt weder ‚Geist', noch Vernunft, noch Denken, noch Bewußtsein,
noch Seele, noch Wille, noch Wahrheit: Alles Fiktionen, die unbrauchbar
sind [...] Die Annahme des *Einen Subjekts* ist vielleicht nicht notwendig; vielleicht ist es ebensogut erlaubt, eine Vielheit von Subjekten anzunehmen, deren Zusammenspiel und Kampf unserem Denken und überhaupt unserem
Bewußtsein zugrundeliegt?" (336, 341)

Dies wirkt sich auch auf die Kommunikation der Subjekte aus. Sie
sind, wie die Sprache und ihr eigenes Selbst, sich gegenseitig nicht
mehr transparent, sondern opak. Zwischenmenschliches Verstehen
ist eine Illusion, die den unaufhebbaren Bruch zwischen den einzelnen nur überdeckt. Hierin liegt eine unmittelbare Antithese zur Hermeneutik, die ja das intersubjektive Verstehen, in welcher Begrenzt-
heit und Verzerrung auch immer, zur zentralen Kategorie ihres Kul-
tur- und Literaturbegriffs hat. Aus der ‚Macht des guten Willens', die
Hans-Georg Gadamer als unabdingbare Voraussetzung aller sinnvol-
len Kommunikation – also auch aller literatur- und kulturtheoretischen Debatten – sieht, wird bei Jacques Derrida in charakteristisch
dekonstruktiver Inversion der ‚gute Wille zur Macht'. Die Vorstellung gelingender Kommunikation ist eine Spätform des humanistischen Idealismus; für das Verhältnis der Subjekte zueinander gilt:
Der Bruch ist der Bezug.[6] Der Anspruch des Verstehens verbirgt nur
einen Willen zur Macht, einen besitzergreifenden Wissensanspruch,
der das Anderssein des Kommunikationspartners – des Textes – gewaltsam dem eigenen Erkenntnisinteresse anverwandelt.

Dies ist nun eine negative Zuspitzung des hermeneutischen Verste-
hensproblems in einem Maß, daß letztlich sämtliche bisherige Annahmen über die Literatur revidiert werden. Sie führt zu einer Desillusio-
nierungsästhetik, die alle an Literatur gerichteten sinnhaften Bedeutungserwartungen dementiert. Für die Literaturkritik folgt daraus
zweierlei. Zum einen kann es kein adäquates Verstehen von Texten
mehr geben, da sich deren Bedeutung jeder eindeutigen Festlegung
entzieht und überdies auch hier das Diktum vom ‚Bruch als Bezug'
gilt. „Every reading is a misreading", sagt Jonathan Culler[7], und statt
der Unterscheidung von wahren und falschen Interpretationen gibt es
nur noch die zwischen *weak readings* und *strong readings* von Texten.
Zum andern ist die Literaturkritik nicht mehr eine Metasprache, die
der Literatur als Objektsprache gegenübergestellt wird; vielmehr
muß sich der literaturkritische Diskurs seiner eigenen Zugehörigkeit
zu jener allgemeinen Textualität bewußt werden, d.h. seiner inneren

---

[6] Jacques Derrida, „Der gute Wille zur Macht (I): Drei Fragen an Hans-Georg
   Gadamer", in *Text und Interpretation*: Hrsg. Forget: 56-58, 58: „[...] muß
   man sich doch fragen, ob die Bedingung des Verstehens, weit entfernt davon, ein sich kontinuierlich entfaltender Bezug zu sein [...], nicht doch eher
   der Bruch des Bezuges ist, der Bruch als Bezug gewissermaßen, eine Aufhe-
   bung aller Vermittlung?"
[7] Jonathan Culler, *On Deconstruction* (London, 1983): 176.

Verwandtschaft zur Ambiguität und Selbstreferentialität der Literatur selbst. Die Literaturkritik darf sich der Literatur nicht mehr hierarchisch über- oder unterordnen, sondern muß ihr ähnlich werden und so ihre durch Institutionalisierung und Überformalisierung verlorengegangene Vitalität zurückgewinnen.

Um das hier leitende Konzept der Textualität besser zu verstehen, ist es nützlich, die einflußreichste Version des Poststrukturalismus innerhalb der Literaturwissenschaft etwas näher zu betrachten, die von Jacques Derrida. Auch Jacques Lacan mit seiner psychoanalytischen und Michel Foucault mit seiner diskursanalytischen Variante des Poststrukturalismus sind in den USA ungemein wirksam geworden. Doch innerhalb der Literaturtheorie im engeren Sinn hat Derrida die deutlichsten Spuren hinterlassen. Seine Denkposition kann gleichzeitig einige Prämissen der sog. ‚Dekonstruktion' erhellen, die Derrida begründet hat und mit der er insbesondere in den USA nachhaltig gewirkt hat. Hierzu schreibt Frank Lentricchia: „Sometime in the early 1970s we awoke from the dogmatic slumber of our phenomenological sleep to find that a new presence had taken absolute hold over our avant-garde critical imagination: Jacques Derrida".[8] Gerade in der mystifizierenden Metaphorik Lentricchias ist dies eine aufschlußreiche Beschreibung, die die Wirkung Derridas in Amerika als ein Faszinosum darstellt und ihn zur charismatischen Identifikationsfigur einer durchbruchshaften Erkenntniswende stilisiert, die bisherige Denkgewohnheiten in revolutionärer Weise zu verändern versprach.

Wie sieht nun, jenseits solcher bekehrungshafter Irrationalismen, die Denkposition Derridas genauer aus? Zunächst ist sie weit komplizierter, als es ihre oft vereinfachende Rezeption erkennen läßt, und sie kann auch hier nur umrißhaft skizziert werden. Die wohl wichtigsten Konzepte Derridas sind mit den Begriffen der *Schrift* und der *Differenz* bezeichnet, der *écriture* und der *différance*.[9] Diese sind von Derrida als bewußte Gegenkonzepte gegen die, wie er es sieht, tragenden logozentrischen Illusionen der abendländischen Philosophie gewendet, nämlich gegen die Illusion der ‚Präsenz', d.h. einer unmittelbar gegebenen und in der Sprache vergegenwärtigen Wirklichkeit, und gegen die Illusion der ‚Identität', d.h. der widerspruchsfreien

[8] Lentricchia, *After the New Criticism*: 159.

[9] Jacques Derrida, *Die Schrift und die Differenz* (Frankfurt, 1972). – Vgl. hierzu auch meinen Aufsatz „Dekonstruktion als Herausforderung der Literaturwissenschaft: Das Beispiel der englischen Romantik", *Anglia* 106. 3/4 (1988): 360-79.

Übereinstimmung von Begriff und Gegenstand und der Übereinstimmung des denkenden Subjekts mit sich selbst. Derrida leitet die Illusion der Präsenz aus dem Primat der gesprochenen Sprache im abendländischen Denken ab. Durch die lautliche Artikulation der Begriffe werden die Anwesenheit und Gegenwärtigkeit der von ihnen bezeichneten Welt vorgetäuscht. Sprache wird noch in der modernen Linguistik als Medium des Logos aufgefaßt, d.h. als lebendige Ausdruckseinheit von Wort, Gedanke und Bedeutung, ehe sie in der Schrift zu einem äußeren, sekundären Zeichensystem gerinnt. Die Entwicklung der Schrift ist daher oft, insbesondere seit Rousseau und der Romantik, als Entfremdung von einer ursprünglichen, konkret-metaphorischen Sprache gesehen und mithin als künstliche Substituierung einer spontanen lebensweltlichen Aktivität abgewertet worden.[10]

Derrida behauptet nun, daß es dieses ursprüngliche, von jeder Schrift losgelöste Sprechen überhaupt nicht gibt und nie gegeben hat. Alles vom Menschen Geäußerte und Artikulierte ist immer schon Kultur, und die Vorstellung der Sprache als auf eine unmittelbar gegebene Naturwirklichkeit gründend ist reine logozentrische Metaphysik. Derrida kehrt hier die gewohnten Denkmuster um. Gegen die Priorität des Logos und der geprochenen Sprache setzt er die Priorität der Schrift, d.h. die Priorität des Signifikanten vor dem Signifikat, des Mediums vor der Botschaft, der Aktivität des Bezeichnens vor der bezeichneten Welt. Derrida radikalisiert hier Saussures Auffassung, daß die sprachliche Zeichensetzung arbiträr ist. Die Zeichen bilden keine präexistente Welt ab, sondern konstituieren sie in einem ständigen Prozeß der Strukturierung und Destrukturierung erst selbst.

Das *erste* Axiom des dekonstruktiven Denkens lautet mithin: es gibt keine Wirklichkeit ohne Schrift. Was uns gegeben ist, sind nur Texte, die fiktive Wirklichkeitsbilder erzeugen, und es ist unmöglich, aus dieser aller Erfahrung und Kommunikation vorgängigen Textualität und Fiktionalität auszubrechen. Die Schrift wird dabei nicht verstanden in einem empirischen oder historischen Sinn, etwa als konkrete historische Entstehung bestimmter Schriftsysteme, sondern als universales Apriori menschlicher Kultur. Die *écriture* ist für Derrida wie ein Hegelsches Subjekt der Geschichte. Anders als bei Hegel folgt diese Geschichte aber nicht mehr einem sinnhaften Progressionsgeschehen des Geistes, sondern einem sinneutralen Prozeß von Texten, in denen sich ein endloses Spiel von Differenzen artikuliert.

Derrida sieht die Metapher und die Aktivität des Schreibens über-

---

[10] Vgl. Jacques Derrida, *Grammatologie* (Frankfurt, 1974): 178ff.

all am Werk. So zeigt er, daß Freuds Beschreibungen des Unbewußten und der Traumaktivität nicht ohne Bilder der Schrift auskommen, und daß der gesamte Apparat der Freudschen Bewußtseinskonzeption als Manifestation jenes allgemeineren Prozesses der Schrift gelesen werden muß. Derrida erläutert dies unter Bezug auf das neurologische System des menschlichen Gehirns, wo sich die ‚Schrift' in den Spuren manifestiert, die die Wahrnehmungen und Erinnerungen in es einzeichnen und die ihrerseits zum Auslösefaktor neuer Wahrnehmungs- und Bezeichnungsaktivitäten werden. Dieses unbewußte Schreiben ist

> a kind of ‚arche-writing', a fundamental script or hieroglyphics written upon the matter of the brain. Such a script precedes all writing-upon-a-page, and, for that matter, also precedes speech – even in the history of the human race or the development of the growing child.[11]

Etwas Vergleichbares läßt sich für die moderne Biologie sagen, die den organischen Lebensprozeß ganz fundamental als Schrift-Prozeß betrachtet: Es gibt ein genetisches Programm, das die Entwicklung der individuellen Zelle innerhalb des Organismus vor-‚schreibt'; die Zellen müssen dieses Programm ‚lesen'; und nur durch diese Schreib- und Leseaktivität im biologischen Mikrobereich kann organisches Leben weitergehen. Auf der anderen Seite kann die Computertechnologie als eine künstliche Schriftform gesehen werden, in der der arbiträre, materielle Charakter der Zeichen klar hervortritt und die Aktivität der Zeichenproduktion an die Stelle einer bezeichneten Welt tritt. Der Vergleich mit Biologie und Computer offenbart jedoch auch einen wesentlichen Unterschied zu Derridas Schrift-Konzept:

---

[11] Harland, *Superstructuralism*: 142. – Derrida bezieht sich hierbei auf Freuds Vergleich des psychischen Apparats mit einer ‚Zaubertafel', einer ‚magic writing pad', die Derridas gesamtes Konzept der *écriture* erläutern kann. Harland faßt dies so zusammen: „The pad is made up of a transparent sheet of celluloid on top of a sheet of greaseproof-like paper on top of a waxed base, and this latter contact causes the darkness of the base to show through as writing on the lighter-coloured paper. Such writing is not actually deposited on the paper, and can be made to disappear simply by lifting the paper away from the base. However [...] the waxed base itself still presumably retains the mark inscribed by the stylus even when the writing is no longer legible. In this respect, the base can be compared to the unconscious mind, which retains what it does not perceive, and the paper (and celluloid) can be compared to the perception-consciousness system, which transmits what it does not retain." (*Superstructuralism*: 142-43)

Denn der Prozeß des Schreibens/Lesens in der genetischen Mikrowelt
oder auch in den Programmen von Computern folgt seinen eigenen,
eindeutig festgelegten Kodes und läßt die Offenheit und die Mehrdeutigkeit vermissen, die Derrida für kulturelle Zeichenprozesse ansetzt.

Hier sind wir nun beim *zweiten*, eng mit dem ersten zusammenhängenden Axiom dekonstruktiven Denkens: Es gibt keine Identität,
sondern nur Differenz, keine Kernpunkte des Denkens, sondern nur
ein Netzwerk aufeinander bezogener Zeichen, eine unendliche Kette
immer weiterverweisender Signifikanten. ‚Bedeutung' ergibt sich nur
aus dieser Beziehung und Differenz zwischen den Zeichen; sie ist damit prinzipiell entlang der gesamten Signifikantenkette verstreut und
niemals in einem Zeichen vollständig gegeben. Umgekehrt ist jedes
Zeichen von der Bedeutungskette affiziert, deren Teil es ist, und ist
daher seinerseits in seiner Bedeutung letztlich unergründlich und un-
ausschöpflich. Jedes Zeichen und jeder Text gehen damit über die
ihnen subjektiv zugeschriebenen Bedeutungen hinaus, da diese immer schon unterschwellig auf andere, nichtintendierte Bedeutungen
bezogen sind, die die beabsichtigte Eindeutigkeit und Abgeschlossenheit des jeweiligen Diskurses sprengen. Das Kunstwort der *différance*
ist hier aufschlußreich. Es macht sich die Doppelbedeutung des französischen Verbs *différer* zunutze, nämlich das Sich-Unterscheiden
und das Aufschieben, und verbindet so ein simultanes und ein prozes-
suales Element, den räumlichen und den zeitlichen Aspekt sprachlicher Bedeutung in einem Wort. Damit exemplifiziert es selbst das
Spiel der Mehrdeutigkeit und Nicht-Identität, das durch die unkon-
ventionelle Schreibweise von *différance* mit *a* unterstrichen wird. Als
Konsequenz dieses Para-Konzepts werden die vertrauten Muster gei-
steswissenschaftlichen Denkens konsequent dezentriert. Die Geschichte des logozentrischen Denkens erscheint als Domestizierung
der Offenheit und Vieldeutigkeit der Sprache durch die Zwangsstrukturen eines vereindeutigenden Systemdenkens. Die überlieferten
grundbegrifflichen Hierarchien und Oppositionen wie die zwischen
Subjekt und Objekt, Geist und Materie, Seele und Körper, wahr und
falsch lösen sich auf und werden auf den materiellen Signifikations-
prozeß einer alles umfassenden Textualität zurückgeholt.

Inzwischen dürfte klar geworden sein, daß dieser Ansatz durchaus
Affinitäten zur Literatur, insbesondere zur postmodernen Literatur
aufweist. Die konstitutive Rolle der Schrift und ihrer Vieldeutigkeit;
die Pluralität und Zerrissenheit des menschlichen Selbst, und seine
Zerstreuung in die undurchdringliche Vielzahl seiner Masken; die

Auflösung des Gegensatzes von Fiktion und Wirklichkeit; die Offenheit, Dezentrierung und Unabschließbarkeit des sprachlichen Diskurses; die Betonung der Selbstreferentialität der Zeichen – all diese Züge sind unmittelbar in der Ästhetik der Postmoderne wiederzuerkennen. Gleichzeitig ist aber interessant, daß die Dekonstruktion innerhalb der anglo-amerikanischen Literaturkritik sich zunächst hauptsächlich auf die Periode der Romantik konzentrierte und dort eine neue, die Aktualität dieser Epoche wiederentdeckende Phase einleitete. So haben nicht zuletzt Versuche, Literatur und Kritik aneinander anzunähern, in der Romantik ihre Wurzeln.[12] Der Ansatz hat sich aber etwa auch in seiner Relevanz für Shakespeare gezeigt, da er dessen ausgeprägten Sinn für sprachliche Vieldeutigkeit, für Intertextualität, für die Brüche und Widersprüche konventioneller Selbst- und Weltbilder weit stärker zur Geltung kommen läßt als etwa ein an den organischen Ganzheitsvorstellungen des New Criticism orientierter Zugang.

Diese innere Nähe sei hier kurz an einer berühmten Stelle bei Shakespeare gezeigt. Es handelt sich um Macbeths Monolog im 5. Akt des gleichnamigen Dramas, wo Macbeth, nachdem er vom Tod seiner Frau erfahren hat und seine eigene Dehumanisierung erkennt, *in nuce* eine dekonstruktive Philosophie menschlicher Existenz entwickelt:

> Life is but a walking shadow, a poor player,
> That struts and frets his hour upon the stage,
> And then is heard no more; it is a tale
> Told by an idiot, full of sound and fury,
> Signifying nothing. (Macbeth, V. v.)

Was wird in dieser Passage, dieser bemerkenswerten Variante der *theatrum mundi*-Metapher, die den amerikanischen Romancier William Faulkner zu seinem experimentellen Roman *The Sound and the Fury* inspiriert hat, ausgesagt? Das Leben hat keine substantielle Realität, es ist ein substanzloses Phantom – „a walking shadow". Es ist nicht durch die Präsenz, sondern durch die *Abwesenheit* von Wirklichkeit bestimmt. Es ist ferner ein Spiel, von falscher Theatralik geprägt und von Vergänglichkeit überschattet – „a poor player" –, mit Derrida könnte man sagen, ein blindes Spiel der Differenz ohne Ziel und Richtung. Mehr noch: Das Leben ist ein *Text*, das einem anony-

---

[12] Zu den Kontinuitäten zwischen Romantik und Dekonstruktion vgl. etwa Herbert Grabes, „The Erasure of the Distinction of Genre: Reading the Derrideans with the Romantics and Decadents", in *Exploring English Romanticism*, eds. Gassenmeier und Platz: 194-211.

men vorgängigen Skript folgt, und dieser Text ist nicht sinnhaft oder
durchschaubar organisiert, sondern eine surreale Fiktion ohne Kohärenz: „it is a tale,/ Told by an idiot, full of sound and fury". Es ist
schließlich ein Text, der nichts bedeutet: „Signifying nothing." Es ist
ein Zeichen ohne Referenz, ein Signifikant ohne Signifikat.

Dieses Beispiel mag zeigen, daß die Dekonstruktion in der Tat eine
Affinität zur Literatur selbst hat, und eine umfassendere Anwendung
auf dieses und auf andere Dramen Shakespeares ist durchaus möglich. Sie deckt an diesen eine sprachlich-gedankliche Abgründigkeit
auf, die alle kulturellen Gewißheiten und humanistischen Idealisierungen aufkündigt und uns mit den Grenzen unserer Verstehens- und
Sinnstiftungsversuche konfrontiert.

Nun müßte man allerdings, um dies mit einer hermeneutischen
Sichtweise zu kontrastieren, die zitierte Aussage Macbeths in den
Kontext des gesamten Dramas stellen. Der semiotische Nihilismus,
den sie zu verkünden scheint, stellt sich dann dar als logischer End-
punkt jenes amoralischen Willens zur Macht, dem Macbeth sich ver-
schrieben hat – und den manche Poststrukturalisten zur einzigen
Triebfeder menschlichen Handelns erklären. Macbeths Monolog repräsentiert seinerseits keine ‚allgemeingültige‘, für sich bestehende
und aus dem Text herauslösbare ‚Wahrheit‘ – was im übrigen auch der
poststrukturalen Doktrin widersprechen würde –, sondern wird durch
seine kontextuelle Situierung unmißverständlich als Ausdruck einer
tiefen menschlichen *Verirrung* deutlich. Damit bleibt ein humanistischer Maßstab zumindest virtuell für den Zuschauer wirksam. Der
dekonstruktive Zugang wird so durch eine hermeneutische Deu-
tungsweise kritisch relativierbar, indem diese die negative Vereinsei-
tigung und falsche Verabsolutierung partiell richtiger Einsichten des
Dekonstruktionismus deutlich machen kann.

Dies gilt auch für die allgemeinere Erkenntnis- und Kulturtheorie,
auf die der Poststrukturalismus abzielt. Er stellt zweifellos eine provokative Innovationsphase der Theoriebildung dar, die neue und
durchaus wichtige Fragestellungen aufgeworfen und konzeptuelle
Differenzierungsschübe bewirkt hat, hinter die nicht mehr zurückge-
gangen werden kann. Gleichzeitig verstrickt er sich aber, wie seine
profilierteren Vertreter durchaus selbst erkennen, in unaufhebbare
Selbstwidersprüche. Nicht umsonst betrachtet er sich selbst als parasi-
tär, insofern er konstitutiv auf eben die Konzepte angewiesen bleibt,
deren Geltungsanspruch er bestreitet. Dies gilt etwa für Begriffe wie
Subjekt, Realität, Referenz, Struktur, Text, Bedeutung oder Autor,
deren ‚Wirklichkeit‘ zwar ständig negiert wird, die aber für den dis-

kursiven Vollzug dieses „negativen Fundamentalismus"[13] unverzichtbar bleiben. Dieser Grundwiderspruch zeigt sich besonders markant im Versuch der Abschaffung einer zentrierten und hierarchisierten Begrifflichkeit. Denn dieser Versuch führt auf einer Metaebene unvermeidlich zur Bildung neuer Begriffszentren und -hierarchien – wie z. B. der ‚Schrift' und der ‚Differenz' –, von denen her die Bedeutungslogik poststrukturaler Texte in hohem Maß ableitbar ist. Auch die Texte des Poststrukturalismus müssen, wenn sie einen wie auch immer gearteten Erkenntnisanspruch erheben wollen, abstrahieren und generalisieren. Und sie müssen darüber hinaus so geschrieben sein, daß sie – was überwiegend ja auch zutrifft – von ihren intendierten Lesern ‚verstanden' werden können. Dies setzt voraus, daß ihre Begriffe einen intersubjektiv nachvollziehbaren und identifizierbaren Bedeutungskern besitzen, womit aber der Prozeß der *différance* gerade suspendiert ist. Hierin bestätigt sich auch für den Poststrukturalismus der hermeneutische Grundsatz, daß die Beteiligten *„allein unter der Voraussetzung intersubjektiv identischer Bedeutungszuschreibungen überhaupt kommunikativ handeln können."*[14] – Auch was die poststrukturale Kulturtheorie anbetrifft, ist deutlich, daß sie auf bestimmte vorgängige Inhalte verschiedener Disziplinen angewiesen bleibt, um diese allererst ihrem semiologischen Metadiskurs anverwandeln zu können. Dies gilt für die Linguistik, die Psychoanalyse, die Soziologie, den Feminismus, die kritische Geschichtsschreibung usw. Und diese Inhalte, von denen der Poststrukturalismus abhängig bleibt, sind eben nicht aus einem Feld reiner semiotischer Reflexion deduzierbar, sondern gründen in der konkreten Beobachtung, Interpretation und Verbegrifflichung von ‚Erfahrung', aus der heraus die Zeichen – wie unzuverlässig auch immer – erst explizierbar sind.

Dennoch ist wie gesagt unbestreitbar, daß der Poststrukturalismus eine produktive Ausweitung und Neuformulierung bisheriger Fragestellungen der Literaturkritik bewirkt hat. In Verbindung mit der Psychoanalyse eines Jacques Lacan, der historischen Diskursanalyse eines Michel Foucault oder mit der feministischen Revision bisheriger Kultur- und Literaturgeschichtsschreibung hat er ein Instrumentarium zu einer solchen Neubestimmung bereitgestellt. Der auf absehbare Zeit bleibende Beitrag des poststrukturalen Ansatzes besteht dabei nach meiner Auffassung vor allem in dreierlei. Einmal liegt er in der verschärften Bewußtmachung der Bedeutung, die der sprachlichen

---

[13] Jürgen Habermas, *Der philosophische Diskurs der Moderne*: 218.

[14] Habermas, *op. cit.*: 233.

204   Poststrukturalismus und Dekonstruktion

Form, d.h. der Rhetorik und dem irreduziblen Anteil an ‚Fiktionalität' für die Konstituierung der Inhalte kulturwissenschaftlicher Disziplinen zukommt. Zum zweiten besteht er in der kritischen Sensibilisierung für die Selbsttäuschungen eines ideologisierten Humanismus und für die Machtmotive, die sich hinter seinen Denkfiguren und seiner ontologischen Inanspruchnahme der Sprache verbergen. Zum dritten schließlich, im Bereich der Literaturkritik speziell, besteht er in der Auflösung harmonistischer Domestizierungsversuche der Literatur und in der Schärfung des Blicks für die Radikalität, mit der sie an den Grenzzonen kultureller Selbst- und Weltdeutungen operiert und konventionelle Sinn- und Bedeutungserwartungen irritiert. Auch wenn sich Literatur, wie bei *Macbeth* gesehen, nicht hierin erschöpft, so ist dies doch ein in der Geschichte der Literaturtheorie oft unterschätzter Zug, der zur Wirkungsweise der künstlerischen Imagination wesentlich dazugehört. Darüber hinaus gibt es Texte, die eine besondere Affinität zu diesem Ansatz haben. So haben innerhalb der amerikanischen Literatur vor allem Wallace Stevens und Edgar Allan Poe starke Aufmerksamkeit gefunden. Stevens mußte mit seinen unauflösbaren Wortspielen und seiner imaginativen Erforschung der endlos weiterverweisenden Beziehungen zwischen poetischen Zeichen und deren Bedeutung als Modellfall poststrukturaler Epistemologie erscheinen.[15] In einer stärker psychologischen Richtung wurden auch Edgar Allan Poes hochgradig selbstreflexive Erkundungen des schizophrenen Grenzbereichs zwischen Realität und Phantasie, Rationalität und Unbewußtem – oder, in Lacans Deutung, zwischen Signifikant und Signifikat – als Archi-Texte des Poststrukturalismus gelesen.[16] In der zeitgenössischen Literatur ist diese Affinität noch manifester, da viele Autoren unmittelbar von Ideen des Poststrukturalismus inspiriert sind – so wie ja dieser auch nicht zuletzt aus der Erfahrung der (post-)modernen Literatur hervorging.

---

[15] Dies gilt etwa für Stevens' poetologischen Gedicht-Essay *Adagia*, vgl. *Norton Anthology of American Literature II*, eds. Ronald Gottesmann et al. (New York & London, 1979): 1163-68.

[16] Vgl. *The Purloined Poe. Lacan, Derrida & Psychoanalytic Reading*, eds. John Muller und William J. Richardson (Baltimore & London, 1988).

24. DEKONSTRUKTION IN AMERIKA: DIE YALE CRITICS

Derridas Ideen wurden in Amerika vor allem aufgegriffen von den sogenannten Yale Critics. Diese bildeten eine lockere Gruppe, zu denen Harold Bloom, Geoffrey Hartman, J. Hillis Miller und Paul de Man gehörten.[1] Von ihnen nahm die Verbreitung der Dekonstruktion in den Literaturdepartments der USA ihren Ausgang. Trotz der Unterschiedlichkeit ihrer Ansätze ist den Yale Critics gemeinsam, daß sie sich auf die oben dargestellten Axiome dekonstruktiven Denkens als theoretische Basis beziehen. Damit bewirkten sie die endgültige Überwindung des New Criticism, der noch in den 60er Jahren das dominante Paradigma der Literaturkritik geliefert hatte.

Der New Criticism war, wie gesehen, ausgegangen von der Idee des autonomen sprachlichen Kunstwerks, das einen eigenständigen ontologischen Status besitzt, sich durch die Fähigkeit zur Verschmelzung seiner heterogenen Elemente zu einer organischen Einheit auszeichnet und so eine komplexe Sinntotalität darstellt, die sich von nichtliterarischen Diskursformen ebenso scharf abhebt wie von der historisch-sozialen Wirklichkeit. Da das Kunstwerk in diesen Eigenschaften, insbesondere im Unterschied zur herrschenden naturwissenschaftlichen Denkweise, dem ganzheitlichen Charakter der Existenz und der Vielschichtigkeit des Bewußtseins entspricht, wird es gerade in seiner Autonomie zum Symbol der Humanität und zur authentischen Sphäre menschlicher Selbstdefinition.

Gegen diese Idealisierung des Kunstwerks zur quasi-religiösen Ersatzautorität der Moderne kann der Zugang der Yale Critics seiner Absicht nach als radikale Entmythologisierung und Materialisierung des Literaturbegriffs gesehen werden. Der literarische Text verliert seine Autonomie, die Grenze zwischen Text und Welt, die der New Criticism so nachdrücklich zog, verschwindet, da die Welt selbst we-

---

[1] Vgl. Harold Bloom, Paul de Man, Jacques Derrida, Geoffrey Hartman & J. Hillis Miller, *Deconstruction and Criticism* (London, 1979); Christopher Norris, *Deconstruction. Theory and Practice* (London & New York, 1982); Jonathan Culler, *On Deconstruction. Theory and Criticism after Structuralism* (London, 1983); Horstmann, *Parakritik und Dekonstruktion*; Vincent B. Leech, *Deconstructive Criticism: An Advanced Introduction* (Hutchinson etc., 1983).

sentlich als Schrift, als Textualität bestimmt ist. Gleichzeitig wird das
harmonistische Modell der Literatur in ein konfliktorisches umgedeutet, in eine prozeßhafte Widerspruchsstruktur, die kein fertiges, in
sich geschlossenes Bedeutungsganzes darstellt, sondern ihre eigene
Gebrochenheit und Nicht-Identität, d.h. ihre Differenz, dramatisiert.
„The concepts of origin, end, and continuity", sagt J. Hillis Miller,
„are replaced by the categories of repetition, of difference, of discon-
tinuity, of openness, and of the free and contradictory struggle of individual human energies, each seen as a center of interpretation, which
means misinterpretation, of the whole".[2] Diese Konzeption des
Werks als eines intertextuell gebrochenen und selbstkonfliktorischen
Diskursmodells ist den Positionen der Yale Critics gemeinsam. Dennoch sind die Unterschiede beträchtlich, wie die folgende Profilskizze
zeigen wird.

Harold Bloom etwa lehnte schon früh die Einordnung als ‚Dekonstruktionist‘ ab. Und tatsächlich ist er ebensosehr von romantischer
Dichtung, von Freud, Nietzsche und von Traditionen der jüdischen
Gnostik beeinflußt wie von zeitgenössischen Denkströmungen. Diese
Einflüsse verschmelzen zu einer unkonventionellen Dichtungstheorie, die in teilweise verblüffender Weise Elemente materialistischen
und mystischen Denkens, ein darwinistisches Evolutionskonzept mit
einer visionären Weltsicht, die philologische Dekonstruktion von
Texten mit der Annahme verbindet, daß sich in ihnen die Machtkämpfe starker Persönlichkeiten manifestieren. Was seine Nähe zu
den Dekonstruktionisten zeigt, ist die Wichtigkeit von ‚Intertextualität‘, und seine Sicht des Textes nicht als eines harmonischen Ganzen,
sondern als eines Schauplatzes von Konflikten, wo ein Autor mit anderen Autoren bzw. deren Werken um den möglichst originellen und
künstlerisch erfolgreichsten poetischen Ausdruck kämpft. Nach
Bloom steht ein Künstler stets in Konkurrenz zu anderen Künstlern,
und zwar nicht nur zu seinen Zeitgenossen, sondern vor allem zu jenen Vorläufern, die ihn in seinen ersten Erfahrungen mit der Kunst
besonders beeindruckten. Diese ersten Begegnungen mit großer
Dichtung der Vergangenheit, die die Voraussetzung der eigenen literarischen Produktivität sind, werden von Bloom nicht als unproblematischer ‚Einfluß‘ gesehen. Sie lösen vielmehr eine höchst span-
nungsreiche und destruktive *Psychomachie* zwischen dem nach Ruhm
strebenden jungen Dichter und einem älteren, oft schon toten Dich-

---

[2] Zit. aus Elmer Borklund, *Contemporary Literary Critics* (Detroit, 1982):
416.

ter aus, den er als Modell literarischer Größe verinnerlicht hat. Da aber Literatur, wie alle Kunst, innovativ sein muß, kann der spätere Dichter niemals den Stil des früheren wiederholen, wie sehr er ihn auch bewundern mag. Und gerade die Tatsache der Größe des Vorläufers macht es um so schwerer für den späteren Autor, ein neues Werk von vergleichbarer Geltung hervorzubringen.

Hieraus resultiert eine Schaffenskrise im Bewußtsein des angehenden Dichters, ein Komplex von Frustration und Aggression, den Bloom in einem seiner bekanntesten Bücher *Anxiety of Influence* nennt.[3] Der Einfluß literarischer Vaterfiguren (bzw. Mutterfiguren[4]) kann so übermächtig werden, daß er den jüngeren Dichter paralysiert. Er muß daher mit aller Kraft gegen diesen Einfluß ankämpfen, der nichtsdestoweniger bereits unaustilgbarer Teil seiner eigenen poetischen Imagination geworden ist. Blooms Konzeption der Beziehung des Dichters zu seinem Vorläufer ähnelt der Liebe-Haß-Beziehung zwischen Sohn und Vater in einem psychoanalytischen Sinn, und sie ähnelt jenem nahezu tödlichen innerseelischen Konflikt, der nach Freud zur Emanzipation des Sohnes vom Vater notwendig ist. Nach einer Phase, in der der frühere Dichter idealisiert wird, setzt Bloom daher eine nächste Phase an, in der das literarische Überich zerstört, entstellt, auseinandergenommen wird, um so dem späteren Dichter den Freiraum für neue Kreation zu schaffen. Dabei werden gleichzeitig die Spuren, die der Vorläufer im Geist des Dichters hinterlassen hat, unterdrückt, wie Bloom in einem weiteren Buch, *Poetry and Repression*, argumentiert, doch wirken sie untergründig in der Konstitution des neuen Textes mit.[5]

Bloom beschreibt diesen höchst ambivalenten Prozeß destruktiver Kreativität in höchst detaillierter und teilweise bizarr anmutender

---

[3] Harold Bloom, *The Anxiety of Influence. A Theory of Poetry* (New York, 1973).

[4] Durch die Fixierung auf die Vater-Sohn-Beziehung und die darin implizierte Vernachlässigung der Situation von Schriftstellerinnen setzte sich Bloom naturgemäß der Kritik einer feministisch orientierten Literaturwissenschaft aus.- Andererseits greifen Sandra Gilbert und Susan Gubar in ihrer einflußreichen feministischen Studie *The Madwoman in the Attic: The Woman Writer and the Nineteenth Century Imagination* (New Haven & London, 1979) auf Blooms Konzept der ‚anxiety of influence' zurück, um eine ‚anxiety of authorship' bei Schriftstellerinnen aufgrund der traditionell männlich besetzten Tradition des Schreibens anzusetzen.

[5] Harold Bloom, *Poetry and Repression. Revisionism from Blake to Stevens* (New Haven & London, 1976): 21.

Weise, wobei er sich teilweise der mystischen Sprache der Kaballa bedient. Es genügt hier festzuhalten, daß Bloom literarischen Einfluß
und Literaturgeschichte nicht als harmonische Entwicklung immer
neuer Formen versteht, die sich organisch aus älteren Formen entwik-
keln – wie dies im früheren Christophorus-Modell der Literaturgeschichte impliziert war, nach dem jeder Autor metaphorisch als auf
den Schultern des früheren Autors stehend gesehen wurde. Bloom
sieht Literaturgeschichte stattdessen als Geschichte des Kampfs zwischen konkurrierenden Autoren um künstlerische Überlegenheit und,
letztlich, um Unsterblichkeit. Literaturgeschichte ist ein darwinisti-
scher Prozeß der Auslese der Tüchtigsten, da nur der *starke Dichter* in
jenem existentiellen Kampf um seine eigene charakteristische Sprache,
Form und Thematik überleben kann. Natürlich verschärft sich das
Problem der *anxiety of influence*, je länger die literarische Tradition ist,
mit der sich ein Dichter konfrontiert sieht. So hatten Shakespeare oder
Milton nach Bloom keine Einflußangst, die Romantiker hingegen
wohl. Und dies gilt umso mehr für moderne Autoren, die einer Situation gegenüberstehen, in der so viele Stile und Formen bereits ver-
braucht sind, daß es für diese „literature of exhaustion" (John Barth)
schwerer denn je ist, neue Formen des Schreibens zu entwickeln.[6]

Bezeichnenderweise findet der intertextuelle Machtkampf der
Dichter aber nicht im luftleeren Raum statt, oder nur im Geist oder
der Psyche des Autors, sondern in den Texten selbst. Ja er macht aus,
was poetische Texte wesentlich als solche *konstituiert*. Teils in erhel-
lender, teils in fragwürdig-spekulativer Weise deckt Bloom in poetischen Texten die Spuren, Tropen und Bilder früherer Texte auf. Diese verbergen sich in verschiedenen Stufen der Deformation und
Transformation im neuen Text. Bloom zeigt dies mit Vorliebe an Gedichten der Romantik, deren vermeintlicher Naturbezug von ihm als
unterdrückter Bezug auf andere Texte gelesen wird. So war etwa für
Wordsworth der Einfluß Miltons von zentraler Bedeutung, und seine
‚Naturdichtung' trägt nach Bloom deutlich die Spuren seiner Auseinandersetzung mit dem poetischen Übervater, auch wenn die Texte
alles tun, um ihre intertextuellen Bezüge zu verbergen.[7] Bloom sieht
diesen Prozeß durch die gesamte Kulturgeschichte hindurch wirksam.
Er verfolgt die Meta-Geschichte zentraler Tropen durch die abendländische Literatur von der Bibel bis zur Gegenwart. Die Spannung

---

[6] John Barth, „The Literature of Exhaustion", *Essays and Other Nonfiction*:
64-76.
[7] Bloom, *Poetry and Repression*: 56.

von Kontinuität und Diskontinuität in der jeweiligen Konfiguration
dieser archetypischen Bilder erscheint als Index und tiefere Signatur
unserer Kulturwelt. Ein Beispiel für diese diskontinuierliche Kontinuität ist die Metapher des Feuers, deren intertextuelles ‚Schicksal'
von Bloom mit Blick auf Shelleys *Adonais* in der folgenden, charakteristischen Weise beschrieben wird:

> [...] post-enlightenment poetry, as Shelley understood, was in one phase at
> least a questing for fire, and the defensive meaning of that fire was
> discontinuity. „The fire for which all thirst" or burning fountain of *Adonais*
> may have an ultimate source in Plotinus, but its immediate continuity was
> with the „something that doth live" in our embers that still gave
> Wordsworth joy, in the final stanzas of the *Intimations* Ode. Those
> ‚embers' of Wordsworth, still smouldering in the *Ode to the West Wind*,
> flare up for a last time in Adonais, and then find their continuity, after
> Shelley, in what Yeats called the Condition of Fire, which has its flamings
> in Browning and Pater while en route to Yeats.[8]

Harold Bloom ist Dekonstruktionist, insofern er die scheinbare innere Einheit und Selbstzentriertheit der Texte auf deren intertextuelle Dimension aufbricht, und insofern er die ‚Schrift' und die Zeichenstrukturen der Kultur als unhintergehbare Bedingungen poetischen
und literarkritischen Diskurses ansieht. Und er ist weiterhin Dekonstruktionist, insofern es für ihn keine ‚wahren', sondern nur starke
oder schwache Deutungen von Texten gibt. Und starke Deutungen
sind solche, die die verdeckten Widersprüche von Texten und die psy-
chodramatischen Implikationen ihrer Bildlichkeit herausarbeiten
und die so einen Eindruck des poetischen Selbstbehauptungskampfs
vermitteln, der in sie eingeschrieben ist. Auf der anderen Seite ist
Bloom *kein* Dekonstruktionist, insofern er an der Idee des ‚starken
Individuums' als eines bestimmenden Faktors in der Literaturgeschichte festhält. Dies gilt auch für den durch die jüdische Mystik hin-
einkommenden parareligiösen Zug seines Denkens, der ihn immate-
rielle Bedeutungswelten ins Auge fassen läßt, die aus einer rein de-
konstruktivistischen Sicht gerade ausgegrenzt werden.[9]
Wenn Harold Bloom der Theoretiker poetischer Machtkämpfe ist,

---

[8] Bloom, *op. cit.*: 106.
[9] Dies wird etwa an seiner besonderen Hochschätzung Ralph Waldo Emersons deutlich, den er als Begründer einer spezifischen „American Religion"
sieht, deren Kennzeichen es sei, eine *literarische Religion* zu sein. Vgl.
„Emerson: The American Religion", in *Agon: Towards a Theory of Revisionism* (New York & Oxford, 1982): 145-78.

so ist Geoffrey Hartman der Theoretiker poetischer Sensibilität und
ästhetischer Erfahrung. Wenn Bloom den Diskurs der Literaturkritik
dramatisiert, so wird er von Hartman lyrisiert. Hartman ist wohl einer
der profiliertesten Vertreter jener Richtung im Poststrukturalismus,
die bewußt die Grenzen zwischen poetischem und kritischem Diskurs, zwischen Primär- und Sekundärliteratur überschreitet. Kritik
und Theorie existieren nach Hartman nicht außerhalb, sondern innerhalb des Feldes der Literatur selbst. Er hält der traditionellen Kritik
die Unterwerfung der Texte unter ihre logozentrischen Prämissen
vor, ihre Selbstimmunisierung gegen die beunruhigenden, aber auch
faszinierenden Unbestimmtheiten der Erfahrung fiktionaler Texte.
Literatur ist eine Verführung zur Phantasie, eine Versuchung, „to
enter an unknown or forbidden realm".[10]

Was vom Kritiker zu erwarten ist, ist nicht die zwanghafte Reduktion der Fremdheit und Eigensinnigkeit der Texte auf bereitstehende
Bezugsmuster, sondern ein Herausbringen dieser irritierenden Qualitäten in einer Haltung, die Hartman „negative thinking" oder „hermeneutics of indeterminacy" nennt.[11] Die Erfahrung der Literatur
muß, statt durch einen bloß formelhaften Zugriff neutralisiert zu werden, in ihrer ganzen subversiven Kraft in der Literaturkritik zur Geltung kommen.

> The critic, then, is one who makes us formally aware of the bewildering
> character of fiction. Books are our second Fall, the reenactment of a
> seduction that is also a coming to knowledge. The innermost hope they
> inspire may be the one Heinrich von Kleist expressed: only by eating a
> second time of the tree of knowledge will we regain paradise.[12]

Wir können aus diesem Zitat ersehen, wie der Literaturbegriff hier
mit psychoästhetischer und psychoerotischer Spannung aufgeladen
ist – im Sinn von Susan Sontags Forderung: „in place of a hermeneutics we need an erotics of art".[13] Die Erkenntnisweise der Literatur ist
zuinnerst verbunden mit dem Eros einer Verführung, die mit Verirrung und Gefahr zu tun hat, aber gerade dadurch die Utopie der Erkenntnis offenhält. Die Kritik muß sich der un-heimlichen Fremdheit
der Literatur aussetzen, den Risiken einer verwirrenden Selbsterfah-

---

[10] Geoffrey Hartman, *Criticism in the Wilderness. The Study of Literature Today* (New Haven & London, 1980):20.

[11] Hartman, *op. cit.*: 25, 31ff.

[12] Hartman, *op. cit.*: 21.

[13] Susan Sontag, *Against Interpretation and Other Essays* (New York, 1964⁴):
14.

rung, die alle vorgegebenen Ideen im Bewußtsein des Kritikers suspendiert. In diesem Sinn vergleicht Hartman die Begegnung des Interpreten mit dem Text mit der bedrohlich-faszinierenden Begegnung des Menschen mit mythologischen Kräften, wie sie etwa in William Butler Yeats' Gedicht „Leda and the Swan" ausgedrückt ist.[14]

Hartman definiert somit die Position des modernen Kritikers als Grenzstellung zwischen der ‚magischen' Welt der Literatur und der intellektuellen Welt von heute. Wofür einst Platon die Literatur aus seinem idealen Staat ausschließen wollte, ihre prärationale, kulturell regressive Komponente, wird nun aufgewertet zur kompensatorischen Instanz für anthropologische Defizite der durchrationalisierten Industriegesellschaft – und ihres Äquivalents, der durchrationalisierten Literaturkritik. Der Kritiker im Stil Hartmans bewohnt ein prekäres und unsicheres Terrain im Spannungsfeld zwischen der Freisetzung regressiver Kräfte und dem Versuch ihrer intellektuellen Bändigung. Wie bei Platon erscheint Literatur als potentiell gefährlicher Bezirk, der jedoch nicht von vornherein domestiziert oder durch Zensur entschärft werden darf, sondern auf den sich die Reflexion in aller Konsequenz einlassen muß. Dies bedeutet nicht nur, im Gegensatz zu Platon, ein ständiges Infragestellen des kulturellen Überbaus und der Tyrannei einer automatisierten Abstraktionshaltung, sondern eröffnet auch Spielräume für die stets notwendige Revitalisierung und Regenerierung der Kultur als ganzer.

Ich meine, daß Hartmans Thesen in mancherlei Hinsicht durchaus erhellend sind und daß sie die vitale Offenheit konkreter Literaturerfahrung neu zur Geltung bringen, die unter dem präskriptiven Formalismus des New Criticism begraben zu werden drohte. Sie legen die meist unausformulierten Motivationen und Spannungen offen, die jeden Akt der Literaturkritik begleiten. Wie Hartman mit Bezug auf Yeats' Gedicht und auf Joseph Conrads *Heart of Darkness* erklärt:

> [...] what offends cultural standards may still attract us because of its imaginative daring and peculiar organization. Like an observer of alien rites, the critic is often caught between acknowledging the consistency or attractive horror of what he sees and rejecting it in the name of his own enlightened customs. The split may tear him apart, even at a distance. And if, like Kurtz in Conrad's *Heart of Darkness*, or the spy at Bacchic orgies, the critic then immerses himself in the destructive element, he still creates, as it were, the writer who has gone in search of him. The critic is always a survivor or someone who comes late. So the character or role of his being a

---

[14] Hartman, *op. cit.*: 21ff.

critic is implicated in this conflict between mastery and mystery, or rhetoric
and hermeneutic hesitation.[15]

Als Konsequenz solcher Überlegungen schlägt Hartman eine neue
Form der Literaturkritik als einer eigenen ästhetischen ‚Gattung' vor,
die die Vorteile der literarischen und der philosophischen Erkenntnisweise in sich vereint und so ein adäquater Ausdruck für unsere zeitgenössische Bewußtseinslage sein kann. Obwohl Hartmans Einsichten oft treffend und sein Stil brillant sind, schießt er doch teilweise –
zweifellos auch in provokativer Absicht – über das Ziel hinaus und betreibt eine assoziative, hochgradig spekulative Form der Kritik. So
fordert er vom Interpreten, Hypothesen zu entwickeln, die nicht Kriterien der Wahrscheinlichkeit oder des *common sense* folgen, sondern solche, die „seem phantastic". Literaturbetrachtung solle nicht
wissenschaftliche Deskription, sondern „critical fictions" hervorbrin-
gen.[16] Die Unterschiede zwischen Literatur und Kritik, zwischen verschiedenen Genres und Sprachebenen heben sich hier auf. Sie werden
ersetzt durch das Prinzip eines schrankenlosen Spiels der Sprache und
der Pluralisierung von Bedeutung. Die Abschaffung von Stil-Hierar-
chien zugunsten eines alles absorbierenden Prozesses der ‚Schrift',
und das endlose und unbegrenzbare Spiel der ‚Differenz', das dadurch freigesetzt wird, lassen hier deutlich den Einfluß Derridas auf
Hartman erkennen.

Aber auch Hartmans lange Beschäftigung mit der Romantik hat hier
unübersehbare Spuren in seiner Literaturtheorie hinterlassen. Während er indessen in seinem frühen Buch *The Unmediated Vision* (1954)
eine essentialistisch-affirmative Sicht poetischer Kommunikation vertrat, die im Anschluß an phänomenologische Vorstellungen ein „‚unmediated' communing with the text" für möglich hielt[17], wendet sich
der spätere Hartman gegen diese eigene frühere ‚Präsenzmetaphysik'.
Nun betont er die *textuelle* Seite allen literarischen und kritischen Diskurses, d.h. die das Subjekt übersteigende, ja ihm gegenüber indiffe-
rente Vermitteltheit und semiotische Zerstreuung der sprachlichen
Zeichen, die die Sehnsucht nach Präsenz und Kommunikation für

---

[15] Hartman, *op. cit.*: 36.
[16] Geoffrey Hartman, *The Fate of Reading and Other Essays* (Chicago, 1975);
Criticism in the Wilderness: 201.
[17] Norris, *Deconstruction*: 94.- In diesem Positionswechsel liegt eine Parallele
zum Verhältnis Strukturalismus/ Poststrukturalismus generell, die auf einen
inneren Zusammenhang der scheinbar antithetischen Theoriekonzepte hin-
deutet.

immer illusionär bleiben lassen. Doch der euphorische Grundton
seiner Schriften hat sich mit der poststrukturalen Desillusionierung
seiner früheren ästhetischen Annahmen letztlich nicht geändert.
Denn wenn wir mit Derrida den durch die Schrift und die Differenz
vermittelten, und d.h. unaufhebbar gebrochenen, Charakter unserer
Bedürfnisse nach Identität, Kommunikation oder Wahrheit erkennen, so können wir die melancholische Sicht der Sprache als eines *prison-house of language* überwinden und ihr Potential unendlichen kreativen Spiels realisieren. Ein an Nietzsche erinnernder Geist desillusi-
onsbewußter Affirmation wird hier in Hartmans Position spürbar.
Das Selbst destruiert sich als individuelle Einheit und wird zum bloßen „thing of shreds and quotations".[18] Gleichzeitig aber bejaht das
Ich vorbehaltlos die Pluralisierung seiner Identität und macht sich mit
vollem Bewußtsein zum Teil der Textualität der Kultur, der es entspringt, und des Spiels der Fiktionen des Selbst, die sie produziert.

J. Hillis Millers Version der Dekonstruktion ist eine stärker epistemologische. Literatur wird nicht wie bei Bloom betrachtet als Medium
der Fortsetzung des Lebenskampfs mit poetischen Mitteln, noch wie
bei Hartman als eine Form psychoästhetischen Identitäts- und Kommunikationsspiels. Sie wird zum Medium, das die Grenzen menschlicher Erkenntnis auslotet und deren Grund und Ursprung in der
Sprache erkundet. Literatur wird zum fundamentalistischen Experiment, das den Bedeutungen und Erkenntnismöglichkeiten der Sprache auf den Grund zu gehen versucht. In der radikalen Weise, in der
sie dies unternimmt, treibt sie die Infragestellung der Welt und des
Selbst zum Extrem, und wird auf jeder Stufe neu mit der Zurückweisung einer kohärenten oder gar verläßlichen Antwort konfrontiert. Literarische Texte sind für Miller Strukturen sprachlicher Reflexivität,
die, statt auf identifizierbare Bedeutungen zu verweisen, unendlich in
sich selbst zurücklaufen. Die Suche nach einem Fundament und Zentrum menschlicher Erkenntnis in der Sprache führt in einen infiniten
Regreß und zur Einsicht in die Abwesenheit eines solchen Zentrums.

Millers charakteristische Denkfigur für die Beschaffenheit des literarischen Textes ist die des *mise en abyme*. Dies ist eine künstlerische
Technik, nach der das Ganze eines Werks in einem Teil desselben
verkleinert wiederkehrt undsofort – wie bei einer Flasche, auf deren
Etikett dieselbe Flasche mit einem Miniaturetikett mit wiederum derselben Flasche abgebildet ist. Ein Beispiel ist das Hundelied zu Beginn des zweiten Akts von Samuel Becketts *Waiting for Godot* („Ein

---

[18] Vgl. Horstmann, *op. cit.*: 43ff.

Hund kam in die Küche/ Und stahl dem Koch ein Ei [...]"), das in Miniaturform die selbstreflexive Struktur des gesamten Stücks zeigt.[19] Miller betrachtet diese radikale Suche nach einem Grund des Wissens, die freilich immer wieder nur dessen Grundlosigkeit offenbart, als innerstes Wesensmerkmal der Literatur. Der Text wird aufgefaßt als *Labyrinth* der Wörter und Bedeutungen, die er inszeniert. Neben englischen Romanciers des 19. Jahrhunderts wie Thomas Hardy demonstriert Miller seinen Zugang u.a. an der Dichtung von Wallace Stevens. In einem Essay äußert er sich zu Stevens' Gedicht „The Rock" in folgender Weise:

> „The Rock" is [...] a running *mise en abyme*. The poem repeatedly takes some apparently simple word [...] and plays with each word in turn, placing it in a context of surrounding words so that it gives way beneath its multiplying contradictory meanings and reveals a chasm below.[20]

Die labyrinthische Unendlichkeit textueller Bedeutung bestimmt aber ebenso die Situation des Kritikers. Denn dieser kann niemals einen außersprachlichen Halt für seine Interpretation finden, sondern stets nur die „chain of proliferating sense" explizieren, „which it [=interpretation] can neither halt nor fully comprehend."[21] Es ist interessant, daß wie bei Hartman die poststrukturalen Ideen Millers in deutlichem Kontrast zu seiner früheren Position stehen. Seine Besessenheit von der Undurchdringlichkeit der Sprache und der epistemischen Blindheit der Kritik erscheint auf einer Ebene als (Über-)Reaktion auf seine eigene intellektuelle Biographie, in der er zunächst stark von der Genfer Schule der Phänomenologie beeinflußt war. In dieser Phase sah er literarische Texte als *states of awareness*, als Manifestationen eines Autorbewußtseins, das durch eine empathetische Einstellung verstanden werden konnte; und Sprache war ein transparentes Kommunikationsmedium, das ein solches „interplay of mind with mind" möglich machte.[22]

Was der spätere mit dem früheren Miller gemeinsam hat ist, daß er – wie letztlich auch Bloom und Hartman – der Literatur trotz aller poststrukturalen Einflüsse eine Sonderrolle und einen Sonderstatus in seiner Theorie einräumt. Literatur ist dasjenige Medium, in dem

---

[19] Vgl. hierzu Rolf Breuer, *Die Kunst der Paradoxie. Sinnsuche und Scheitern bei Samuel Beckett* (München, 1976): 128ff.

[20] J. Hillis Miller, „Stevens' ‚Rock' and Criticism as Cure", *Georgia Review* 30 (1976): 5-31, 330-338, hier 13.

[21] Norris, *Deconstruction*: 96.

[22] Norris, *op. cit.*: 95.

die epistemische Selbstbefragung der Sprache im oben beschriebenen Sinn ihre höchste Dichte erreicht. Sie wird zum Modellfall für das Wirken von Textualität und somit für die dekonstruktive Tätigkeit der Kritik. Auch Miller vertritt die poststrukturale Auffassung, daß es nur *misreadings* von Texten geben könne, und betont gegenüber deren ästhetischer Einheit und Identität ihre Differenz und Nicht-Identität. Dennoch wird die dekonstruktive Lesart als letztlich dem intrinsischen Charakter der Literatur selbst entsprechend gesehen. Miller behauptet, gegen andere Poststrukturalisten, daß „great works of literature [...] are likely to be ahead of their critics". Sie besitzen einen Grad an textueller Komplexität und Selbstbewußtheit, die der dekonstruktive Kritiker nur annäherungsweise zu erreichen vermag.

> A critic may hope with great effort, and with the indispensable help of the writers themselves, to raise himself to the level of linguistic sophistication where Chaucer, Spenser, Shakespeare, Milton, George Eliot, Stevens, or even Williams are already.[...] The critic, then, still has his uses, though this use may be no more than to identify an act of deconstruction which has always already, in each case differently, been performed by the text on itself.[23]

Wir sehen, daß der Kanon ‚großer Werke' bzw. Schriftsteller hier weitgehend unverändert gilt. Und man kann wohl zu Recht sagen, daß das Interesse der Yale Critics letztlich nicht einer Ausweitung des Literaturbegriffs im Sinn eines anti-elitären Impulses galt, wie es für postmoderne Kritiker wie etwa Leslie Fiedler charakteristisch ist.[24] Die Yale Critics behielten vom New Criticism, mit dem sie akademisch aufgewachsen waren, die Vorstellungen von Vieldeutigkeit, Spannungsreichtum und Komplexität als implizite Wertungskriterien bei. Sie widmeten sich denn auch – wie Millers Kanon zeigt – vorwiegend früheren Perioden der Literaturgeschichte, auch wenn dabei ein neuer Akzent auf ‚romantische'(im weiten Sinn) anstelle der ‚klassischen' Traditionen gelegt wurde, die vom New Criticism favorisiert worden waren.[25] Wie bei Hillis Miller ist auch Paul de Mans Interesse an Literatur vor allem epistemologischer Art. Während indessen Miller die Texte

[23] J. Hillis Miller, „Deconstructing the Deconstructors: Joseph N. Riddel. The Inverted Bell", *Diacritics* 5.2 (1975), 34-41: 31.
[24] Vgl. Leslie Fiedler, „Cross the Bridge – Close that Gap: Post-Modernism", in *American Literature since 1900*, ed. Marcus Cunliffe (London, 1975): 344-66.
[25] Vgl. T. E. Hulmes Essay „Romanticism and Classicism" (Kap. 18).

als labyrinthische Reflexionsstrukturen von Wörtern und deren Bedeutungen sieht, konzentriert sich de Man auf die gedanklichen Paradoxien, die durch den Doppelcharakter der Texte als logischer und als rhetorischer Gebilde erzeugt werden. Der Geltungsanspruch logischen Denkens wird immer wieder dementiert durch die figurale Seite der Sprache, der es sich bedienen muß. Die Rhetorik eines Textes – d.h. die sprachliche *Form* seines Arguments – legt sich quer zu jeder konsistenten Bedeutungsabsicht, und diese Gegenläufigkeit läßt sich ebensosehr an traditionell als ‚nichtfiktional‘ wie an ‚fiktional‘ eingestuften Texten aufzeigen. In mancherlei Hinsicht ist man hier an J. C. Ransoms Unterscheidung von *structure* und *texture* erinnert (vgl. Kap. 19), die ja ebenfalls die Spannung von ‚logischer Aussageebene‘ und ‚formaler Gestaltungsebene‘ bezeichnet – nur daß diese Spannung bei de Man nicht auf das Kunstwerk beschränkt bleibt, sondern für jeden sprachlichen Diskurs verallgemeinert wird. Der Text wird zum prinzipiell nicht in seiner Bedeutung begrenzbaren Spiel der Signifikation, das entgegen allen Versuchen logisch-vereindeutigender Bedeutungskontrolle in Unbestimmtheit und Unentscheidbarkeit führt.

Diese innere Gegenläufigkeit der Texte zeigt sich epistemologisch als Dialektik von ‚Blindheit‘ und ‚Einsicht‘, von *Blindness and Insight*, wie ein bekanntes Buch von de Man heißt.[26] Der Wahrheitsanspruch vermeintlicher Einsicht in die Phänomene der Erfahrung, wie er uns in der rhetorischen Vermittlung der Texte entgegentritt, wird hier nicht allein von der Relativität von Standpunkten oder von den impliziten Vorurteilen der jeweiligen kulturellen Tradition her infragegestellt. Er wird vielmehr als unauflöslich und zuinnerst verschränkt gesehen mit einer grundsätzlichen Blindheit, die jeder sprachlich artikulierten Perspektive anhaftet, die man gegenüber kulturellen Phänomenen einnehmen mag. Da die Sprache ihren Gegenstand durch ihre eigene Funktionsweise, ihre ‚Rhetorik‘, erst konstituiert, verstellt sie immer zugleich den Blick auf das, was sie vor Augen zu führen scheint. Ja erst indem sie den Blick verstellt, kann sie überhaupt etwas vor Augen führen. Mithin ist es gerade die je spezifische Blindheit, mit der man Texten gegenübertritt, durch die sich einem bestimmte Aspekte der Texte erst konturieren. Von daher kommt de Man zu der paradoxen Schlußfolgerung, daß der Punkt der größten Erkenntnisschwäche einer Position zugleich der Punkt ihrer größten Stärke sein kann: „Critics‘ moments of greatest blindness

---

[26] Paul de Man, *Blindness and Insight. Essays in the Rhetoric of Contemporary Criticism* (New York, 1971).

with regard to their own critical assumptions are also the moments at which they achieve their greatest insights."[27]

De Man demonstriert dieses Paradox am Beispiel des New Criticism. Dieser hatte, wie die Romantik, auf der organischen Einheit des Kunstwerks insistiert. Doch gleichzeitig war seine Terminologie durch Begriffe wie Ironie, Paradoxie oder Ambiguität geprägt, die solche Kräfte im Text bezeichnen, die seine ‚organische Einheit' gerade untergraben. De Man sagt nun, daß es eben die Annahme der Autonomie und Einheit des Textes ist, die die New Critics in die Lage versetzte, die dieser Annahme widersprechenden Elemente in voller Schärfe herauszuarbeiten.[28] Erkenntnis funktioniert sozusagen entgegen ihrer Absicht, und diese Doppelgesichtigkeit aller Rede ist es, die die Dekonstruktion herauszuarbeiten hat. De Man zeigt in ähnlicher Weise im Fall der Romantiker, wie deren Idee des Organizismus, die ihre größten Gedichte inspirierte, durch die Art und Weise demontiert wird, in der sie in den Texten Gestalt annimmt. Die Illusion, daß die Dichtung wie ein lebendiger Organismus werden könne, wie eine natürliche, in authentisch-präkulturellen Ursprüngen gründende Kreation, wird als sprachliche Selbsttäuschung enthüllt durch die Art, in der diese Suggestion der Authentizität beim Leser erzeugt wird. De Man illustriert dies u.a. an folgender Stelle aus Hölderlins *Brot und Wein*: „[...] nun aber nennt er sein Liebstes,/ Nun, nun müssen dafür Worte, wie Blumen, entstehn." Der Vergleich von Worten und Blumen ist, wie de Man in einer detaillierten Analyse zeigt, ein intentionaler Akt poetischer Sprache und nicht eine ontologische Wahrheit.[29] Die Suche nach Authentizität wird durchsichtig als rhetorische Geste, die als unerfüllbare Sehnsucht in die Dichtung der Romantik eingeschrieben ist. Diese „reexperiences and represents the adventure of this failure in an infinite variety of forms and versions".[30]

Ein wichtiger Punkt an de Mans Theorie ist aber nun, daß der Riß zwischen Sprache und Bedeutung, zwischen Rhetorik und Authentizität im literarischen Diskurs *bewußt* inszeniert wird. Da literarische Texte sich von vornherein über ihren fiktionalen Charakter und ihren Status als textuelle Konstrukte im klaren sind, sind sie widerständiger gegen die Verführungskraft falscher Wahrheits- und Erkenntnisansprüche als andere, referentielle Schreibweisen. Literatur ist weniger

---

[27] Zit.in Horstmann, *op. cit.*: 67.
[28] Vgl. *Blindness and Insight*: 20ff.
[29] Paul de Man, *The Rhetoric of Romanticism* (New York, 1984): 2ff.
[30] de Man, *op. cit.*: 7.

blind als andere Diskursformen, da sie die grundlegende Blindheit, die durch die gebrochene Natur sprachlichen Weltbezugs bedingt ist, zu ihrem eigentlichen Thema hat. Daher wendet de Man seine dekonstruktive Energie hauptsächlich literaturkritischen oder philosophischen Texten zu, die er für weit anfälliger für die ‚ontological fallacy‘ hält als poetische Texte. Wie für die anderen Yale Critics wird damit für de Man die Literatur *ex negativo* doch wieder zu jenem überlegenen Erkenntnismedium, das sie für die Romantik in einem affirmativen Sinn gewesen war. Vergleichbar der antizipatorischen Rolle, die Sigmund Freud den mythischen Stoffen der Literatur – z. B. der Ödipus-Tragödie – als Vorwegnahme seiner psychoanalytischen Erkenntnisse eingeräumt hatte, sieht de Man ein Bewußtsein der Dekonstruktion bereits in den literarischen Texten selbst vorweggenommen:

> The deconstruction is not something we have added to the text but it constituted the text in the first place. A literary text simultaneously asserts and denies the authority of its own rhetorical mode. [...] Poetic writing is the most advanced and refined mode of deconstruction.[31]

De Man und die anderen Yale Critics sind wegen dieser Privilegierung der Literatur kritisiert worden, u.a. von William Spanos, der darin in negativer Verkehrung eine erneute Mystifizierung der Kunst sieht.[32] Sie sind ferner dafür kritisiert worden, daß sie letztlich den New Criticism mit einer neuen Terminologie und auf einer noch abstrakteren und realitätsferneren Basis weiterbetrieben. Denn sie beschränkten die Eliminierung soziohistorischer Wirklichkeitsbezüge nicht auf die Dichtung, sondern projizierten sie auf alle Texte, d.h. auf die Kulturwelt und die menschliche Existenz als ganze. Hierin liegt sicher teilweise ein richtiger Vorwurf, auch wenn dabei oft polemische Entstellungen der differenzierten Reflexionsanstöße zu beobachten sind, die von den Yale Critics ausgegangen sind. Ihre Theorien helfen zweifellos, das Bewußtsein für die inneren Widersprüche von Texten, für die Pluralität ihrer Bedeutungen, für die epistemologische und existentielle Gebrochenheit sprachlich-kommunikativer Weltauslegung zu schärfen. Andererseits ist wohl auch hier der generell gegenüber dem Poststrukturalismus zu machende Vorwurf zutreffend, daß es sich um provokative Übersteigerungen und

---

[31] Paul de Man, *Allegories of Reading. Figural Language in Rousseau, Nietzsche, Rilke, and Proust* (New Haven, 1979): 17.
[32] Vgl. William Spanos, „Breaking the Circle“ (vgl. Kap. 21).

um – auch ‚rhetorische' – Zuspitzungen von Fragestellungen handelt, die nach einer Phase extremer Ausdifferenzierung in einen hermeneutischen Reflexions- und Verständigungskontext zurückgeholt werden müssen. Der Realitäts- und Praxisverlust, der mit einer solchen fundamentalistischen Problematisierungshaltung einhergeht, ist denn auch der Ansatzpunkt für die Rückwendung zu einer wieder stärker pragmatischen, soziopolitischen und kulturkritischen Betrachtung der Literatur in der neuesten anglo-amerikanischen Literaturtheorie geworden. Diese Rückwendung ist jedoch nur vor dem Hintergrund und aus der Assimilation des Poststrukturalismus und der Dekonstruktion verstehbar, die auch in diesen Rekonkretisierungsversuchen ihre irreversiblen Spuren hinterlassen haben.

25. FEMINISTISCHE LITERATURTHEORIE

Der Poststrukturalismus hat insbesondere auch dem Interesse an Literaturtheorie innerhalb der feministischen Literaturkritik Auftrieb gegeben. Diese hat sich seit etwa zwei Jahrzehnten als wichtiger Zweig der neueren anglo-amerikanischen Literaturwissenschaft herausgebildet.[1] In ihrer Entwicklung lassen sich drei Phasen unterscheiden, die zugleich als unterschiedliche, nebeneinanderbestehende ‚Richtungen' gegenwärtiger feministischer Literaturtheorie betrachtet werden können.

In der ersten Phase, die vor allem durch Kate Milletts *Sexual Politics* initiiert wurde, herrschte eine Betrachtungsweise vor, die stereotype Bilder und Darstellungen von Frauen in den Texten männlicher Autoren herausstellte. Millett greift als Beispiele Romane von Henry Miller, D. H. Lawrence, Norman Mailer und Jean Genet heraus, in denen sie an bestimmten Schlüsselszenen die Degradierung der Frau zum sexuellen Objekt beschreibt. Sie sieht in diesen Texten ein von ihr ‚phallozentrisch' genanntes, d.h. um den Phallus als Symbol männlicher Macht zentriertes Denken wirksam, das mit einem generellen Rollenstereotyp des Geschlechterverhaltens innerhalb der patriarchalischen Gesellschaft – Aktivität vs. Passivität, Individualismus vs. Anpassungsfähigkeit, Rationalität vs. Emotion, Geist vs. Körper u.a. – zusammenhängt.[2] Ausgehend hiervon wurden in einer ersten großen Welle feministischer Literaturkritik die Werke der gesamten Weltliteratur anhand solcher Kriterien auf das Frauenbild hin untersucht. Die Übereinstimmung mit oder

---

[1] Sammlungen bzw. Darstellungen feministischer Literaturkritik und -theorie finden sich in *Feminist Literary Criticism: Explorations in Theory*, ed. Josephine Donovan (Lexington, 1975); *Women Writing and Writing about Women*, ed. Mary Jacobus (London & New York, 1979); K. K. Ruthven, *Feminist Literary Studies: An Introduction* (Cambridge, 1984); Toril Moi, *Sexual/Textual Politics: Feminist Literary Theory* (London & New York, 1985); *The New Feminist Criticism: Essays on Women, Literature and Theory*, ed. Elaine Showalter (London, 1986); *Feminist Literary Theory: A Reader*, ed. Mary Eagleton (Oxford, 1986); *The Feminist Reader: Essays in Gender and the Politics of Literary Criticism*, eds. Catherine Belsey und Jane Moore (London, 1989).

[2] Kate Millett, *Sexual Politics* (London, 1977).

Abweichung von feministischen Vorstellungen wurde dabei zum entscheidenden Analyse- und Wertungskriterium.

Eine führende Vertreterin dieser *images of women*-Schule der feministischen Literaturkritik ist Josephine Donovan.[3] Für sie kann es
keine Trennung zwischen ästhetischen und moralischen Kriterien in
der Bewertung eines Textes geben, da die vermeintlich rein ‚ästhetische' Haltung selbst bereits eine moralische Implikation hat – nämlich
die Indifferenz gegen das, was zum Objekt des Ästhetischen wird.
Dies gilt insbesondere für Frauen, die zum bevorzugten Teil des ästhetischen ‚Materials' männlichen Kunstschaffens werden, dabei
aber ihre Authentizität, d.h. ihren Charakter als Subjekte und als
ihrer selbst bewußte Wesen einbüßen. Dies trifft nicht nur für offen-
sichtliche Formen misogyner Frauendarstellung zu. Donovan bezieht
sich etwa auch auf ein modernes filmisches Meisterwerk wie Ingmar
Bergmans Film *Schreie und Flüstern*. In diesem stehen zwar vier Frau-
en im Mittelpunkt, so daß hier eigentlich eine Aufwertung der Frau
stattgefunden zu haben scheint. Doch werden die Frauengestalten in
der ästhetischen Komposition des Films auf eine Weise instrumentali-
siert, „as if they were on the same level of moral importance as the red
decor of their surroundings."[4] Selbst in solch subtilen Ausprägungen
entziffert also Donovan die Spuren einer sexistischen Ideologie, die
sich durch wichtige Werke der abendländischen Literatur von Homers *Odyssee* über Dantes *Divina Commedia* und Goethes *Faust* bis
zur Gegenwartsliteratur zieht. Dabei werden fixierte Bilder der Frau
als bloßen Objekts oder zumindest als das nur ‚Andere' des Mannes
weitertradiert. Die *good woman*- und die *bad woman*-Stereotypen,
um deren Opposition herum diese Bilder organisiert sind (Heilige vs.
Hexe, Jungfrau vs. Hure, Idealbild vs. Verführerin, Maria vs. Eva
usw.), räumen den Frauenfiguren keine Eigenständigkeit ein, sondern sind in Abhängigkeit von einer männlichen Macht- und Interes-
sensperspektive definiert. Von daher ist es notwendig, diese Werke
aus einer ihrer selbst bewußten weiblichen Perspektive neu zu lesen,
wobei gerade das Spannungsverhältnis zu einer männlich dominierten Literaturtradition zum Bestandteil der Interpretation zu machen
ist. So kann nach Donovan etwa das berühmte ‚Handlungsproblem'
Hamlets erst aus einer männlichen Sichtweise überhaupt zum Problem werden, da die Frauen durch geschlechtsspezifische Rollenzu-
weisungen aus gesellschaftlich relevanten Handlungsvorgängen

---

[3] Vgl. *Feminist Literary Criticism*, ed. Donovan.
[4] Zit. in *Twentieth Century Literary* Theory: 265.

von vornherein ausgeschlossen waren. Shakespeares Drama kann somit von einer Rezipientin/ Kritikerin in adäquater Weise erst aus dem Bewußtsein dieses gebrochenen Bezugs zur Welt des Stücks und zu der in ihm implizierten Rolle der Frau als des *anderen* Geschlechts interpretiert werden.[5]

Die *images of women*-Schule unterzieht also die Texte einer Neubetrachtung, die von inhaltlich vorgegebenen emanzipatorisch-moralischen Wertungsgesichtspunkten geleitet ist. Sie kommt dabei durchaus zu wichtigen Ergebnissen und vor allem zu einer massiven Verlagerung der Aufmerksamkeit auf die Frage der Geschlechterrollen und -beziehungen in der Literatur. Gleichzeitig ist dieser Ansatz aber auch seinerseits vor allem von zwei Seiten her kritisiert worden. Einmal bleibe er, wenn auch negativ, auf die Produkte männlichen Schreibens fixiert und verdopple damit theoretisch selbst noch einmal die konstatierte Ausgrenzung genuin weiblicher Erfahrungs- und Schreibweisen. Zum anderen sei er zu unmittelbar inhaltlich ausgerichtet und verkenne die komplexe, durchaus auch ideologiekritische Wirkungsweise der literarischen Imagination.

Der eine Vorwurf mündete in einer zweiten Phase bzw. Richtung feministischer Literaturkritik, die von Elaine Showalter als *gynocritics* bezeichnet wurde.[6] Hier wird programmatisch die Frau nicht als Leserin, sondern als Autorin in den Mittelpunkt gestellt. Es geht darum, eine in weiblicher Erfahrung gründende Analyse der von Frauen produzierten Literatur zu entwickeln und deren charakteristische Themen-, Stil- und Strukturmerkmale aufzusuchen, die eben aufgrund der verschiedenen historisch-sozialen Erfahrungsgeschichte der Frauen in dieser Sicht ebenfalls notwendigerweise verschieden von denen der Literatur der Männer sein müsse. Damit rückt die im bisherigen Kanon stark vernachlässigte Tradition weiblicher Literatur ins Blickfeld. Markante Vorläuferfiguren des Feminismus in der Geschichte der anglo-amerikanischen Literatur sind dabei etwa Mary Wollstonecraft, Margaret Fuller, Gertrude Stein oder Virginia Woolf, die im Zug dieser Perspektivenverschiebung verstärkte Aufmerksamkeit gefunden haben.

Showalter selbst faßt in ihrem wegweisenden Buch *A Literature of*

---

[5] Hier zeigt sich, wie in vielen feministischen Theorieansätzen, der Einfluß von Simone de Beauvoirs *Le Deuxième Sexe*, dt. *Das andere Geschlecht. Sitte und Sexus der Frau* (Reinbek, 1968ff.).

[6] Elaine Showalter, *A Literature of Their Own: British Women Novelists from Brontë to Lessing* (Princeton, 1977).

Their Own über prominente Einzelautorinnen hinaus die Geschichte der Entwicklung einer spezifisch weiblichen Ästhetik in den Blick, die sich auf der Basis einer breiten literarischen Produktion von Frauen im Übergang zwischen 19. und 20. Jahrhundert abgespielt habe. Diese Entwicklung, so Showalter, verlief von einer ‚femininen' (1840-80) über eine ‚feministische' (1880-1920) hin zu einer ‚weiblichen' Phase (seit 1920). Dabei wird die *feminine phase* durch Charlotte Brontë, Elizabeth Gaskell oder George Eliot markiert, bei denen aufgrund der problematischen Schreibsituation, die sich u.a. in der Wahl von männlichen Pseudonymen äußerte, eine Nachahmung und Verinnerlichung männlicher ästhetischer Standards und Rollenbilder der Frau kennzeichnend sei. Die *feminist phase*, repräsentiert durch (wenig bekannte) Autorinnen wie Elizabeth Robins oder Olive Schreiner, betreibe im Zug der Erringung politischer Freiheiten wie des Wahlrechts eine explizite Form feministisch engagierten Schreibens, die mit dem Entwurf utopischer Alternativwelten verbunden ist. Die mit dem Modernismus anbrechende *female phase* schließlich ist dadurch gekennzeichnet, daß die Autorinnen sowohl Imitation wie Protest als Formen innerer Abhängigkeit von der patriarchalen Kultur überwinden und zu einer eigenen Schreibweise gelangen, wie sie etwa bei Dorothy Richardson, Katherine Mansfield oder Virginia Woolf hervortrete.[7]

Es ist klar, daß solche Einteilungen problematisch sind, da sie historisch fließend bleiben und immer vom jeweils eingenommenen Theoriestandpunkt mit abhängen. Entsprechend unterschiedlich fallen auch die ästhetischen Werturteile aus. So war Charlotte Brontës *Jane Eyre* zunächst eines der Kultbücher feministischer Literaturbetrachtung, da in der *madwoman* Bertha die Wut der Autorin über ihre repressive Umwelt symbolisch objektiviert sei.[8] Dies änderte sich in den 80er Jahren insofern, als die Eliminierung Berthas durch ihren Feuertod den Preis für den gesellschaftlichen ‚Erfolg' der Protagonistin Jane darstellt, der die Anpassung des Wertsystems des Romans an den kulturellen Herrschaftsdiskurs zeige, von dem er sich zu emanzipieren scheine.[9]

---

[7] Elaine Showalter, „Towards a Feminist Poetics", in *Twentieth Century Literary Theory*, 268-272: 270.

[8] Vgl. Sandra M. Gilbert und Susan Gubar, *The Madwoman in the Attic* (New Haven, 1979).

[9] Vgl. Catherine Stimpson, „Woolf's Room, Our Project: The Building of Feminist Criticism", in *The Future of Literary Theory*, ed. Ralph Cohen, 129-143: 143.

Hier stehen sich also innerhalb des Feminismus unterschiedliche
Lesarten derselben Texte gegenüber, die vom jeweiligen theoretischen Vorverständnis beeinflußt sind. Für eine dritte Richtung feministischer Literaturtheorie kommt es daher wesentlich darauf an, eine
nur inhaltliche Betrachtungsweise durch die Einbeziehung ästhetisch-
stilistischer Deskriptions- und Wertungskriterien zu erweitern und zu
differenzieren. Einen frühen Vorstoß in dieser Richtung stellte Mary
Ellmanns *Thinking About Women* dar, wo sie, anders als Showalter,
nicht die Geschichte der Literarisierung spezifisch weiblicher Erfahrung, sondern ein bestimmtes, als ,weiblich' identifiziertes *Stilkon-
zept* zugrundelegt.[10] Der Schreibstil vieler Frauen sei durch das Aufbrechen inhaltlicher Bestimmungen, durch die Verflüssigung fester
Perspektiven und autoritativer Weltdeutungen gekennzeichnet, wodurch dominante männliche Wertmuster und Stereotypien untermi-
niert würden. Diese ästhetische Offenheit und Suspendierung autori-
tativen Ernstes ist allerdings ein sehr allgemeines Kriterium, das man
zweifellos auch auf die Texte männlicher Autoren anwenden kann.
Das erkennt Ellmann konsequenterweise auch an, indem sie einerseits sagt, daß keineswegs alle Schriftstellerinnen einen weiblichen
Schreibstil in ihrem Sinn verwenden – so schreibe eine Charlotte
Brontë mit zu unmittelbarem Engagement und in zu ernsthaft-affir-
mativem Ton. Andererseits zieht Ellmann die distanzierende Spieläs-
thetik eines Oscar Wilde, die alle festen Bedeutungserwartungen und
Rollenzuschreibungen in subtiler Weise subvertiert, als Beispielfall
ihres ,weiblichen' Schreibstils heran. Damit verliert allerdings der Begriff des Weiblichen hier so stark an distinktiven Konturen, daß er in
einem geschlechtsunspezifischen Stilbegriff aufzugehen tendiert.

Hier tritt das Grundproblem einer feministischen Literaturtheorie
zutage, das das Problem jeder auf der Basis bestimmter *Inhalte* fun-
dierten Literaturtheorie ist. Wird die Literatur auf diese primär gesetzten Inhalte bezogen, so droht sie ihren Charakter als Literatur
einzubüßen, der ja, wie dieses Buch gezeigt haben dürfte, gerade erst
mit der Desautomatisierung, der komplexen Transformation und
d.h. mit der metakulturellen *Brechung* und *Pluralisierung* kulturell
vorgegebener Inhalte entsteht. Werden aber umgekehrt die Inhalte in
einen hinreichend komplex gefaßten Literaturbegriff hineinproji-
ziert, so verlieren sie tendenziell ihre inhaltliche Prägnanz und identifizierbare Bedeutung. Mit diesem Dilemma muß die feministische Literaturkritik ebenso leben wie andere, etwa kulturkritische, sozialge-

---

[10] Mary Ellmann, *Thinking about Women* (New York, 1968).

schichtliche u.a. Zugänge zur Literatur. Ist dieses Problem theoretisch noch nicht überzeugend gelöst, so sind sowohl der Ansatz der
gynocritics wie die Frage nach einem spezifisch 'weiblichen' Schreibstil der Ansatz der *gynocritics* für die Praxis der Literaturstudien inzwischen von eminenter Bedeutung geworden, insofern sie auf breiter
Ebene die Wiederentdeckung, Einbeziehung und Aufwertung bisher
vergessener oder unterschätzter Autorinnen einleiteten.[11]

Die dritte, stilbezogene Phase bzw. Richtung der feministischen Literaturkritik im englischsprachigen Raum wurde indessen vor allem
durch die Rezeption der Ideen französischer Poststrukturalistinnen
wie Luce Irigaray, Hélène Cixous und Julia Kristeva bestimmt. Damit
einher ging eine verstärkte Einbeziehung der Psychoanalyse, allerdings nicht mehr in der männlich perspektivierten, ‚phallozentrischen' Version Sigmund Freuds – nach der der Penisneid die wichtigste Determinante der weiblichen Bewußtseinsentwicklung war –, sondern in einer auf Jacques Lacan aufbauenden, feministisch revidier-
ten Form.[12] Weibliche Sexualität wird hier betrachtet als Gegenkraft
gegen eine männlich bestimmte Welt begrifflicher und institutioneller
Erstarrungen, was sich in der Literatur wie in der Literaturkritik in
der Privilegierung von Offenheit gegenüber Systemzwang, Spiel gegenüber Macht, Pluralität gegenüber normativer Einheit, Lustprinzip
gegenüber Realitätsprinzip auswirkt. Die Oppositionsmuster früheren Denkens – einschließlich der binären Geschlechteropposition –
werden aufgelöst in einen Diskurs der Differenz, der allerdings auf
einer Metaebene selbst Attribute des ‚Weiblichen' erhält. Derridas
Prinzip der *différance* wird gewissermaßen sexualisiert und mit der
kulturgeschichtlich unterdrückten Kraft einer matriarchalen Kreativität assoziiert, die den strukturellen Fixierungs- und Entfremdungs-
prozessen der Zivilisation vorausgeht. Die utopische Extrapolation
des Weiblichen als Begründungsinstanz eines geschlechterübergrei-
fenden Metadiskurses verbindet sich explizit mit einer vorgesell-
schaftlichen, prärationalen Komponente. Gleichzeitig wird in ihr die
eigentliche Quelle und Energie poetischen Schreibens verortet.

Dies sei an Julia Kristeva kurz illustriert.[13] Sie unterscheidet zwischen einem ‚symbolischen' und einem ‚semiotischen' Modus des

---

[11] Ein Zeichen hierfür ist die Zusammenstellung der *Norton Anthology of Literature by Women: The Tradition in English*, eds. Sandra M. Gilbert und Susan Gubar (New York, 1985).

[12] Vgl. Selden, *Contemporary Literary Theory*: 139ff.

[13] Vgl. Julia Kristeva, *Revolution in Poetic Language*, trans. Margaret Waller,
intr. Leon S. Roudiez (New York, 1984).

Denkens/Schreibens. Der symbolische Modus ist der Modus der Ordnung, des Systems, der Repräsentation, der Moral und der Macht – er
verkörpert das ‚Gesetz des Vaters‘, das sich dem ursprünglichen und
unentfremdeten Lebensrhythmus im Vorgang der Sozialisation auf-
prägt. Der semiotische Modus ist der Modus dieses noch nicht ent-
fremdeten, aller diskursiven Artikulation vorgängigen Lebensprozes-
ses, der sich in poststrukturaler Sicht als vorsprachliche, quasi-natur-
hafte Zeichenaktivität darstellt. Diese wirkt in den psychosomatischen Triebkräften des Unbewußten auch im Erwachsenen weiter,
geht aber ursprünglich auf die vorödipale Phase der im Mutterleib
und an der Brust der Mutter erlebten Symbiose zwischen Kind und
Mutter zurück. „The ‚drives‘ experienced by the child in the pre-Oe-
dipal phase are like a language but not yet ordered into one. For this
‚semiotic‘ material to become ‚symbolic‘ it must be stabilized, and this
involves repression of the flowing and rhythmic drives.“[14] Mit der ödi-
palen Phase, d.h. dem Eintritt des Vaters und der ‚phallo(go)zentri-
schen‘ Macht der diskursiven Ordnung in das kindliche Leben, werden die semiotischen Primärprozesse in symbolische Sekundärstruk-
turen überführt und damit paralysiert. So wie also in bestimmten feministischen Vorstellungen *kulturgeschichtlich* eine der patriarchalen
Machtwelt vorausgehende, repressionsfreie matriarchale Urkultur
angenommen wird, so wird hier *lebensgeschichtlich* eine dem patriarchalen Machtdiskurs vorausgehende, repressionsfreie matriarchale
Urkommunikation angenommen.

   Der literaturtheoretisch entscheidende Punkt ist dabei nun, daß die
Sprache trotz aller Versuche ihrer Fixierung und diskursiven Kontrolle etwas von diesem semiotischen Fluß und psychosomatischen
Rhythmus bewahrt hat und daß die poetische Form der Sprachverwendung speziell geeignet ist, sich diesem Potential anzunähern und
es neu zu aktualisieren. Dies gilt nicht nur für weibliche, sondern auch
für männliche Autoren, eben weil die Quelle der Literatur in einer
Sphäre *vor* der gesellschaftlichen Geschlechterdifferenzierung angesetzt wird. Besonders hat Kristeva hier Autoren der literarischen
Avantgarde im Auge, da diese gezielt die vorgegebenen Ordnungs-
muster von Sprache und logozentrischer Realitätswahrnehmung aufbrechen und verflüssigen. „The avantgarde poet, man or woman, ent-
ers the Body-of-the-Mother and resists the Name-of-the-Father. Mal-
larmé, for example, by subverting the laws of syntax, subverts the

---

[14] Selden, *op. cit.*: 144.

Law of the Father, and identifies with the mother through his recovery of the ‚maternal' semiotic flux".[15]

Dies ist nun zweifellos ein recht spekulativer Theorieentwurf, der gleichwohl im anglo-amerikanischen Feminismus auf relativ große Resonanz gestoßen ist. Nietzsches Idee des Dionysischen, das dem illusionären Individualismus einer rational dominierten Zivilisation als vorindividuelle, matriarchalisch bestimmte Welt triebnaher, mythographischer Existenz entgegengesetzt und als Quelle poetisch-philosophischer Selbsterneuerung aufgefaßt wird, ist hier wie bei anderen Poststrukturalisten wirksam. Darüber hinaus sind Spuren des Russischen Formalismus und seiner Idee der ‚Desautomatisierung' sprachlicher Kommunikation in poetischer Sprache unübersehbar, ebenso der bedeutungsverweigernden und dezentrierenden ‚Urschrift' Derridas und Lacans semiologischer Umdeutung der Psychoanalyse. Auf hoher Abstraktionsstufe werden also hier recht unterschiedliche Ansätze in gewagten begrifflichen Verallgemeinerungen zu einer feministischen Globaltheorie verbunden. Abgesehen davon dürfte die Rückbindung weiblicher Emanzipationsutopien an präkulturelle und prärationale Kräfte kein unproblematischer Schritt sein angesichts eines konventionellen Frauenbildes, das solche Vorstellungen lange Zeit gerade zur Unterdrückung der Frau und zu ihrer Ausgrenzung aus dem Bezirk des Vernünftigen mißbrauchte. Man muß allerdings Kristeva zugutehalten, daß sie die Literatur nicht auf diesen bloß regressiven Aspekt verkürzt, sondern sie im *Spannungsfeld* zwischen symbolischer Ordnung und semiotischem Prozeß, zwischen Diskurs und Unbewußtem operieren sieht. Damit trifft sie, wie immer man ihren Theorie-Überbau beurteilt, zweifellos einen wichtigen Punkt in der Psychologie poetischer Kreativität, haben doch auch viele Autoren selbst immer wieder ein solches Spannungsverhältnis zwischen Bewußtem und Unbewußtem, kultureller Ordnung und primärem Lebensprozeß, Vaterherrschaft und weiblich eingefärbter Utopie der urprünglichen Lebenseinheit als bestimmend für ihr Schaffen betrachtet. Auf einer neuen Ebene wird hier die Vorstellung der *Androgynie* wieder aktuell, d.h. des männlich-weiblichen Doppelcharakters künstlerischer Imagination, die im Zusammenhang mit der Dichtungstheorie eine lange Geschichte hat und die im englischsprachigen Raum vor allem von Virginia Woolf vertreten wurde.[16]

---

[15] *Ibid.*

[16] Vgl. Irmgard Maassen, „Continuity of Romantic Paradigms in Virginia Woolf's Images of the Artist and of Nature", in *Studien zur englischen Ro-*

Die Bisexualität der Kunst wird jedoch, in den Augen von Hélène Cixous, bei Virginia Woolf durch ästhetische Formalisierung neutralisiert. Nach Cixous kommt es nicht darauf an, die Geschlechterdifferenzen auszulöschen, sondern sie im Schreiben potenzierend herauszubringen und damit die Vielgestaltigkeit weiblicher Sexualität in der Literatur wirksam werden zu lassen. Im Gegensatz zur körperlosen Ästhetik einer Virginia Woolf wird hier eine Erotisierung des Ästhetischen propagiert, wobei sich der *Körper* der Frau in der unendlichen Ausdifferenzierbarkeit seiner sinnlichen Selbstwahrnehmung und seiner besonderen Fähigkeit zur Aktivierung des Unbewußten *in die Texte einschreiben* soll.[17] Schreiben wird zum Akt der ekstatischen Selbstbefreiung der Frau aus den moralisch-intellektuellen Systemzwängen des phallozentrischen Diskurses. Die Mehrdeutigkeit literarischer Sprache wird hier nicht nur als ästhetisches Spiel gesehen, sondern als ,Lust am Text', als *jouissance*, in der die polysemische Aufladung des Textes bis zum Punkt der völligen – mit erotischen Konnotationen versehenen – Bedeutungsaufgabe getrieben wird.[18] Schreiben und Existenz, Denken und Körper, Theorie und Literatur sollen in dieser Annäherungsbewegung miteinander verschmolzen werden. Die poststrukturale Idee einer kreativen Revitalisierung der Literaturkritik durch ihre Annäherung an die Literatur erreicht hier einen Höhepunkt in der Utopie einer eigenen, authentischen weiblichen Sprache, wie sie von Cixous anvisiert wird. Der Anteil von *wish-fulfilling fantasies* an der literarischen Theoriebildung, der wohl in nicht zu unterschätzendem Ausmaß die Attraktivität poststrukturaler Ansätze generell befördert hat, wird hier so stark, daß die Theorie sich selbst auflöst und zur je subjektiven Fiktion und diskursiven Paraliteratur wird.

Gegenüber diesen Ansätzen gibt es durchaus auch innerhalb des Feminismus starke Vorbehalte. So lehnt Showalter sie ab, da sie erneut auf von Männern entwickelten Theorien aufbauen (Freud, Lacan, Barthes, Foucault) und somit hinter der Forderung nach einer eigenständigen Formulierung spezifisch weiblicher Erfahrung zurückbleiben. Dezidiert hingegen wird die Einbeziehung poststrukturaler Ideen in die feministische Literaturkritik in Amerika etwa von Elizabeth A. Meese befürwortet. Sie sieht in ihnen nicht nur die Überwin-

---

mantik. *Papers Delivered at the Eichstätt Symposium*, Hrsg. Günter Blaicher und Michael Gassenmeier (Essen, 1991).

[17] Hélène Cixous, „The laugh of the Medusa", *Signs* 1 (1976): 875-93.

[18] Vgl. Selden, *op. cit.*: 145.

dung ontologischer und binärer Denkmuster, sondern die Möglichkeit einer Aufdeckung der Machtinteressen angelegt, die sich hinter den Schulen und Praktiken der herrschenden, männlich dominierten ‚Interpretationsgemeinschaft' (Stanley Fish) verbergen.[19] In England hat Toril Moi mit ihrem Buch *Sexual/Textual Politics* unter stärker sozialistischen Vorzeichen die Rezeption der französischen Theoretikerinnen angemahnt. Ihr Überblick über den Stand der feministischen Literaturtheorie im anglo-amerikanischen Raum stellt gleichzeitig eine neue Richtungsbestimmung dar, die sowohl auf ein geschärftes Theoriebewußtsein zielt, als auch insbesondere den Bezug der Theorie der Texte zur *Praxis* der intellektuellen und gesellschaftlichen Existenz der Frau ins Auge faßt.[20]

Differenzierung und Pluralisierung der Standpunkte sind so auch innerhalb der feministischen Literaturkritik die Kennzeichen der gegenwärtigen Situation. Und es scheint, daß eben aufgrund dieser Entwicklung die Themen, Ansätze und Ergebnisse feministischer Diskussionen überzeugender und daher effektiver als in früheren, dogmatischer bestimmten Phasen auf den allgemeineren Diskurs der Literaturwissenschaft einwirken können.

---

[19] Elizabeth A. Meese, „Sexual Politics and Critical Judgment", *After Strange Texts: The Role of Theory in the Study of Literature*, eds. Gregory S. Jay und David L. Miller (Alabama, 1985): 86-100.

[20] Moi, *op. cit.*

In der neuen Betonung des Praxisbezugs der Texte, in ihrer Dechiffrierung als nicht nur Zeichen-, sondern auch Machtphänomenen manifestiert sich eine allgemeinere Gegenbewegung gegen die inhaltsferne Verselbständigung der Theoriereflexion, wie sie bei manchen Poststrukturalisten zu beobachten war, hin zu einer *Rekonkretisierung* der Handlungs- und Lebensbezüge des Denkens. Dies zeigt sich nicht zuletzt auch in der Rehabilitierung der geschichtlichen Dimension, die unter dem Stichwort des New Historicism in den vergangenen Jahren zu einer mittlerweile vielbeachteten neuen Strömung der anglo-amerikanischen Literaturkritik geführt hat und mit deren Charakterisierung ich meinen Überblick abschließen möchte.

Zunächst einmal ist festzuhalten, daß dieser New Historicism in vielem auf poststrukturalen Denkansätzen aufbaut. Die Rückkehr zur Geschichte findet unter den Vorzeichen der vorausgehenden Theoriephase statt. Hierbei spielt insbesondere der Begriff der Textualität eine wichtige Rolle. Die ‚alte' Literaturgeschichtsschreibung war, auch wo sie sozialkritisch ausgerichtet war, von einem ontologischen Grundunterschied zwischen sprachlichem Text und historischer Wirklichkeit ausgegangen. Dabei kam der soziohistorischen Realität der Status einer textunabhängigen primären Gegebenheit zu, die in der Sekundärwelt der Texte nur interpretiert, reflektiert u.a. wurde. Dies ändert sich im New Historicism dahingehend, daß der Wirklichkeitsbegriff textualisiert wird. Der Gegensatz und die hierarchische Unterordnung von Realität vs. Text wird hinfällig. Stattdessen stellt sich die geschichtliche Realität selbst als Feld einer vielfältigen Wechselbeziehung und Vernetzung von Texten dar, in denen die Selbstinterpretation und -konstitution einer Kultur stattfindet. Die Texte sind nicht mehr Abbilder einer vorgegebenen Wirklichkeit, sondern Teil einer sozialen Praxis, die sich in den Akten ihrer Selbstauslegung erst immer wieder herstellt. Statt Orte losgelöster Bedeutungsstiftung darzustellen, sind die Texte eingebunden in einen materiellen Gesamtzusammenhang kultureller Selbstartikulation, in dem stets auch konkrete *Machtinteressen* wirksam sind. Dies trifft auch für literarische Texte zu, und so gilt ein besonderes Interesse des New Historicism der Beziehung zwischen literarischer Darstellung und politischer Macht. Er widmet sich insbesondere der Frage, wie die Literatur selbst zum sprachlich verdichteten Inszenierungsfeld für charakteristische Muster und Motive der politischen Machtstrukturen ihrer Zeit wird. Und zwar stellt er diese Frage unter der Annahme, daß Literatur Teil des größeren diskursiven Kräftefeldes einer Kultur ist, von dem sie beeinflußt wird, auf das sie aber auch ihrerseits aktiv Einfluß nimmt.

Gegenüber der früheren Literaturgeschichtsschreibung sind damit verschiedene Konsequenzen verbunden, und zwar einmal vom Begriff der Geschichte her, und zum anderen vom Begriff der Literatur her. Was die Geschichte anbelangt, so wird sie im Zug ihrer Textualisierung von der Vorstellung befreit, sie bilde eine objektiv gegebene und in Begriffen erfaßbare ‚Totalität‘ – wie dies noch im Neomarxismus angenommen wurde. Ineins damit wird die Annahme verworfen, es gebe bestimmte Inhalte wie ‚gesellschaftliche Macht‘ gewissermassen an sich und ohne Rücksicht auf ihren Ausdruck in den symbolischen Formen der Kultur. Gesellschaftliche Macht tritt vielmehr stets *nur im Zusammenhang mit den Formen ihrer Darstellung* auf, ja sie wird nicht zuletzt durch diese erst immer neu konstituiert.[1] Darüber hinaus wird das bisher zentral gesehene Prinzip der *Kausalität* suspendiert und durch die Vorstellung einer *Vernetzung von Texten* ersetzt. Geschichte ist in dieser Sicht nicht mehr durch einfache Ursache-Wirkungs-Beziehungen bestimmt, die ein ursächliches zeitliches Nacheinander und eine daraus ableitbare lineare Ereignislogik postulieren lassen. Sie wird als ein auch simultan zu betrachtendes Geflecht nebeneinander wirkender und in vielfältigen Wechselbeziehungen befindlicher Texte gesehen, die als Kristallisationspunkte sozialer Energien aufgefaßt werden. Mit der Kausalität und logischen Transparenz der geschichtlichen Ereignisse wird gleichzeitig auch deren umstandslose konzeptuelle Zugänglichkeit und Verstehbarkeit infragegestellt: Geschichte als dezentriertes intertextuelles Geschehen entzieht sich den Kriterien einer kohärenten Erklärung, der Annahme einer bruchlosen Kontinuität und Teleologie ihres Verlaufs. Sie wird fluide, fragmentarisch und diskontinuierlich. Diese Betonung der Kontingenz der Geschichte hat auch einen politischen Sinn: sie soll manipulierenden Globaldeutungen entgegenwirken, wie sie etwa Hayden White an der Geschichtsschreibung des 19. Jahrhunderts aufgedeckt hat.[2] Die Aufmerksamkeit verlagert sich auf das in bisherigen Betrach-

---

[1] Vgl. etwa Stephen Greenblatt, ed., *The Forms of Power and the Power of Forms in the English Renaissance* (Oklahoma, 1982).

[2] White, *Metahistory*.

tungsweisen Vernachlässigte, das Unterdrückte, an den Rand Ge-
drängte, auf das, was nicht in verfestigten begrifflichen Verallgemeinerungen aufgeht.[3] Der New Historicism ist von Skepsis gegenüber
jeder Art von *master discourse* durchdrungen, der allzu vorschnell
vereinheitlicht, zusammenfaßt und hierarchisiert. Er kann daher
auch als mikrohistorische Betrachtungsweise bezeichnet werden, die
sich den makrohistorischen Entwürfen traditioneller Geschichtsschreibung in bewußter Abstraktionsenthaltung entgegensetzt.

Was speziell den Begriff der Literatur anbelangt, so wird der Einzeltext, wie gesagt, aus seiner ästhetischen Isolation genommen und
auf das sozialgeschichtliche Spannungsfeld seiner Zeit geöffnet. Der
Text wird nicht mehr allein als Produkt eines individuellen Schöpfer-
subjekts gesehen, das die ins Spiel gebrachten kulturellen Energien in
der Abgeschlossenheit des Werks zu binden und allgemeingültig zu fi-
xieren vermag. Er wird stattdessen selbst als Ausdrucksfeld dieser
ihrer Natur nach *kollektiven* kulturellen Energien gesehen, die ihn
erst ermöglichen und ihm seine Wirkungskraft auf ihr Publikum verleihen. Damit gilt die Aufmerksamkeit einer neohistorisch revidier-
ten Literaturkritik nicht mehr der möglichst ‚vollständigen‘ Interpretation des Textes selbst. Sie gilt vielmehr seinen Naht- und Über-
gangsstellen zu anderen, nichtliterarischen Ausdrucksformen der so-
ziogeschichtlichen Welt, der er angehört. In diesem Sinn behandelt
beispielsweise Stephen Greenblatt, der wohl profilierteste Vertreter
des New Historicism, Shakespeares Werke nicht als für sich bestehende, unter der Kontrolle des Autors stehende Sinneinheiten, sondern
im Spannungsfeld der „half-hidden cultural transactions through
which great works of art are empowered." Er untersucht, wie er im
Untertitel eines Buches sagt, „the circulation of social energy in Renaissance England", und Shakespeares Dramen werden nur als eine,
wenn auch eine besonders intensive Manifestation dieser sozialen
Energieströme ihrer Zeit betrachtet.[4]

Wie sieht nun das Verfahren der New Historicists näher aus? Es
muß zunächst festgehalten werden, daß es auch hier nicht nur eine,

---

[3] Vgl. Jonathan Dollimore und Alan Sinfield, „History and Ideology: the in-
     stance of *Henry V*", in *Alternative Shakespeares*, 206-27: „One concern of
     materialist criticism is with the history of [...] resistance, with the attempt to
     recover the voices and cultures of the repressed and marginalized in history
     and writing."(214).

[4] Stephen Greenblatt, *Shakespearean Negotiations. The Circulation of Social
     Energy in Renaissance England* (Oxford, 1988).

sondern verschiedene Ausprägungen gibt.[5] Gleichwohl kann Stephen
Greenblatts Vorgehen als exemplarisch genommen werden, denn
von seinen Forschungen in Berkeley und der von ihm gegründeten
Zeitschrift *Representation* ging der entscheidende Anstoß aus.[6]
Greenblatts Interesse gilt, wie das der meisten Neohistoriker, Shakespeare und der Zeit der englischen Renaissance. Gegenüber dem Interesse der Dekonstruktion vor allem an lyrischen und philosophischen Texten spiegelt sich hierin der Wandel im Literaturkonzept von
der Reflexion zur Praxis, von epistemologischen zu sozialen Fragestellungen, wie denn auch Drama und Theater wohl zweifellos diejenigen literarischen Institutionen mit den stärksten gesellschaftlichen
Rückkopplungen sind. Greenblatt ist von Haus aus Literaturkritiker,
ist aber deutlich einerseits von Michel Foucaults historischer Diskursanalyse[7], andererseits von der neueren amerikanischen Kulturan-
thropologie eines Clifford Geertz beeinflußt.[8] Zur Erläuterung seines
Vorgehens kann hier die Interpretation von Shakespeares *Othello*

---

[5] Vgl. dazu etwa Jean Howard, „The New Historicism in Renaissance Studies", *English Language Review* 16 (1986): 13-43; Carolyn Porter, „Are We
Being Historical Yet?", *The South Atlantic Quarterly* 87.4 (1988): 743-86.

[6] Vgl. v. a. Stephen Greenblatt, *Renaissance Self-Fashioning. From More to
Shakespeare* (Chicago, 1980).

[7] Vgl. dazu Clemens Kammler, „Historische Diskursanalyse (Michel Foucault)", in *Neue Literaturtheorien. Eine Einführung*, Hrsg. Klaus-Michael
Bogdal (Opladen, 1990): 31-55.- Der Begriff des *Diskurses*, der die neuere
Literaturkritik geradezu überflutet hat, ist allerdings in seiner Bedeutung
keineswegs klar. Foucault selbst vermeidet eine Definition, da er keinen
neuen, totalisierenden Begriff einführen, sondern gerade das nicht Eingrenzbare, das Diskontinuierliche und Fragmentarische an der Praxis kultureller Sprachverwendung betont. Der so verstandene Diskursbegriff ist nicht
in einem einzelnen Subjekt oder Text zentriert. Er bezeichnet einen größeren, dem Subjekt und Einzeltext vorgängigen kulturellen Aussagezusam-
menhang, in dem sich der Austausch charakteristischer Schreib- und Denk-
haltungen einer Zeit und Kultur vollzieht. Diskurs wird verstanden als „eine
Menge von Aussagen, die einem gleichen Formationssystem zugehören"
(Kammler, 38). Und der Sinn solcher Aussagen wird nicht in irgendeiner
‚tieferen' Bedeutung gesehen, sondern in ihrer vielfältigen Beziehung und
Vernetzung mit anderen Aussagen, die gleichzeitig stets mit einer je spezifischen sozialen Praxis zusammengedacht werden müssen. Und hieran knüpft
Greenblatt deutlich an.

[8] Vgl. Clifford Geertz, *The Interpretation of Cultures: Selected Essays* (New
York, 1973); ders., *Local Knowledge. Further Essays in Interpretive Anthropology* (New York, 1983).

dienen, die er in einem Kapitel seines wegweisenden Buchs *Renais-sance Self-Fashioning* vorgelegt hat.[9]

Greenblatt beginnt charakteristischerweise mit Beobachtungen über Sachverhalte, die mit Shakespeares Text scheinbar nichts zu tun haben. Er setzt sich auseinander mit der These des Soziologen Daniel Lerner über die Renaissance, nach der die spezifische Errungen-schaft, die sich beim Menschen in der westlichen Gesellschaft im Vergleich zum Menschen in anderen, traditionalen Gesellschaften herausgebildet habe, die Fähigkeit der *Empathie* sei, des Sichhinein-versetzens in den Standpunkt und die Perspektive eines anderen.[10] Diese Fähigkeit sei durch die physische Mobilität im Zeitalter der Entdeckungen entstanden und habe den Prozeß der Modernisierung im Sinn flexibler Selbstanpassung an eine stets neue Umwelt beglei-tet. Greenblatt greift nun diesen positiv gefaßten Begriff des Soziolo-gen auf und kehrt ihn in seiner Bedeutung um. Die in der Renaissance entstandene westliche Haltung der Empathie, so Greenblatt, zielt nicht auf wirkliches Verstehen, sondern folgt einem Machtinteresse, das das Selbstverständnis des anderen für die eigenen Zwecke mani-pulierbar macht. Und von hier kommt die zunächst überraschende Wendung zu *Othello*: „[...] what Professor Lerner calls ‚empathy‘, Shakespeare calls ‚Iago‘".[11] Iago wird zum literarischen Modellfall einer allgemeineren kulturtypischen Haltung, die in der Renaissance entstand, die aber bis heute wirksam geblieben ist und deren Bewer-tung Greenblatt in deutlich politischer Absicht kritisch revidiert. Iago wird also hier von vornherein nicht als handelndes Individuum, son-dern als fiktionales Konzentrat kollektiver kultureller Energien gese-hen – wobei Greenblatt ‚Energie‘ im antiken Sinn als *rhetorische* Kraft definiert.[12]

Aber Greenblatt geht noch weitere vermeintliche Umwege, bis er zur Diskussion von Shakespeares Drama kommt. Seine Arbeit ähnelt der des Ethnographen, der von den scheinbaren Randphänomenen der Renaissancekultur zu deren zentralen Ausprägungen vorstößt und dabei zeigt, daß dieses ‚Zentrum‘ erst durch den Bezug zu seinen Rändern verständlich wird. Er zitiert einen Bericht von Peter Martyr über die Spanier in Hispaniola aus dem Jahr 1525. Angesichts der ra-

---

[9] *Renaissance Self-Fashioning*, chapter VI: „The Improvisation of Power": 222-54.

[10] Greenblatt, *op. cit.*: 224ff.

[11] Greenblatt, *op. cit.*: 225.

[12] Greenblatt, *Shakespearean Negotiations*: 6.

piden Dezimierung der einheimischen Bevölkerung fuhren die Spanier auf der Suche nach neuen Arbeitskräften zu benachbarten Inseln
und trafen auf den Bahamas auf Eingeborene, deren religiöse Imagination so mit der Ankunft der Weißen zusammenpaßte, daß diese sie
für ihre Zwecke umdeuten und ausnutzen konnten. Die Eingebore-
nen folgten ihnen auf die Schiffe, doch als sie statt zur erhofften para-
diesischen Existenz zur Arbeit in den Goldminen von Hispaniola gebracht wurden, begingen sie Massenselbstmord. Greenblatt sieht hierin ein – freilich fehlgeschlagenes – Beispiel für die Machtintentionen,
die die Fähigkeit zur ‚Empathie' und zur je situationsspezifischen *Improvisation* der Selbst- und Fremddeutung begleiten, wie sie die europäische gegenüber anderen Kulturen kennzeichne. „What is essential
is the Europeans' ability again and again to insinuate themselves into
the preexisting political, religious, even psychic structures of the nati-
ves and to turn those structures to their advantage".[13] Dies impliziert
die Auflösung einer festen Identität und die Bereitschaft zum Rollenspiel gegenüber dem anderen, die dessen Selbstverständnis in eine
manipulierbare Fiktion verwandelt – eben wie es Iago gegenüber
Othello, dem Schwarzen und Vertreter einer ‚fremden' Kulturwelt,
so meisterhaft tut. Doch ehe Greenblatt tatsächlich auf Shakespeare
eingeht, zeigt er, daß dieser Mechanismus auch innerhalb der elisabethanischen Kultur selbst Geltung hat: etwa in der Art, in der sich die
Anglikanische Kirche und die Königin als ihr Oberhaupt der religiösen Symbolik des Katholizismus bedienten, um damit den eigenen
Machtanspruch zu unterstreichen; oder in der rhetorischen Erziehung der elisabethanischen Führungsschicht, die die Fähigkeit zu per-
fektionieren hatte, gegensätzliche Standpunkte mit der gleichen
Überzeugungskraft zu vertreten – eine Fähigkeit, die unmittelbar mit
dem Zugang zu juristischer und politischer Macht zusammenhing.[14]
Über diese scheinbar heterogenen Zwischenstufen nähert sich
Greenblatt Shakespeares Drama an, das damit bereits durch den me-
thodischen Zugang dezentriert und in ein allgemeineres historisches
Kräftespiel eingebunden wird.

Othello ist für Greenblatt die paradigmatische Inszenierung dieser
zeittypischen Denk- und Verhaltensstruktur, die sich in der Figur Iagos konkretisiert. Greenblatt stellt dabei zunächst den improvisatori-
schen Charakter von Iagos Intrigen heraus, d.h. die ständige Umän-
derung und Situationsanpassung seiner Pläne und Interpretationsmu-

---

[13] Greenblatt, *Renaissance Self-Fashioning*: 227.

[14] Greenblatt, *op. cit.*: 229ff.

ster im Sinn des übergreifenden Machtinteresses der Manipulation der anderen. Das Gelingen dieser Manipulation hängt aber nun unmittelbar zusammen mit einer ständigen *Fiktionalisierung* der Selbst- und Beziehungbilder der Figuren, an der Iago bewußt mitwirkt, die aber auch die anderen Charaktere – freilich unbewußt – permanent betreiben. Othello, aber auch Cassio oder Desdemona definieren ihre Identität im Modus von *Erzählungen*, in der Form eines *narrative self-fashioning*. Sie entwerfen ihre Charaktere und Lebensrollen nach Maßgabe des kulturellen Erwartungshorizonts, den sie verinnerlicht haben. So beruht Othellos erfolgreiches Werben um Desdemona auf der ‚Magie‘ der abenteuerlichen Lebensgeschichte, die er ihr – und ihrem Vater – immer wieder von sich erzählt hat, d.h. ihre Ehe basiert auf einer wechselseitigen Fiktionalisierung ihrer Identität, die das Entstehen einer authentischen Beziehung von vornherein unmöglich macht.[15] Während aber Othello und Desdemona im Glauben an diese fiktionalen Selbstkonzepte gefangen sind, spielt Iago deren undurchschaute Implikationen für sich aus, indem er sich ‚in sie hineinversetzt‘ und für seine Zwecke umdeutet. Er hat das *Renaissance self-fashioning*, das identitätslose Rollenspiel, das mit der empathetischen Usurpation fremder Lebensdeutungen einhergeht, zu seinem Prinzip gemacht, auf dem der Prozeß des Dramas aufbaut.

Greenblatt pointiert nun seine Deutung in der zentralen Frage, warum Othello bis zum Punkt einer halb absichtlich anmutenden Blindheit Iagos fiktivem Ehebruchvorwurf gegen Desdemona folgt. Und hier wird erneut die neohistorische Zugangsweise deutlich: Greenblatt zeigt an verschiedenen kulturellen Dokumenten der Epoche, daß das Christentum eine extrem negative Einstellung zur Sexualität vertreten hatte, die in die Renaissancezeit hinein eine generelle Lustfeindlichkeit, auch innerhalb der Ehe selbst, propagierte. Eine der bloßen Leidenschaft folgende, rein auf Lustbefriedigung gerichtete Sexualität war auch innerhalb der Ehe verwerflich, ja sie war, und das stellt Greenblatt heraus, an Sündhaftigkeit dem Ehebruch gleichzusetzen. Othello ist nun als Schwarzer, trotz seines Erfolgs in der weißen Gesellschaft, gleichzeitig stets ein Außenseiter von prekärem Selbstbewußtsein, weshalb er sich umso stärker mit den Normen der christlichen Kultur identifiziert. Mit dieser Identifikation, so Greenblatt, übernimmt er unbewußt auch die Ablehnung der Sexualität in der offiziellen christlichen Ideologie in seine Beziehung zu Desdemona. Und seine Anfälligkeit für Iagos Vorwurf und die Katastrophe,

---

[15] Vgl. Shakespeare, *Othello*, I, 3, 128ff.

auf die seine Ehe dadurch zusteuert, liegen paradoxerweise gerade
daran, daß Desdemona sich so bereitwillig allen Wünschen Othellos
unterwirft. In dieser völligen, auch erotischen Hingabebereitschaft
Desdemonas muß Othello nämlich seine Frau und sich selbst potentiell in eine Sündhaftigkeit verstrickt sehen, in einen ‚Ehebruch' innerhalb der Ehe, die er aus seinem ohnehin gefährdeten kulturellen
Selbstbewußtsein heraus als zutiefst problematisch empfinden muß.
Er projiziert das Problem nach außen, und die Fiktion des Ehebruchs
Desdemonas mit Cassio befreit ihn – allerdings nur oberflächlich –
von dem kulturellen Schuldkomplex, in dem er sich von Anfang an
befindet.

Soviel zur kurzen Illustration von Greenblatts Ansatz, die zeigen
dürfte, daß der neohistorische Zugang den literarischen Texten neue
Aspekte abgewinnen kann, indem er sie auf größere historisch-soziale Zusammenhänge bezieht. Ebenso wird klar, daß hier die Auseinandersetzung mit Shakespeare und der Renaissancekultur zugleich
eine Auseinandersetzung mit den Grundvoraussetzungen darstellt,
auf denen unsere ‚moderne' westliche Kultur aufbaut. Literaturkritik
wird zum Medium der kritischen Selbstreflexion unserer Kultur und
ihrer Geschichte, und sie gewinnt von daher durchaus Aktualität auch
für unsere gegenwärtige Lebenssituation. Denn das *Renaissance self-
fashioning* ist dem Modus moderner Selbstkonstitution verwandt, die
nicht mehr auf einer fixen Identität aufbauen kann, sondern auf die
Fähigkeit zur Integration einer Vielzahl verschiedener sozialer Rol-
len, d.h. auf psychische und intellektuelle Flexibilität angewiesen ist.
Dies schließt in verstärktem Ausmaß das Sichhineinversetzen in andere Standpunkte und Perspektiven voraus, also jene Fähigkeit der
Empathie, die bei Iago zum puren Machtmittel pervertiert ist und die
zweifellos auch in der europäischen Kolonialgeschichte massiv in
ihren destruktiven Möglichkeiten eingesetzt wurde. Durch solchen
Mißbrauch ist aber diese Fähigkeit nicht von vornherein *als solche*
diskreditiert. Vielmehr ist sie im Kontext einer zunehmend multikul-
turellen Welt unabdingbar notwendig – allerdings gerade nicht im
Sinn der usurpierenden Aneignung, wie sie Shakespeares Iago betreibt. Die ‚Macht des guten Willens'(Gadamer) im Akt des kulturellen Fremdverstehens darf nicht pauschal auf einen blanken ‚Willen
zur Macht' über den anderen zurückgeführt werden, weil sonst der
Maßstab wegfällt, durch den die *Kritik* des Mißbrauchs humanistischer Konzepte wie der Empathie überhaupt erst möglich wird.

Es zeigen sich hier deutliche Widersprüche in Greenblatts Position,
aber auch bei anderen Neohistoristen, die noch radikaler und eindeu-

tiger mit der Geschichte des westlichen Humanismus abrechnen. Der erste Widerspruch betrifft, wie eben gesagt, die in verschiedensten Varianten wiederkehrende Fundamentalkritik der ‚humanistischen Ideologie‘, die selbst erst unter der Voraussetzung impliziter humanistischer Wertvorgaben (Freiheit, Sympathie mit Unterdrückten, repressionsfreier Umgang zwischen den Menschen u.a.) möglich wird. Dieser moralische Selbstwiderspruch gilt für jede Kulturkritik, in der das Bedürfnis nach eindeutigen – positiven oder negativen – Standpunkten dergestalt auf die Theoriebildung durchschlägt, daß deren eigene fundierende Bedingungen aus den Augen verloren werden. Ein weiterer Widerspruch ist epistemologischer Natur. Er besteht darin, daß der New Historicism – wie der Poststrukturalismus – sich abstrakter Generalisierungen, zentrierenden Denkens u.a. enthalten will, gleichzeitig aber dieses unter der Hand teilweise umso spekulativer betreibt. Greenblatts These des *Renaissance self-fashioning* ist ein Beispiel für eine solche Verallgemeinerung, die aus einem breiten und erst durch begriffliche Abstraktion erkenntnismäßig zugänglichen historischen Textmaterial entstanden ist. Die These hat zwar durchaus eine gewisse Plausibilität. Aber sie bleibt von eben der Tätigkeit der zusammenfassenden, vereinheitlichenden Begriffsbildung abhängig, die der New Historicism zugunsten eines dezentrierenden Zur-Sprache-kommen-Lassens des intertextuellen Kraftfelds der Geschichte selbst suspendieren will.

Ein dritter Widerspruch betrifft den Begriff und Status der *Literatur* gegenüber den geschichtlichen Kräften, denen sie ausgesetzt ist. Die Privilegierung des literarischen Texts soll aufgegeben werden, und doch nimmt Greenblatt, wie andere Neohistoriker, die Werke Shakespeares als zentrale Demonstrationsbeispiele für seine Argumente. Besondere Intensität, Komplexität, kulturelle Repräsentativität u.a. scheinen also uneingestanden diesen Werken doch immer wieder zugeschrieben zu werden. Im Zusammenhang damit stellt sich hier wie bei allen neueren kritisch-kulturgeschichtlichen Ansätzen die Frage, ob Literatur nur als ideologische Verdichtung zeittypischer Denk- und Wertmuster, d.h. als ästhetische Fortschreibung bestehender kultureller Praxis und Machtverhältnisse zu sehen ist, oder ob ihr eine Sonderstellung insofern zukommt, als sie die Bedingungen dieser Praxis und dieser Machtverhältnisse transparent macht, indem sie sie im Zustand der Krise und des Konflikts vorführt und damit kritisch die Geltungsschwächen der herrschenden Deutungsmuster ihrer Kultur aufdeckt.

Greenblatts Haltung hierzu ist ambivalent. Auf der einen Seite

sieht er, um beim Fall von *Othello* zu bleiben, eine starke Affinität
zwischen dem Autor Shakespeare und Iago, dessen empathetische
Virtuosität das Stück als dramatische Komposition trage. Shakespeare konnte das *Renaissance self-fashioning* so brillant in Szene setzen,
weil er selbst als Autor, Schauspieler und Theaterbesitzer eine öffent-
liche Rolle spielte, die ihn zum etablierten Mitglied der elisabethanischen Welt und zum Agenten ihrer Selbstdarstellung machte. Andererseits scheint Greenblatt aber auch eine ästhetische Distanzierung
und subversive Funktion der Literatur anzunehmen, da die Dramatik
Shakespeares illusionslos die Mechanismen und Widersprüche der
kulturellen Strukturkräfte bloßlegt, die sie zum Ausdruck bringt. Die
Fragen der besonderen Rolle der Literatur, der – relativen – Eigengesetzlichkeit ihres Mediums usw., sind also im New Historicism eher
ausgeklammert als beantwortet. Sie bleiben auch innerhalb einer be-
rechtigten historischen Kontextualisierung der Literatur aktuell. Immerhin ist hier daran zu erinnern, daß auch ein Michel Foucault, auf
dem viele der neuen Literarhistoriker aufbauen, in denjenigen Schriften, in denen er sich explizit mit der Literatur befaßt, diese als *Gegen-
diskurs* zu den herrschenden wissenschaftlichen und philosophischen
Diskursen versteht.[16]

Auch in der neuesten Literaturkritik Großbritanniens ist ein dem
amerikanischen New Historicism vergleichbares Interesse an der Ein-
bindung der Literatur in eine historisch verfahrende Kulturwissenschaft festzustellen, die unter der Bezeichnung *Cultural Materialism*
firmiert. Dieser durchleuchtet mit einer noch stärkeren sozial- und
ideologiekritischen Aggressivität als ein Stephen Greenblatt die Kul-
tur- und Literaturgeschichte der angelsächsischen Länder, deren Institutionen und Machtimplikationen.[17] Dabei verbinden sich poststrukturale, feministische oder neomarxistische Ansätze zu teilweise
anregend-provokativen, teilweise aber auch reduktiv-ideologisieren-
den Beiträgen. In der von Terence Hawkes herausgegebenen *New
Accents*-Reihe hat das allgemein und in explosiver Weise angewach-
sene Interesse an theoretischen Fragen der Literatur- und Kulturstudien in Großbritannien entscheidende Impulse und ein wichtiges Forum erhalten.[18]

---

[16] Vgl. Kammler, *op. cit.*: 41.

[17] Vgl. z. B. Jonathan Dollimore, *Radical Tragedy: Religion, Ideology and Power in the Drama of Shakespeare and His Contemporaries* (Brighton & Chicago, 1984).

[18] *New Accents*, ed. Terence Hawkes (London & New York: Routledge).

Die Diskussion ist in vollem Gang, und sie dürfte weiterhin interessante Ergebnisse erbringen. Dies ist insbesondere dann zu erwarten, wenn die theoretische Reflexion immer wieder in den Zusammenhang konkreter Anwendungspraxis zurückgebunden wird, und wenn darüber hinaus die *ästhetische Differenz* der Literatur nicht zugunsten pauschal operierender Kulturbegriffe eingeebnet wird. Angesichts einer Situation, in der, wie eingangs bereits gesagt, andere Disziplinen der Kulturwissenschaften sich verstärkt der Literatur als dem Paradigma eines konkreten und mehrdimensionalen Denkens zuwenden, wäre es verfehlt, wenn die Literaturkritik ihr ureigenstes Feld aufgeben und in den Gegenständen, Denkmodellen und Erkenntnisinteressen anderer Disziplinen aufgehen würde. Literatur darf nicht nur daraufhin befragt werden, inwiefern sie die Themen und Strukturen anderer Kulturbereiche teilt und von interdisziplinären Erkenntnismethoden her besser verstehbar ist. Sie muß auch umgekehrt und mit aller Energie daraufhin betrachtet werden, inwiefern sie selbst in einer eigenständigen, durch andere Disziplinen nicht zu ersetzenden Weise zur komplexen (Selbst-)Erkenntnis einer Kultur beiträgt. Die Geschichte der anglo-amerikanischen Literaturtheorie, wie sie hier skizziert wurde, hat, wie mir scheint, genügend Ansatzpunkte geliefert, um eine differenzierte Weiterverfolgung dieser Fragestellung zu ermöglichen.

BIBLIOGRAPHIE

Im folgenden wird eine Auswahlbibliographie wichtiger Werke zu den jeweiligen Theorien bzw. Autoren gegeben, die eine weiterführende Lektüre ermöglichen, ohne daß damit in irgendeiner Weise Vollständigkeit angestrebt ist.

Kap. 1-2. Literaturtheorie allgemein, Überblicksdarstellungen der anglo- amerikanischen Literaturtheorie, Einführungen u.a.

Adams, Hazard, ed., *Critical Theory since Plato* (New York, etc., 1971).
Ahrens, Rüdiger, Hrsg., *Englische literaturtheoretische Essays I, 17. und 18. Jahrhundert*, und *II: 19. und 20. Jahrhundert* (Heidelberg, 1975).
– und Erwin Wolff, Hrsg., *Englische und amerikanische Literaturtheorie. Studien zu ihrer historischen Entwicklung, Bd. I: Renaissance, Klassizismus und Romantik*, und *Bd. II: Viktorianische Zeit und 20. Jahrhundert* (Heidelberg, 1978 und 1979).
Bode, Christoph, *Ästhetik der Ambiguität. Zur Funktion und Bedeutung von Mehrdeutigkeit in der Literatur der Moderne* (Tübingen, 1988).
Bogdal, Klaus-Michael, Hrsg., *Neue Literaturtheorien. Eine Einführung* (Opladen, 1990).
Breuer, Rolf, *Literatur: Entwurf einer kommunikationsorientierten Theorie des sprachlichen Kunstwerks* (Heidelberg, 1984).
Broich, Ulrich und Manfred Pfister, Hrsg., *Intertextualität. Formen, Funktionen, anglistische Fallstudien* (Tübingen, 1985).
Brooks, Cleanth und William K. Wimsatt, *Literary Criticism: A Short History* (London, 1970).
Cohen, Ralph, ed., *The Future of Literary Theory* (New York & London, 1989).
Dutton, Richard, *An Introduction to Literary Criticism* (London, 1983).
Eagleton, Terry, *Literary Theory. An Introduction* (London, 1983).
Erzgräber, Willi, Hrsg., *Moderne englische und amerikanische Literaturkritik* (Darmstadt, 1970).
Frank, Armin Paul, *Einführung in die britische und amerikanische Literaturkritik und -theorie* (Darmstadt, 1983).
Hall, Vernon, *A Short History of Literary Criticism* (New York, 1963).
Hinderer, Walter und Joseph Strelka, Hrsg., *Moderne amerikanische Literaturtheorien* (Frankfurt, 1970).
Jefferson, Ann und David Robey, eds., *Modern Literary Theory. A Comparative Introduction* (London, 1982).

Newton, K. M., ed. und intr., *Twentieth Century Literary Theory* (New York, 1988).

Parks, E. W. und J. H. Smith, eds., *The Great Critics. An Anthology of Literary Criticism* (New York, 1951).

Pfeiffer, Karl-Ludwig, „Dimensionen der Literatur: Ein spekulativer Versuch", in *Materialität der Kommunikation*, Hrsg. Hans Ulrich Gumbrecht und K.- L. Pfeiffer (Frankfurt, 1988).

Schlaeger, Jürgen, Hrsg., *Kritik in der Krise. Theorie der Amerikanischen Literaturkritik*, übs. M. Smuda und S. Deitmer (München, 1986).

Selden, Raman, *A Reader's Guide to Contemporary Literary Theory* (Lexington, 1985).

Wellek, René, *A History of Modern Criticism: 1750-1950*, 4 vols. (London, 1955-66); dt. *Geschichte der Literaturkritik*, 4 Bde. (Berlin & New York, 1990).

– und Austin Warren, *Theory of Literature* (New York, 1949); dt. *Theorie der Literatur* (Berlin, 1969).

Kap. 3-5. Platon, Aristoteles, Horaz

Aristoteles, *Vom Himmel. Von der Seele. Von der Dichtkunst*, eingeleitet und neu übertragen von Olof Gigon (Zürich & München: Artemis, 1950, 1983²).

Atkins, J. W. H., *Literary Criticism in Antiquity*, 2 vols. (Cambridge, 1934).

Breuer, Rolf, *Tragische Handlungsstrukturen. Eine Theorie der Tragödie* (München, 1988).

Brink, C. O. *Horace on Poetry, II: The Ars Poetica* (Cambridge, 1971).

Cessi, Viviana, *Erkennen und Handeln in der Theorie des Tragischen bei Aristoteles* (Frankfurt, 1987).

Dalfen, J., *Polis und Poiesis. Die Auseinandersetzung mit der Dichtung bei Platon und seinen Zeitgenossen* (München, 1974).

Elias, J. A., *Plato's Defence of Poetry* (London, 1984).

Else, G. F., *Plato and Aristotle on Poetry* (Chapel Hill, 1986).

Fraenckel, Eduard, *Horace* (Oxford, 1957).

Fuhrmann, Manfred, *Einführung in die antike Dichtungstheorie* (Darmstadt, 1973).

Gilbert, Allan H., ed., *Literary Criticism. Plato to Dryden* (Detroit, 1962²).

Golden, Leon und O. B. Hardison, *Aristotle's Poetics. A Translation and Commentary for Students of Literature* (Englewood Cliffs, 1968).

Grube, G. M. A., *The Greek and Roman Critics* (Toronto, 1968).

Gulley, N., *Aristotle on the Purpose of Literature* (Cardiff, 1971).

Halliwell, S., *Aristotle's Poetics* (Chapel Hill, 1986).

Horaz, *De Arte Poetica, Das Buch von der Dichtkunst*, in *Sämtliche Werke*, lat. und dt. (Darmstadt, 1985¹⁰): 539-575.

Jaeger, Werner, *Paideia: The Ideals of Greek Culture*, 3 vols. (New York, 1939-44).

Kaufmann, Walter, *Tragödie und Philosophie* (Tübingen, 1980).

Kyrkos, B. A., *Die Dichtung als Wissensproblem bei Aristoteles* (Athen, 1972).

Kytzler, Bernhard, *Horaz. Eine Einführung* (München, 1985).

Melchinger, Siegfried, *Die Welt als Tragödie*, 2 Bde. (München, 1979, 1980).

Moravcsik, J. und Temko, P. (eds.), *Plato on Beauty, Wisdom, and the Arts* (Totowa, N.J., 1982).

Neschke, Ada B., *Die Poetik des Aristoteles. Textstruktur und Textbedeutung, Bd. I: Interpretationen, Bd. II: Analysen* (Frankfurt, 1980).

Nugel, Bernfried, *New English Horace. Die Übersetzungen der ‚Ars Poetica‘ in der Restaurationszeit* (Frankfurt, 1971).

Oates, W. J., *Plato's View of Art* (New York, 1972).

Olson, Elder, ed., *Aristotle's Poetics and English Literature: A Collection of Critical Essays* (Chicago, 1965).

Oppermann, Hans, Hrsg., *Wege zu Horaz* (Darmstadt, 1980).

Papajewski, Helmut, „Die Bedeutung der ‚Ars Poetica‘ für den englischen Neoklassizismus", in *Englische Literaturtheorie von Sidney bis Johnson*, Hrsg. Bernfried Nugel (Darmstadt, 1984): 246-78.

Partee, M. H., *Plato's Poetics. The Authority of Beauty* (Salt Lake City, 1981).

Platon, *Sämtliche Dialoge*, 7 Bde., Hrsg. Otto Apelt (Nachdruck Hamburg: Felix Meiner, 1988).

Popper, Karl, *The Open Society and Its Enemies. Vol. I: Plato* (London, 1945).

Saintonge, P. F., et. al., *Horace: Three Phases of His Influence* (Baltimore, 1963).

Sander, Volkmar, ed., *Tragik und Tragödie* (Darmstadt, 1971).

Schmaltzried, E., *Platon. Der Schriftsteller und die Wahrheit* (München, 1969).

Volkmann-Schluck, K. H., *Von der Wahrheit der Dichtung. Interpretationen* (Würzburg, 1984).

Wagner, Hans, *Ästhetik der Tragödie von Aristoteles bis Schiller* (Würzburg, 1987).

Wimsatt, W. K. und Cleanth Brooks, *Classical Criticism. A Short History* (London, 1957, 1970[2]).

Zimbrich, U., *Mimesis bei Platon. Untersuchungen zu Wortgebrauch, Theorie der dichterischen Darstellung und zur dialogischen Gestaltung bis zur Politeia* (Frankfurt, 1984).

Kap. 6. Vom Mittelalter zur Renaissance

Atkins, W. H., *English Literary Criticism, vol. I, The Medieval Phase* (Cambridge, 1943).

Baldwin, Charles S., *Renaissance Literary Theory and Practice* (New York, 1939).

Castelvetro, Lodovico, *The ‚Poetics‘ of Aristotle Translated and Explained*, in *Critical Theory since Plato*: 145-53.

Glunz, Hans H., *Literarästhetik des europäischen Mittelalters* (Frankfurt, 1963[2]).

Bibliographie

Hall, *Short History of Literary Criticism*: 31-51.

Haug, Walter, *Literaturtheorie im deutschen Mittelalter von den Anfängen bis zum Ende des 13. Jahrhunderts* (Darmstadt, 1985).

Patrides, Constantinos, *Premises and Motifs in Renaissance Thought and Literature* (Princeton, 1982).

Minnis, A. J. und A. B. Scott, eds., *Medieval Literary Theory and Criticism, c. 1100 – c. 1375* (Oxford, 1988).

Scaliger, Julius Caesar, *Poetics*, in *Critical Theory since Plato*: 137-43.

Springarn, Joel, *A History of Literary Criticism in the Renaissance* (New York, 1899).

Wimsatt and Brooks, *Classical Criticism*: 155-73.

Kap. 7. Sir Philip Sidney

Ahrens, Rüdiger, „Literatur und das System der Wissenschaften in der Literaturtheorie der Renaissance", in *Englische und amerikanische Literaturtheorie: Studien zu ihrer historischen Entwicklung I: Renaissance, Klassizismus, Romantik*, Hrsg. Ahrens und Wolff: 121-48.

Bergvall, Ake, *The „Enabling Judgment": Sir Philip Sidney and the Education of the Reader* (Uppsala, 1989).

Böhler, Reinhard, *Die Funktion der Dichtung in der Theorie Philip Sidneys* (Erlangen, 1971).

Hamilton, A. C., *Sir Philip Sidney. A Study of His Life and Works* (Cambridge, 1977).

Kay, Dennis, ed., *Sir Philip Sidney. An Anthology of Modern Criticism* (Oxford, 1987).

Kohl, Norbert, „Zur Rezeption der Antike in Sir Philip Sidneys *Defence of Poesie*", *Literaturwissenschaftliches Jahrbuch* 21 (1980): 39-56.

Leimberg, Inge, „Die Dichtungstheorie der englischen Renaissance unter dem Gesichtspunkt von Kunst und Natur", in *Englische und amerikanische Literaturtheorie I*, Hrsg. Ahrens und Wolff: 94-120.

Nugel, Hrsg., *Englische Literaturtheorie von Sidney bis Johnson.*

Sidney, Sir Philip, *An Apology for Poetry*, in *Critical Theory since Plato*: 155-77.

Uhlig, Claus, „Sidneys *Defence of Poesie* und die Poetik der Renaissance", in *Englische und amerikanische Literaturtheorie I*, Hrsg. Ahrens und Wolff: 73-93.

Waller, G. F. und M. D. Moore, eds., *Sir Philip Sidney and the Interpretation of Renaissance Culture: The Poet in His Time and in Ours: A Collection of Critical and Scholarly Essays* (London, 1984).

Wolff, Erwin, „Einleitung: Funktionsgeschichtliche Aspekte der englischen Literaturtheorie (16.-18.Jh.)", in *Englische und amerikanische Literaturtheorie. Studien zu ihrer historischen Entwicklung I*: 11-44.

Kap. 8. John Dryden

Bate, Walter J., *Criticism: The Major Texts* (New York, 1948): 123-28.

Bloom, Harold, ed., *John Dryden* (New York, 1987).

Borinski, Ludwig, „Dogma und Geschichte in Drydens literarischer Kritik", in *Englische und amerikanische Literaturtheorie I*, Hrsg. Ahrens und Wolff: 199- 126.

Dryden, John, *An Essay of Dramatic Poesy*, in *Critical Theory since Plato*: 228-57.

Erskine-Hill, Howard, „John Dryden: The Poet and Critic", in *Dryden to Johnson. History of Literature in the English Language*, vol. 4, ed. Roger Lonsdale (London, 1971): 23-59.

Hart, Ph. et al., eds., *New Homage to Dryden* (Los Angeles, 1983).

Hinnant, C. H., „Dryden's Definition of a Play in *Essay of Dramatic Poesy*: A Structuralist Approach", in *Studies in Eighteenth Century Culture* 15 (1986): 161-72.

Kirsch, Arthur C., *Dryden's Heroic Drama* (New York, 1972):

Mishra, J. B., *John Dryden: His Theory and Practice of Drama* (New Delhi, 1979).

Pechter, Edward, *Dryden's Classical Theory of Literature* (Cambridge, 1975).

Reverend, C. D. II., „Dryden's ‚Essay of Dramatic Poesy': The Poet and the World of Affairs", in *Studies in English Literature* 22.3 (1982): 375- 93.

Winn, J. A., *John Dryden and His World* (New Haven & London, 1987).

Kap. 9. Alexander Pope

Ahrends, Günter, „Swifts *Battle of the Books* und die *Querelle des Anciens et des Modernes*", in *Englische und amerikanische Literaturtheorie*, Hrsg. Ahrens und Wolff: 217-236.

Bloom, Harold, ed., *Alexander Pope* (New York, 1986).

Brown, Laura, *Alexander Pope* (Oxford & New York, 1985).

Canfield, Douglas und Paul Hunter, eds., *Rhetorics of Order/Ordering Rhetorics in English Neoclassical Literature* (Newark, 1989).

Damrosch, Leopold, *The Imaginative World of Alexander Pope* (Berkeley etc., 1987).

Empson, William, „'Wit' in the *Essay on Criticism*", *Hudson Review 2* (1950): 559-77.

Fabian, Bernhard, „Die Genielehre des achtzehnten Jahrhunderts.- Eine Skizze ihrer Entwicklung", *in Englische und amerikanische Literaturtheorie I*, Hrsg. Ahrens und Wolff: 285-310.

Fielding, Henry, „Preface to *Joseph Andrews*. The Comic Epic Poem in Prose", in *Criticism. The Major Texts*, ed. Bate: 188-91.

Fussell, Paul, „Wit and Judgment in the Poetic Theory of Alexander Pope", in

Englische und amerikanische Literaturtheorie I, Hrsg. Ahrens und Wolff: 252- 265.

Hooker, Edward N., „Pope on Wit: The ‚Essay on Criticism'", in *Englische Literaturtheorie von Sidney bis Johnson*, Hrsg. Nugel: 204-25.

Jackson, Wallace, *Vision and Revision in Alexander Pope* (Detroit, 1983).

Mack, Maynard, *Collected in Himself: Essays Critical, Biographical, and Bibliographical on Pope and Some of His Contemporaries* (Newark & London, 1982).

Mack, Maynard und James A. Winn, eds., *Pope: Recent Essays by Several Hands* (Hamden, 1980).

Müllenbrock, Heinz-Joachim,"Die Literaturtheorie Joseph Addisons", in *Englische und amerikanische Literaturtheorie I*, Hrsg. Ahrens und Wolff: 266-84.

Nicholson, Colin, ed., *Alexander Pope. Essays for the Tercentenary* (Aberdeen, 1988).

Nugel, Bernfried, „Zur Konstituierung des Strukturbegriffs in der englischen Literaturtheorie des 16. bis 18. Jahrhunderts", in *Englische Literaturtheorie von Sidney bis Johnson*, Hrsg. Nugel: 421-41.

Pope, Alexander, *An Essay on Criticism*, in *Critical Theory since Plato*: 278-86.

Schlaeger, Jürgen, *Imitatio und Realisation. Funktionen poetischer Sprache von Pope bis Wordsworth* (München, 1974).

Stack, Frank, *Pope and Horace: Studies in Imitation* (Cambridge, 1985).

Stratmann, Gerd, „'Easy and Familiar' – Zur klassizistischen Theorie des Prosastils", in *Englische und amerikanische Literaturtheorie I*, Hrsg. Ahrens und Wolff: 237-51.

Vines, Sherard, *The Course of English Classicism. From the Tudor to the Victorian Age* (London, 1930).

Kap. 10. Samuel Johnson

Bate, Walter J., *The Achievement of Samuel Johnson* (New York, 1955).

Bloom, Harold, ed., *Dr. Samuel Johnson and James Boswell* (New York, 1986).

Boswell, James, *Boswell's Life of Johnson* (Oxford, 1943-64 [1791]).

Damrosch, Leopold, Jr., „Samuel Johnson and the Fate of Neoclassicism", in *Englische und amerikanische Literaturtheorie I*: 328-39.

Engell, James, ed., *Johnson and His Age* (Cambridge, 1984).

Grundy, Isobel, *Samuel Johnson and the Scale of Greatness* (Athens, 1986).

Hardy, J. P., *Samuel Johnson. A Critical Study* (London, 1979).

Hinnant, Charles H., *Samuel Johnson. An Analysis* (Basingstoke & London, 1988).

Hudson, Nicholas, *Samuel Johnson and Eighteenth Century Thought* (Oxford, 1988).

Johnson, Samuel, *Lives of the English Poets* (London: Everyman, 1964 [1779- 81]).
- *Preface to Shakespeare*, in *Critical Theory since Plato*: 329-36.
Korshin, Paul J., ed., *Johnson after Two Hundred Years* (Philadelphia, 1986).
Locke, John, *An Essay Concerning Human Understanding* (London, 1964 (1690]).
Nath, Prem, ed., *Fresh Reflections on Samuel Johnson: Essays in Criticism* (Troy, 1987).
Norris, Christopher, „Post-Structuralist Shakespeare: text and ideology", in *Alternative Shakespeares*, ed. John Drakakis (London & New York, 1985): 47- 66.
Payne, Michael, „Imaginative Licentiousness: Johnson on Shakespeare's Tragedies", *College Literature* 17.1 (1990): 66-78.
Wheeler, David, ed., *Domestick Privacies: Samuel Johnson and the Art of Biography* (Lexington, 1987).
Wimsatt & Brooks, *Classical Criticism*: 313-38.
Wolff, Erwin, *Der englische Roman im 18. Jahrhundert. Wesen und Formen* (Göttingen, 19682).

Kap. 11. Romantik

Abrams, M. H., *The Mirror and the Lamp. Romantic Theory and the Critical Tradition* (New York, 1953).
- , *Natural Supernaturalism: Tradition and Revolution in Romantic Literature* (New York, 1971).
Behler, Ernst, Hrsg., *Die europäische Romantik* (Frankfurt, 1972).
Berger, Dieter A., *Imitationstheorie und Gattungsdenken in der Literaturkritik Richard Hurds* (Frankfurt, 1972).
Bohn, Volker, Hrsg., *Romantik, Literatur und Philosophie* (Frankfurt, 1987).
Butler, Marilyn, *Romantics, Rebels and Reactionaries. English Literature and Its Background 1760-1830* (Oxford, 1982).
Coleridge, S. T. und William Wordsworth, *Lyrical Ballads* (London: Methuen, 1968 [1798]).
de Man, Paul, *The Rhetoric of Romanticism* (New York, 1984).
Eaves, Morris und Michael Fischer, eds., *Romanticism and Contemporary Criticism* (Ithaca & London, 1986).
Hauser, Arnold, *Sozialgeschichte der Kunst und Literatur* (München, 1975).
Jones, Howard Mumford, *Revolution and Romanticism* (Cambridge, Mass., 1974).
Jordan, Frank, ed., *The English Romantic Poets: A Review of Research and Criticism* (New York, 1985).
Mainusch, Herbert, *Romantische Ästhetik: Eine Untersuchung zur englischen Kunstlehre des späten 18. und frühen 19. Jahrhunderts* (Bad Homburg, 1969).

Mason, Eudo C., *Deutsche und englische Romantik. Eine Gegenüberstellung* (Göttingen, 1959).

Tanner, Tony, „Notes for a Comparison between American and European Romanticism", *Journal of American Studies* 2.1 (1968): 83-103.

Kap. 12. William Wordsworth

Bloom, Harold, „Wordsworth and the Scene of Instruction", in *Poetry and Repression. Revisionism from Blake to Stevens* (New Haven & London, 1976): 52- 82.

Bode, Christoph, *William Wordsworth und die Französische Revolution* (Bonn, 1977).

Gassenmeier, Michael, „'Twas a Transport of the Outward Sense': Wordsworth's Own Account of His Visions and Revisions of the French Revolution", in *Beyond the Suburbs of the Mind. Exploring English Romanticism*, eds. Gassenmeier und Platz: 116-36.

Hartman, Geoffrey, *Wordsworth's Theory of Poetry: The Transforming Imagination* (Ithac & London, 1969).

Hirsch, E. D., Jr., *Wordsworth and Schelling* (New Haven, 1960).

Jones, John, *The Egotistical Sublime: A History of Wordsworth's Imagination* (London, 1970[2]).

Lerner, Laurence, „What Did Wordsworth Mean by ‚Nature'?", *Critical Quarterly* 17 (1975): 291-308.

Mainusch, Herbert, „Die Literaturtheorie William Wordsworths", in *Englische und amerikanische Literaturtheorie*, Hrsg. Ahrens und Wolff: 394-426.

Rzepka, Charles J., *The Self as Mind: Vision and Identity in Wordsworth, Coleridge, and Keats* (Cambridge, Mass., 1986).

Schlaeger, *Imitatio und Realisation. Funktionen poetischer Sprache von Pope bis Wordsworth.*

Wordsworth, William, *Preface to the Second Edition of the Lyrical Ballads* (1800, rev. 1849-50), in *Critical Theory*: 433-43, und in *Englische literaturtheoretische Essays II. 19. und 20. Jahrhundert*, Hrsg. Ahrens: 27-44.

Wurmbach, Herbert, *Das mystische Element in der Dichtung von William Wordsworth* (Heidelberg, 1975).

Kap. 13. Samuel Taylor Coleridge

Appleyard, J. A., *Coleridge's Philosophy of Literature* (Cambridge, Mass., 1965).

Bloom, Harold, ed., *Samuel Taylor Coleridge* (New York, 1986).

Breuer, Rolf, „Coleridge's Concept of the Imagination – with an Interpretation of ‚Kubla Khan'", *Bucknell Review* 25.2 (1980): 52-66.

Coleridge, Samuel Taylor, *Biographia Literaria*, ed. J. Shawcross (2 vols., 1907).
- *"Shakespeare's Jugdment Equal to His Genius*, in *Critical Theory*: 460-63.
- *On the Principles of Genial Criticism*, in *Critical Theory*: 463-67.
- *The Statesman's Manual*, in *Critical Theory*: 467-68.
Fischer, Hermann, „Die Literaturtheorie von S. T. Coleridge und P. B. Shelley", in *Englische und amerikanische Literaturtheorie I*, Hrsg. Ahrens und Wolff: 427-52.
Goodson, A. C., *Verbal Imagination: Coleridge and the Language of Modern Criticism* (Oxford, 1988).
Gravil, R. et al., eds., *Coleridge's Imagination: Essays in Memory of Pete Laver* (Cambridge, 1985).
Haney, John L., *The German Influence on Samuel Taylor Coleridge* (New York & Philadelphia, 1975).
Höller, Eva M., *Das ganzheitliche Weltbild S. T. Coleridges* (Frankfurt etc., 1988).
Lenz, Günter H., *Die Dichtungstheorie S. T. Coleridges. Die Konzeption der Imagination als Paradigma der romantischen Poetologie* (Frankfurt, 1971).
Orsini, Gian N. G., *Coleridge and German Idealism. A Study in the History of Philosophy* (Carbondale & Edwardsville, 1969).
Schulz, Max F., „Samuel Taylor Coleridge", in *The English Romantic Poets: A Review of Research and Criticism*, ed. Frank Jordan (New York, 1985): 341-463.
Sultana, Donald, ed., *New Approaches to Coleridge: Biographical and Critical Essays* (London & Totowa, N.J., 1981).
Tak, A. H., *Coleridge and Modern Criticism* (New Delhi, 1985).

Kap. 14. Percy Bysshe Shelley

Bloom, Harold, *Shelley's Mythmaking* (New Haven, 1959).
Breuer, Rolf, „Theory and Practice in Shelley", in *Beyond the Suburbs of the Mind: Exploring English Romanticism*, eds. Gassenmeier und Platz: 163-77.
Engler, Erich, *Shelleys imaginative Dichtertheorie und lyrische Praxis* (Frankfurt, 1980).
Leighton, Angela, *Shelley and the Sublime* (Cambridge, 1984).
McNiece, Gerald, *Shelley and the Revolutionary Idea* (Cambridge, Mass., 1969).
Peacock, Thomas Love, *The Four Ages of Poetry*, in *Critical Theory*: 491-97.
Pirie, David B., *Percy Bysshe Shelley* (Philadelphia, 1988).
Scrivener, Michael H., *Radical Shelley* (Princeton, 1982).
Shelley, Percy Bysshe, *A Defence of Poetry*, in *Critical Theory*: 499-513.
Schulze, Earl J., *Shelley's Theory of Poetry* (The Hague & Paris, 1966).

250 250 Bibliographie

Kap. 15. John Keats

Bate, Walter J., *Negative Capability. The Intuitive Approach in Keats* (Cambridge, Mass., 1939).

Finney, Claude Lee, „Keats's Philosophy of Negative Capability in its Philosophical Backgrounds", *Vanderbilt Studies in the Humanities* 1 (1957): 174-96.

Keats, John, *Letter to Benjamin Bailey, Letter to George and Thomas Keats, Letter to John Taylor*, in *Critical Theory*: 473-74.

Jones, John, *Keats's Dream of Truth* (London, 1980).

Rzepka, *The Self as Mind: Vision and Revision in Wordsworth, Coleridge, and Keats*.

Swann, Joseph T., „The Language of Poetry and the Language of Criticism: Keats's ‚La Belle Dame Sans Merci'", in *Poetry and Epistemology: Turning Points in the History of Poetic Knowledge*, eds. Roland Hagenbüchle und Laura Skandera (Regensburg, 1986): 368-81.

Viebrock, Helmut, *John Keats* (Darmstadt, 1977).

Kap. 16. Matthew Arnold

Anderson, Warren D., *Matthew Arnold and the Classical Tradition* (Ann Arbor, 1965).

Arnold, Matthew, *The Function of Criticism at the Present Time*, in *Critical Theory*: 583-95.

– *The Study of Poetry*, in *Norton Anthology of English Literature II*, eds. M. H. Abrams et al. (New York & London, 1979): 1444-46.

Bloom, Harold, ed. *Matthew Arnold* (New York, 1987).

Buckler, William E., „Matthew Arnold and the Crisis of Classicism: An Introduction", *Browning Institute of Studies* (Princeton) 10 (1982): 27-39.

Burnham, Peter R., „*Culture and Anarchy* as a Platonic Solution to a Victorian Dilemma", *Arnoldian* 8.2 (1981): 6-19.

„The Function of Matthew Arnold at the Present Time", Special Section in *Critical Inquiry* 9.3 (1982): 41-516.

Iser, Wolfgang, *Walter Pater. Die Autonomie des Ästhetischen* (Tübingen, 1960).

Kohl, Norbert, „‚The Modern Spirit': Zum Bewußtsein der Modernität bei Matthew Arnold", *Literaturwissenschaftliches Jahrbuch* 22 (1981): 241-239.

Kuhn, Ortwin, „Matthew Arnolds Auffassung von Wesen und Wirkung philologischer und literarischer Kritik: Aspekte der Neuorientierung zur Begründung europäischer Literatur- und Kulturkritik", *Archiv für Kulturgeschichte* 61.2 (1979): 397-419.

Link, Franz H., „Ralph Waldo Emerson (103--1882): Der Dichter als Repräsentant", in *Englische und amerikanische Literaturtheorie II*, Hrsg. Ahrens und Wolff: 106-26.

Robbins, William, *The Ethical Idealism of Matthew Arnold* (London, 1959).

Rojahn, Jobst-Christian, „Der romantische Dichter als viktorianischer Held: Zur Dichtungstheorie Thomas Carlyles", in *Englische und amerikanische Literaturtheorie II*, Hrsg. Ahrens und Wolff: 57-81.

Wilde, Oscar, „The Decay of Lying", in *Critical Theory*: 673-86.

Kap. 17. Formalismus

Bachtin, Michail, *Rabelais and His World*, trans. Hélene Iswolsky (Cambridge, Mass., 1968).

Bennett, Tony, *Formalism and Marxism* (London, 1979).

Bode, Christoph, *Ästhetik der Ambiguität*, bes. 25ff.

Ehrlich, Victor, *Russian Formalism: History – Doctrine* (The Hague, 195j).

Fietz, Lothar, *Funktionaler Strukturalismus: Grundlegung eines Modells zur Beschreibung von Text und Textfunktion* (Tübingen, 1976).

– „René Welleks Literaturtheorie und der Prager Strukturalismus", in *Englische und amerikanische Literaturtheorie II*: 500-23.

– *"Strukturalismus. Eine Einführung* (Tübingen, 1982).

Jakobson, Roman, „The Dominant", in *Readings in Russian Poetics: Formalist and Structuralist Views*, eds. Ladislav Matejka und Krystina Pomorska (Ann Arbor, 1978): 82-87.

– „The Metaphoric and the Metonymic Poles", in *Critical Theory*: 1113-16.

– „Closing Statement: Linguistics and Poetics", in *Style in Language*, ed. Thomas A. Sebeok (New York & London, 1960): 350-77.

Jameson, Fredric, *The Prison-House of Language. A Critical Account of Structuralism and Russian Formalism* (Princeton, 1972).

Jefferson, Ann, „Russian Formalism", in *Modern Literary Theory*, eds. Jefferson und Robey (London, 1982): 16-37.

Lodge, David, *The Modes of Modern Writing: Metaphor, Metonymy, and the Typology of Modern Literature* (London, 1977).

Mevedev, P. N. und Michael Bachtin, *The Formal Method in Literary Scholarship: A Critical Introduction to Sociological Poetics*, trans. Albert J. Wehrle (Baltimore, 1978).

Mukařovský, Jan, *Aesthetic Function, Norm and Value as Social Facts*, trans. M. E. Suino (Ann Arbor, 1979).

Newton, ed., *Twentieth Century Literary Theory*: 21-38.

Selden, *Contemporary Literary Theory*: 6-22.

Sklovskij, Viktor, „Die Kunst als Verfahren", in *Russischer Formalismus I: Texte zur allgemeinen Literaturtheorie und zur Theorie der Prosa* (München, 1969): 3-35; engl. „Art as Technique", in *Russian Formalist Criticism: Four Essays*, trans. and eds. Lee T. Lemon und Marion J. Reis (Lincoln, Nebr., 1965): 5-22.

252   Bibliographie

Späth, Eberhard, „F. R. Leavis: ‚The Business of the Critic'", in *Englische und amerikanische Literaturtheorie II*, Hrsg. Ahrens und Wolff: 460- 80.

Tynyanov, Jurij und Roman Jakobson, „Problems in the Study of Language and Literature", in *The Structuralists from Marx to Lévi-Strauss*, eds. Richard and Fernande DeGeorge (Garden City, 1972): 81-83.

Winkgens, Meinhard, *Die kulturkritische Verankerung der Literaturkritik bei F. R. Leavis* (Paderborn, 1988).

Kap. 18. T. E. Hulme und T. S. Eliot

Airandi, Jesse T., „Post-Modernist Criticism and T. S. Eliot Scholarship", *Yeats Eliot Review* 10.1 (1989): 5-8.

Braun, Elisabeth, *T. S. Eliot als Kritiker: Eine Untersuchung anhand der ungesammelten kritischen Schriften* (Salzburg, 1980).

Brombert, Victor, *The Criticism of T. S. Eliot. Problems of An Impersonal Theory of Poetry* (New Haven, 1949).

Childs, John Steven, „Eliot, Tradition and Textuality", *Texas Studies in Language and Literature* 27.3 (1985): 311-23.

Eliot, Thomas Stearns, „Tradition and the Individual Talent", in *Critical Theory*: 784-87.

– „Hamlet and His Problems", in *Critical Theory*: 788-90.

Frank, Armin Paul, *T. S. Eliot Criticism and Scholarship in German: A Descriptive Survey, 1923-1980* (Göttingen, 1986).

Freed, Lewis, *T. S. Eliot: The Critic as Philosopher* (West Lafayette, 1979).

Freud, Sigmund, „Der Wahn und die Träume in W. Jensens Gradiva", in *Bildende Kunst und Literatur, Freud Studienausgabe Bd. X* (Frankfurt, 1969): 9- 85.

Frye, Northrop, *T. S. Eliot* (Edinburgh, 1963).

Hönninghausen, Lothar, „Konservative Kulturkritik und Literaturtheorie zwischen den Weltkriegen: Yeats und Eliot", in *Englische Literatur und Politik im 20. Jahrhundert*, Hrsg. Paul Goetsch und Hans-Joachim Müllenbrock (Wiesbaden, 1981): 95-110.

Hulme, T. E., „Romanticism and Classicism", in *Critical Theory*: 767-74.

– „Bergson's Theory of Art", in *Critical Theory*: 774-82.

Jay, Gregory S., *T. S. Eliot and the Poetics of Literary History* (Baton Rouge, 1983).

Kelsall, Malcolm, „Hamlet, Byron, and an ‚age of despair'", in *Beyond the Suburbs of the Mind: Exploring English Romanticism*, Hrsg. Michael Gassenmeier und Norbert H. Platz (Essen, 1987): 40-54.

Kenner, Hugh, ed., *T. S. Eliot: A Collection of Critical Essays* (Englewood Cliffs, 1962).

Matthiessen, F. O., *The Achievement of T. S. Eliot. An Essay on the Nature of Poetry* (London, 1972³).

Nevo, Ruth, „*The Waste Land*: The Ur-Text of Deconstruction", in *New Literary History*, 13.3 (1982): 453-61.

Rae, Patricia M., „T. E. Hulme's French Sources: A Reconsideration", *Comparative Literature* 41.1 (1989): 69-99.

Sultan, Stanley, „Eliot and the Concept of Literary Influence", *Southern Review* 21.4 (1985): 1071-93.

Tak, A. H., *Coleridge and Modern Criticism* (New Delhi, 1985).

Kap. 19. New Criticism

Brooks, Cleanth, „The Heresy of Paraphrase", in *The Well-Wrought Urn: Studies in the Structure of Poetry* (New York, 1947), Kap. 11.

— „Irony as a Principle of Structure", in *Literary Opinion in America*, ed. M. D. Zabel (New York, 1951): 729-41.

— „My Credo: The Formalist Critics", *Kenyon Review* 13 (1951): 72-81.

— und Robert Penn Warren, *Understanding Poetry* (New York, 1960³).

de Man, Paul, *Blindness and Insight. Essays in the Rhetoric of Contemporary Criticism* (New York, 1971).

Empson, William, *Seven Types of Ambiguity* (London, 1930).

— *The Structure of Complex Words* (London, 1951).

Halfmann, Ulrich, *Der amerikanische ‚New Criticism'. Ein Überblick über seine geistesgeschichtlichen und dichtungstheoretischen Grundlagen mit einer ausführlichen Bibliographie* (Frankfurt, 1979).

Luethe, Rudolf, *Der New Criticism und die idealistische Kunstphilosophie* (Bonn, 1975).

MacLeish, Archibald, *Ars Poetica*, in *Norton Antology of American Literature II* (New York & London, 1979): 1284.

Pfeiffer, Karl-Ludwig, *Sprachtheorie, Wissenschaftstheorie und das Problem der Textinterpretation. Untersuchungen am Beispiel des New Criticism und Paul Valérys* (Amsterdam, 1974).

Ransom, John Crowe, „Criticism as Pure Speculation", in *The Intent of the Critic*, ed. D. A. Stauffer (Princeton, 1941): 89-124; *Critical Theory*: 881-90.

— *The World's Body* (New York & London, 1938, Baton Rouge, 1968).

— *The New Criticism* (Westport, Conn., 1979 [1941]).

Richards, I. A., *Science and Poetry* (London, 1926).

— *Practical Criticism: A Study of Literary Judgement* (New York, 1929).

Tate, Allen, *Essays of Four Decades* (Chicago, 1968).

-, „Literature as Knowledge", in *Critical Theory*: 928-41.

Kap. 20. Strukturalismus

Barthes, Roland, *Struktur oder Geschichte* (Frankfurt, 1969).

Blumensath, Hans, Hrsg., *Strukturalismus in der Literaturwissenschaft* (Köln, 1972).

Culler, Jonathan, *Structuralist Poetics* (London, 1975).

Ehrmann, Jacques, ed., *Structuralism* (New York, 1970).

Fietz, Lothar, *Strukturalismus. Eine Einführung.*

Frye, Northrop, *Anatomy of Criticism: Four Essays* (New York, 1967).

Gallas, Helga, *Strukturalismus als interpretatives Verfahren* (Darmstadt, 1972).

Harland, Richard, *Superstructuralism. The Philosophy of Structuralism and Post-Structuralism* (London, 1987).

Hawkes, Terence, *Structuralism and Semiotics* (London, 1977).

Jakobson, Roman, „Linguistics and Poetics".

„Lévi-Strauss, „The Structural Study of Myth", *Myth: A Symposium, American Journal of Folklore* 78.270 (1955): 428-44.

– *Structural Anthropology* (London, 1968).

Lotman, Jurij, *Die Struktur literarischer Texte* (München, 1972).

Ostendorf, Bernhard, *Der Mythos in der Neuen Welt. Eine Untersuchung zum amerikanischen Myth Criticism* (Frankfurt, 1971).

Propp, Vladimir, *The Morphology of the Folktale* (Austin & London, 1968).

Saussure, Ferdinand de, *Cours de linguistique générale*, eds. C. Bally und A. Schechehaye (Lausanne & Paris, 1916); dt. *Grundfragen der allgemeinen Sprachwissenschaft* (Berlin, 1931).

Scholes, Robert, *Structuralism in Literature. An Introduction* (New Haven & London, 1974).

Todorov, Tzvestan, „Die Kategorien der literarischen Erzählung", in *Strukturalismus in der Literaturwissenschaft*, Hrsg. Blumensath: 263-94.

– *Introduction to Poetics* (Brighton, 1981).

Zapf, Hubert, „Logical Action in Salinger's *Catcher in the Rye*", *College Literature* 12 (1985): 266-71.

Kap. 21. Hermeneutik und Kulturkritik

Adorno, Theodor W., *Ästhetische Theorie* (Frankfurt, 1970).

Apel, Karl-Otto, „Die Entfaltung der sprachanalytischen Philosophie und das Problem der ‚Geisteswissenschaften'", *Philosophisches Jahrbuch* 72 (1964-65): 239-89.

Benjamin, Walter, *Schriften* (Frankfurt, 1955).

Dilthey, Wilhelm, *Der Aufbau der geschichtlichen Welt in den Geisteswissenschaften, Gesammelte Schriften* 7 (Stuttgart, 1965⁴).

Eagleton, *Literary Theory*: 54-90.

Forget, Philippe, Hrsg., *Text und Interpretation* (München, 1984).

Gadamer, Hans-Georg, *Wahrheit und Methode. Grundzüge einer philosophischen Hermeneutik* (Tübingen, 1972³).

Habermas, Jürgen, *Erkenntnis und Interesse* (Frankfurt, 1968).

– *Der philosophische Diskurs der Moderne. Zwölf Vorlesungen* (Frankfurt, 1985).

Heidegger, Martin, *Sein und Zeit* (Halle, 1972 [1927]).

Hirsch, E. D., Jr., „Three Dimensions of Hermeneutics", *New Literary History* 3 (1971-72): 246-60.

– *The Aims of Interpretation* (Chicago, 1976).

Iser, Wolfgang, „Towards A Literary Anthropology", in *The Future of Literary Theory*, ed. Ralph Cohen (New York & London, 1989): 208-28.

Jameson, Fredric, *The Political Unconscious: Narrative as a Socially Symbolic Act* (Ithaca, 1981).

Juhl, P. D., *Interpretation. An Essay in the Philosophy of Literary Criticism* (Princeton, 1980).

Newton, ed., *Twentieth Century Literary Theory*: 103-17.

Palmer, Richard E., *Hermeneutics: Interpretation Theory in Schleiermacher, Dilthey, Heidegger, and Gadamer* (Evanston, Ill., 1969).

Ricoeur, Paul, *Hermeneutik und Strukturalismus* (München, 1973).

Schleiermacher, Friedrich, *Hermeneutik*, Hrsg. Heinz Kimmerle (Heidelberg, 1959).

Seung, T. K., *Semiotics and Thematics in Hermeneutics* (New York, 1982).

– *Structuralism and Hermeneutics* (New York, 1982).

Spanos, William, ed., *Martin Heidegger and the Question of Literature. Towards a Postmodern Literary Hermeneutics* (Bloomington, 1979).

– „Breaking the Circle: Hermeneutics as Dis-Closure", in *Twentieth- Century Literary Theory*, ed. Newton: 196-202.

Truchlar, Leo, „Zur Kompositionstechnik Samuel Becketts", *Sprache im technischen Zeitalter* 87 (1983): 220-24.

Weinsheimer, Joel, „'London' and the Fundamental Problem of Hermeneutics", *Critical Inquiry* 9 (1982): 303-22.

Williams, Raymond, *Problems in Materialism and Culture: Selected Essays* (London, 1980).

Kap. 22. Rezeptionstheorie

Bleich, David, *Subjective Criticism* (Baltimore, 1978).

– „Intersubjective Reading", *New Literary History* 17 (1986): 401-21.

Fish, Stanley, „Literatur im Leser: Affektive Stilistik", in *Rezeptionsästhetik*, Hrsg. Warning: 196-227.

– *Is There a Text in This Class? The Authority of Interpretive Communities* (Cambridge, Mass., 1980).

Grimm, Gunter, Hrsg., *Literatur und Leser. Theorien und Modelle zur Rezeption literarischer Werke* (Stuttgart, 1975).

Holland, Norman, *5 Readers Reading* (New Haven, 1975).

– „Reading and Identity: A Psychoanalytic Revolution", *Academy Forum* 23 (1979): 7-9, rpt. *Twentieth Century Literary Theory*, ed. Newton: 204-209.

– *The Brain of Robert Frost. A Cognitive Approach to Literature* (New York, 1988).

Holub, Robert C., *Reception Theory: A Critical Introduction* (London, 1984).
Iser, Wolfgang, „The Reading Process: A Phenomenological Approach", *New Literary History* 3 (1971): 279-99.
– *Der implizite Leser. Kommunikationsformen des Romans von Bunyan bis Beckett* (München, 1972).
– „Die Wirklichkeit der Fiktion. Elemente eines funktionsgeschichtlichen Textmodells der Literatur", in *Rezeptionsästhetik*, Hrsg. Warning: 277-324.
– *Der Akt des Lesens. Theorie ästhetischer Wirkung* (München, 1976).
Jauß, Hans Robert, *Literaturgeschichte als Provokation* (Frankfurt, 1970).
Suleiman, Susan und Inge Crosman, eds., *The Reader in the Text: Essays on Audience and Interpretation* (Princeton, 1980).
Tompkins, Jane, ed., *Reader-Response Criticism: From Formalism to Post-Structuralism* (Baltimore, 1980).
Warning, Rainer, Hrsg., *Rezeptionsästhetik. Theorie und Praxis* (München, 1975).
West, Cornel, „Nietzsche's Prefiguration of Postmodern American Philosophy", *boundary* 2.9 (1981): 241-70.
White, Hayden, *Tropics of Discourse. Essays in Cultural Criticism* (Baltimore, 1978).
Zapf, Hubert, „Reflection vs. Daydream: Two Types of the Implied Reader in Hemingway's Fiction", *New Critical Approaches to the Short Stories of Ernest Hemingway*, ed. Jackson J. Benson (Duke University Press, 1991):96-111.

Kap. 23. Poststrukturalismus und Dekonstruktion

Belsey, Catherine, *Critical Practice* (London, 1980).
Bogdal, Hrsg., *Neue Literaturtheorien*.
Culler, Jonathan, *On Deconstruction. Theory and Criticism after Structuralism* (London, 1983).
– *The Pursuit of Signs. Semiotics, Literature, Deconstruction* (London, 1981).
Derrida, Jacques, *Die Schrift und die Differenz* (Frankfurt, 1972).
– *Grammatologie* (Frankfurt, 1974).
Drakakis, John, ed., *Alternative Shakespeares* (London & New York, 1985).
Eagleton, *Literary Theory*: 127-50.
Grabes, Herbert, „The Erasure of the Distinction of Genre: Reading the Derrideans with the Romantics and Decadents", in *Beyond the Suburbs of the Mind: Exploring English Romanticism*, eds. Michael Gassenmeier und Norbert Platz (Essen, 1987): 194-211.
Habermas, *Der philosophische Diskurs der Moderne*.
Harland, *Superstructuralism*.
Hassan, Ihab, *The Right Promethean Fire. Imagination, Science, and Cultural Change* (Urbana, 1980).

Heidegger, Martin, *Identität und Differenz* (Pfullingen, 1957).

Hempfer, Klaus W., *Poststrukturale Texttheorie und narrative Praxis* (München, 1976).

Horstmann, Ulrich, *Parakritik und Dekonstruktion. Eine Einführung in den amerikanischen Poststrukturalismus* (Würzburg, 1983).

Jefferson und Robey, *Modern Literary Theory*: 84-112.

Kittler, Friedrich A., Hrsg., *Austreibung des Geistes aus den Geisteswissenschaften. Programme des Poststrukturalismus* (Paderborn, 1980).

Lentricchia, Frank, *After the New Criticism* (Chicago, 1980).

Menke, Bettine, „Dekonstruktion – Lektüre: Derrida literaturtheoretisch", in *Neue Literaturtheorien*, Hrsg. Bogdal: 235-64.

Muller, John B. und William J. Richardson, *The Purloined Poe. Lacan, Derrida & Psychoanalytic Reading* (Baltimore & London, 1988).

Nietzsche, Friedrich, *Der Wille zur Macht* (Stuttgart, 1964).

Sarup, Madan, *An Introductory Guide to Post-Structuralism and Postmodernism* (Athens, 1989).

Schlaeger, Hrsg., *Kritik in der Krise.*

Selden, *Contemporary Literary Theory*: 127-50.

Newton, ed., *Twentieth Century Literary Theory*: 147ff.

Norris, Christopher, *Deconstruction. Theory and Practice* (London, 1982).

Rorty, Richard, *Philosophy and the Mirror of Nature* (Oxford, 1980).

Selden, *Contemporary Literary Theory*: 127-50.

Zapf, Hubert, „Dekonstruktion als Herausforderung der Literaturwissenschaft: Das Beispiel der englischen Romantik", *Anglia* 106.3/4 (1988): 360-79.

Kap. 24. Dekonstruktion in Amerika: Die Yale Critics

Arac, Jonathan et al., *The Yale Critics: Deconstruction in America* (U. of Minnesota, 1983).

Bloom, Harold, *The Anxiety of Influence: A Theory of Poetry* (New York, 1973).

– *Poetry and Repression. Revisionism from Blake to Stevens* (New Haven & London, 1976).

– *Agon. Towards a Theory of Revisionism* (Oxford & New York, 1982).

– und Paul de Man, Jacques Derrida, Geoffrey Hartman und Hillis Miller, *Deconstruction and Criticism* (London, 1979).

Borklund, Elmer, *Contemporary Literary Critics* (Detroit, 1982).

Davis, Robert Con und Ronald Schleifer, eds., *Rhetoric and Form. Deconstruction at Yale* (U. of Oklahoma, 1985).

de Man, Paul, *Blindness and Insight. Essays in the Rhetoric of Contemporary Criticism* (New York, 1971).

– „The Epistemology of Metaphor", *Critical Inquiry* 5 (1978-9): 13-30.

- *Allegories of Reading. Figural Language in Rousseau, Nietzsche, Rilke, and Proust* (New Haven, 1979).
- *The Rhetoric of Romanticism* (New York, 1984).

Fiedler, Leslie, „Cross the Bridge – Close that Gap: Post-Modernism", in *American Literature since 1900*, ed. Marcus Cunliffe (London, 1975): 344-66.

Hartman, Geoffrey H., *The Unmediated Vision. An Interpretation of Wordsworth, Hopkins, Rilke and Valéry* (New York, 1966).
- *Criticism in the Wilderness. The Study of Literature Today* (New Haven, 1980).
- *Saving the Text. Literature/Derrida/Philosophy* (Baltimore, 1981).
- „A Short History of Practical Criticism", *New Literary History* 10 (1978-79): 495-509.

Leitch, Vincent B., *Deconstructive Criticism. An Advanced Introduction* (New York, 1982).

Miller, Hillis J., *Thomas Hardy. Distance and Desire* (Cambridge, Mass., 1970).
- „Deconstructing the Deconstructors: Joseph N. Riddel, *The Inverted Bell*", *Diacritics* 5.2 (1975): 24-31.
- „Stevens' ‚Rock' and Criticism as Cure", *Georgia Review* 30 (1976): 5-31, 330-48.
- „The Critic as Host", *Critical Inquriy* 3 (1976-77): 439-47.

Riddel, Joseph N., *The Inverted Bell. Modernism and the Counterpoetics of William Carlos Williams* (Baton Rouge, 1974).

Kap. 25. Feministische Literaturtheorie

Allen, Jeffner und Marion Young, eds., *The Thinking Muse: Feminism and Modern French Philosophy* (Bloomington, 1989).

Belsey, Catherine und Jane Moore, eds., *The Feminist Reader: Essays in Gender and the Politics of Literary Criticism* (London, 1989).

Case, Sue-Ellen, *Feminism and Theatre* (London, 1988).

Cixous, Hélène, „The laugh of the Medusa", *Signs* 1 (1976): 875-93.

Donovan, Josephine, ed., *Feminist Literary Criticism: Explorations in Theory* (Lexington, 1975).

Eagleton, Mary, ed., *Feminist Literary Theory: A Reader* (Oxford, 1986).

Ellmann, Mary, *Thinking About Women* (London, 1979).

Gilbert, Sandra M. und Susan Gubar, *The Madwoman in the Attic* (New Haven, 1979).
- „The Mirror and the Vamp: Reflections on Feminist Criticism", in *The Future of Literary Theory*, ed. Cohen: 144-66.

Jacobus, Mary, ed., *Women Writing and Writing about Women* (London & New York, 1979).

Kristeva, Julia, *Revolution in Poetic Language*, trans. Margaret Waller, intr. Leon S. Roudiez (New York, 1984).

Maassen, Irmgard, „Continuity of Romantic Paradigms in Virginia Woolf's Images of the Nature", in *Studien zur englischen Romantik. Papers Delivered at the Eichstätt Symposium*, Hrsg. Günter Blaicher und Michael Gassenmeier (Essen, 1991).

Meese, Elizabeth, „Sexual Politics and Critical Judgment", in *After Strange Texts: The Role of Theory in the Study of Literature*, eds. Gregory S. Jay und David L. Miller (Alabama, 1985): 86-100.

Millett, Kate, *Sexual Politics* (London, 1977).

Mitchell, Juliet, Women: *The Longest Revolution: Essays in Feminism, Literature and Psychoanalysis* (London, 1984).

Moi, Toril, *Sexual/Textual Politics: Feminist Literary Theory* (London, 1985).

Newton, *Twentieth Century Literary Theory*: 263-77.

Norton Anthology of Literature by Women: The Tradition in English, eds. Sandra M. Gilbert and Susan Gubar (New York, 1985).

Ruthven, K. K., *Feminist Literary Studies: An Introduction* (Cambridge, 1984).

Selden, *Contemporary Literary Theory*: 128-48.

Showalter, Elaine, *A Literature of Their Own: British Novelists from Brontë to Lessing* (Princeton, 1977).

– ed., *The New Feminist Criticism: Essays on Women, Literature and Theory* (London, 1986).

Stimpson, Catherine, „Woolf's Room, Our Project: The Building of Feminist Criticism", in *The Future of Literary Theory*, ed. Cohen: 129-43.

Kap. 26. New Historicism

Greenblatt, Stephen, *Renaissance Self-Fashioning. From More to Shakespeare* (Chicago, 1980).

– ed., *The Forms of Power and the Power of Forms in the English Renaissance* (Oklahoma, 1982).

– *Shakespearean Negotiations. The Circulation of Social Energy in Renaissance England* (Oxford, 1988).

Dollimore, Jonathan, *Radical Tragedy: Religion, Ideology and Power in the Drama of Shakespeare and his Contemporaries* (Brighton & Chicago, 1984).

– und Alan Sinfield, „History and Ideology: the instance of Henry IV", in *Alternative Shakespeares*, ed. Drakakis: 206-27.

Geertz, Clifford, *The Interpretation of Cultures: Selected Essays* (New York, 1973).

– *Local Knowledge. Further Essays in Interpretive Anthropology* (New York, 1983).

Howard, Jean, „The New Historicism in Renaissance Studies", *English Language Review* 16 (1986): 13-43.

Kammler, Clemens, „Historische Diskursanalyse (Michel Foucault)", in *Neue Literaturtheorien*, Hrsg. Bogdal: 31-55.

Porter, Carolyn, „Are We Being Historical Yet?", *South Atlantic Quarterly* 87.4 (1988): 743-86.

Veeser, Harold, ed., *The New Historicism* (London & New York, 1989).

White, Hayden, *Metahistory. The Historical Imagination in 19th Century Europe* (Baltimore, 1973).

Ziegler, Heide, „Directions in German American Studies: The Challenge of the 'New Historicism'", in *Germany and German Thought in American Literature and Cultural Criticism: Proceedings of the German-American Conference in Paderborn, May 16-19, 1990* (Essen, 1990): 356-68, ed. Peter Freese (Paderborn, 1991).

INDEX

Addison, Joseph 81, 86
Adorno, Theodor W. 166, 176 f.
Aristoteles 30 ff., 41, 44 f., 49, 52,
  59, 60, 61, 84, 93, 100, 103, 104 f.,
  110
Arnold, Matthew 9, 121 ff., 128
Ascham, Roger 55
Augustinus 49

Bachtin, Michail 135
Bacon, Francis 53 n, 65, 111
Barth, John 20, 208
Barthes, Roland 191, 229
Beaumont, Francis 65
Beauvoir, Simone de 222 n
Beckett, Samuel 183, 213 f.
Benjamin, Walter 177
Bergman, Ingmar 221
Bergson, Henri 140, 141
Blake, William 157 f., 160
Bleich, David 185 f.
Bloom, Harold 205, 206 ff., 213,
  214
Boccaccio 51
Boileau, Nicolas 72
Brontë, Charlotte 223, 224
Brooks, Cleanth 31, 149, 152 f.
Bühler, Ernst 133
Bunyan, John 23, 81
Byron, George Gordon 102, 124 n,
  132

Carlyle, Thomas 121
Cassirer, Ernst 72
Castelvetro, Lodovico 51 f., 58
Chaucer, Geoffrey 215
Cicero 47, 51
Cixous, Hélène 225, 228 f.
Coleridge , Samuel Taylor 30, 91,
  93, 104 ff., 110, 115, 140, 142,

114 n, 146, 153
Conrad, Joseph 211
Culler, Jonathan 161, 196

Dante Alighieri 50, 51, 98, 125,
  221
Darwin, Charles 129
de Man, Paul 114, 170, 205, 215 ff.
Derrida, Jacques 166, 193, 196,
  197 ff., 212, 213, 225, 227
Dilthey, Wilhelm 167, 168
Donovan, Josephine 221 f.
Dryden, John 41, 65 ff., 72, 73, 74,
  88

Eliot, T.S. 13, 128, 137, 138,
  141 ff., 150, 170
Eliot, George 215, 223
Ellmann, Mary 224
Emerson, Ralph Waldo 121
Empson, William 147 f.

Fabian, Bernhard 72
Fiedler, Leslie 215
Fielding, Henry 82, 89
Fish, Stanley 187 f., 229
Fitzgerald, F. Scott 9
Flaubert, Gustave 181
Fletcher, John 65
Foucault, Michel 197, 203, 229,
  233, 239
Freud, Sigmund 139 f., 142, 195,
  199, 206, 207, 218, 225, 229
Frost, Robert 186
Frye, Northrop 160
Fuller, Margaret 222

Gadamer, Hans-Georg 14, 15, 166,
  171 ff., 181, 196, 237
Gascoigne, George 55

Gaskell, Elizabeth   223
Geertz, Clifford   233
Genet, Jean   220
Gigon, Olof   38
Goethe, Johann Wolfgang von
    124, 221
Gosson, Stephen   57
Greenblatt, Stephen   232 ff.

Habermas, Jürgen   166, 171, 177 f.
Hall, Vernon   23
Hardy, Thomas   214
Hartmann, Geoffrey   205, 209 ff.,
    214
Hawkes, Terence   239
Hegel, Georg Friedrich Wilhelm
    195, 198
Heidegger, Martin   166, 169 f., 171
Hirsch, E. D.   168
Hölderlin, Friedrich   217
Holland, Norman   186 f.
Homer   27, 34, 42, 79, 92, 98, 125,
    221
Horaz   41 ff., 59, 65, 68, 72, 73, 75,
    76, 78
Hulme, T. E.   137 ff., 142, 146, 150
Hurd, Richard   91

Irigaray, Luce   225
Iser, Wolfgang   21 n, 166, 182 ff.

Jakobson, Roman   130, 132 ff.,
    136, 156 f.
Jameson, Frederic   178
Jauß, Hans-Robert   166, 180 ff.
Johnson, Samuel   81 ff.
Jonson, Ben   65, 69
Joyce, James   128
Juhl, P. D.   168
Jung, C. G.   160

Kant, Immanuel   104
Keats, John   46 n, 91, 116 ff.
Kleist, Heinrich von   210

Kristeva, Julia   191, 225 ff.

Lacan, Jacques   197, 203, 227
Laclos, Choderlos de   162
Lawrence, D. H.   128, 220
Leavis, F. R.   128 f., 134, 147
Lentricchia, Frank   17, 161, 197
Lerner, David   234
Lévi-Strauss, Claude   159 f., 161,
    162
Locke, John   75, 84, 117
Lodge, David   133
„Longinus"   47 f., 91
Lotman, Jurij   134

MacLeish, Archibald   153
Mailer, Norman   220
Mansfield, Katherine   223
Marx, Karl   195
Meese, Elizabeth A.   229
Michelangelo   77
Miller, Henry   220
Miller, J. Hillis   9, 205, 206, 213 ff.
Millett, Kate   220
Milton, John   23, 81, 98, 102, 109,
    125, 208, 215
Moi, Toril   229
Mukařovský, Jan   135 f.

Newton, Sir Isaac   74, 117
Nietzsche, Friedrich   18, 194 f.,
    206, 213, 227
Norris, Christopher   88
Norton, Thomas   58
Novalis   99

Olson, Elder   150
Ovid   75

Pater, Walter Horatio   122
Peacock, Thomas Love   110
Platon   22 ff., 30, 31, 32, 34, 37, 39,
    41, 43 ff., 49, 57, 60 f., 62, 78, 84,
    104 f., 110, 111, 172, 211

Poe, Edgar Allan 121, 204
Pope, Alexander 41,46, 72 fff., 81,
   83, 84, 88
Pound, Ezra 128
Propp, Vladimir 160
Puttenham, Richard 55

Quintilian 47, 51

Ransom, John Crowe 148,
   150 f.,153,216
Richards, I. A. 63, 129, 147, 148
Richardson, Dorothy 223
Richardson, Samuel 82, 89
Robins, Elizabeth 223
Rorty, Richard 18
Rousseau, Jean-Jacques 95, 198
Rushdie, Salman 25
Ruskin, John 122

Sackville, Thomas 58 f.
Salinger, J. D. 162 ff.
Saussure, Ferdinand de 155 f.,
   158 f., 191 f., 198
Scaliger, Julius Caesar 51 f., 56,
   58, 73
Schelling, Friedrich Willhelm 104
Schlegel, Friedrich 104, 144 n
Schleiermacher, Friedrich 167, 168
Scholes, Robert 161
Schreiner, Olive 223
Selden, Raman 132
Shaftesbury, Earl of 82, 92
Shakespeare, William 46, 63, 68,
   69, 70, 81, 83, 85 ff., 109, 125,
   143 ff., 201 f., 204, 208, 215, 221,
   232, 233 ff.
Shelley, Percy Bysshe 57, 91, 99,
   105, 110 ff., 116, 124 n, 135, 209
Showalter, Elaine 222 ff., 224, 229
Sidney, Sir Philip 55 ff., 65, 69,
   105, 110, 111

Sklovskij, Victor 130 ff., 133
Sontag, Susan 210
Spanos, William V. 170, 218
Spenser, Edmund 77, 215
Stein, Gertrude 222
Steiner, George 10
Sterne, Laurence 82, 89, 131 f.,
   184 n
Stevens, Wallace 204, 214, 215
Swift, Jonathan 73

Tate, Allan 148, 149
Temple, Sir William 73
Todorov, Tzvetan 162
Tynyanov, Jurij 132, 133, 136

Vaihinger, Hans 18
Vergil 75, 76, 92, 98
Voltaire 86

Warren, Austin 15
Warren, Robert penn 148 f.
Warton, Thomas 91
Weber, Max 117, 139
Wellek, René 15, 30
White, Hayden 231
Wilde, Oscar 122, 224
Williams, Raymond 177
Williams, William Carlos 215
Wilson, Thomas 55
Wimsatt, William K. 31, 148
Wolff, Erwin 56 f.
Wollstonecraft, Mary 222
Woolf, Virginia 128, 222, 223, 227,
   228
Wordsworth, William 91, 93, 96,
   97 ff., 106, 107, 109, 115, 118,
   124 n, 142, 208

Yeats, William Butler 211
Young, Edward 91